CATHIE BLACK

Presidente do Grupo Hearst, eleita uma das 100 mulheres mais poderosas dos Estados Unidos

rumo ao topo

Autobiografia ensina como crescer na carreira (e na vida também)

BEST-SELLER NOS ESTADOS UNIDOS

EDITORA GLOBO

EDITORA GLOBO

Tradução Tuca Magalhães
Revisão Maria Sylvia Correa
Projeto gráfico Narjara Lara
Capa Cláudia Xavier
Foto de capa Ryan McVay/Photodisc/Getty Images
Foto da autora Timothy Greenfield-Sanders

1ª edição

CIP-BRASIL. CATALOGAÇÃO-NA-FONTE
SINDICATO NACIONAL DOS EDITORES DE LIVROS, RJ

P562r Black, Cathie
Rumo ao topo : autobiografia ensina como crescer na carreira (e na vida também) / Cathie Black ; [tradução Tuca Magalhães]. - São Paulo : Globo, 2008.

Tradução de: Basic Black : the essential guide for getting ahead at work
ISBN 978-85-250-4471-6

1. Black, Cathie. 2. Profissões - Desenvolvimento. 3. Comunicação interpessoal. 4. Sucesso nos negócios. 5. Editores e edição - Orientação profissional. I. Título.

08-0690. CDD: 650.1
CDU: 65.011.4
25.02.08 25.02.08 005438

Editora Globo S.A.
Av. Jaguaré, 1.485
São Paulo, SP, Brasil
CEP 05346-902
www.globolivros.com.br

Para Tom, Duffy e Allison —
com amor e afeição

SUMÁRIO

PRÓLOGO

PRETO NO PRETO

Em meu primeiro trabalho depois da faculdade, achei que estava com tudo, e estava para lá de prosa. Tinha sido contratada pela revista *Holiday*, na cidade de Nova York, e estava feliz por ter um trabalho real com título e tudo: "assistente de vendas". Para uma jovem do South Side, de Chicago, parecia o começo da sonhada vida glamorosa. Ainda que me sentisse estimulada, estava ansiosa para subir rapidamente. Comecei logo a maquinar como conseguir meu próximo emprego, mais importante e melhor.

Numa certa manhã, meu telefone do trabalho tocou.

"Cathleen Black?", um homem perguntou do outro lado da linha. Respondi que sim.

"Cathleen P. Black, que mora no 215 East, 80th Street, no apartamento 14F?", ele continuou, com um tom de sorriso afetado. "Uma jovem formada do Trinity College, em Washington D.C., que atualmente trabalha na revista *Holiday*?"

Enrubesci. Fosse lá quem fosse, aquele homem estava lendo meu currículo — que eu havia revisado e do qual fizera cópias na véspera, depois do trabalho.

"Quem está falando?", perguntei.

"Sou Harry Egner", respondeu — um executivo sênior da empresa! Comecei a gaguejar uma desculpa, mas percebi que ele estava rindo.

"Na próxima vez que copiar seu currículo, senhorita Black", ele disse, "sugiro que não se esqueça de tirar o original da copiadora." Agradeci o conselho e desliguei, estupefata diante da estupidez do meu erro — e da minha sorte pelo fato de Harry Egner ter sido tão condescendente comigo.

Hoje, quando penso nessa história, lembro não apenas quanto eu era inexperiente nesse meu primeiro trabalho, mas também — e mais importante — como tinha pouca consciência disso naquela época. Eu não tinha idéia do que não sabia e, de certa maneira, isso acabou me ajudando. Mas, enquanto me preparava para vôos mais altos, na minha singela sabedoria daqueles primeiros anos, eu realmente teria me beneficiado de algumas sugestões e de conselhos práticos e oportunos.

Este livro é sobre isso. Como seu título sugere, ele está recheado de conselhos simples e diretos para ajudar você, não somente a navegar no mundo do trabalho, mas também a equilibrar trabalho e vida pessoal. Algumas sugestões são bastante básicas — observações com bom senso que podem trazer melhoria imediata e real para a sua vida profissional. Outras sugestões são mais profundas, e exploram temas como a ambição e a autoconfiança. Caso esteja apenas começando, progredindo ou querendo aprimorar seu desempenho gerencial ou sua capacidade de liderança, você vai encontrar alguma coisa aqui.

O livro tem três seções:

• Capítulos

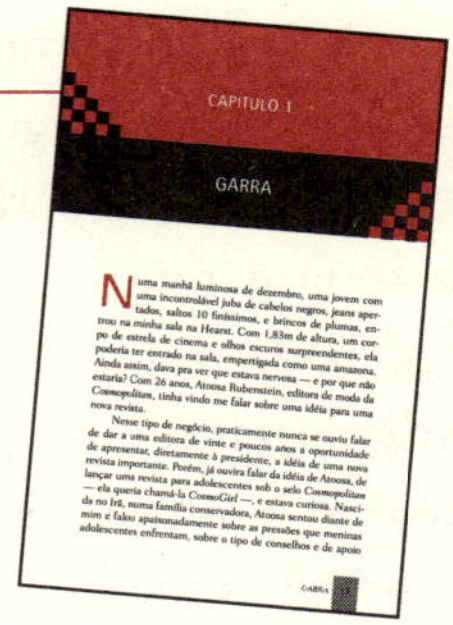

CAPÍTULO 1

GARRA

Que se concentram nos elementos mais importantes da vida profissional, ilustrados com histórias reais. Eles oferecem uma visão abrangente sobre as chaves do sucesso — como garra, estímulo, poder e paixão.

• Estudos de caso

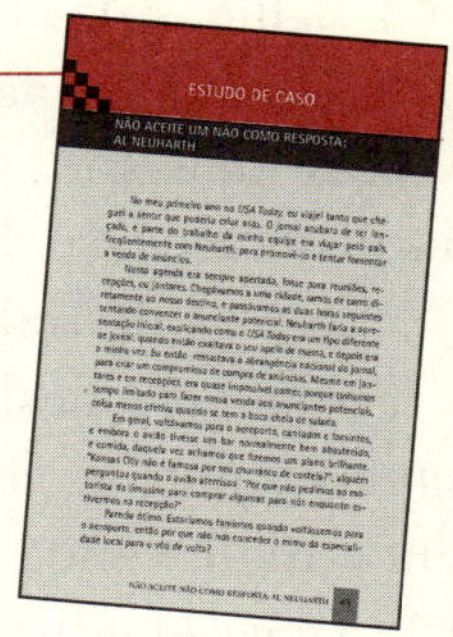

ESTUDO DE CASO

NÃO ACEITE UM NÃO COMO RESPOSTA: AL NEUHARTH

Que oferecem uma visão mais aprofundada sobre alguns "momentos educativos" da vida real, e dão uma espiada na maneira como lendas do mundo das grandes corporações e da mídia trabalham e fazem negócios — gente como Oprah Winfrey e o manda-chuva do cinema, Harvey Weinstein.

• Preto & Branco

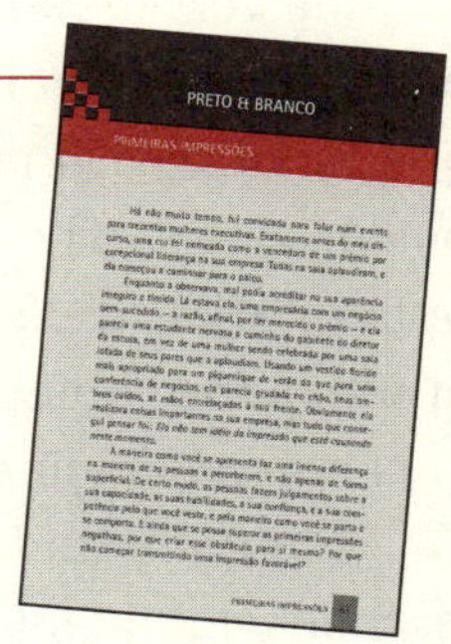

PRETO & BRANCO

PRIMEIRAS IMPRESSÕES

São seções que oferecem sugestões práticas, sobre como conduzir uma reunião e o que fazer e não fazer durante entrevistas, por exemplo. Podem apresentar informações novas, ou apenas reforçar coisas que você já sabia, mas os tópicos Preto & Branco oferecem sugestões concretas que você poderá usar no dia-a-dia.

Antes de começar a dar palpites, porém, talvez deva responder a uma pergunta: Quem sou eu, para dar conselhos?

Tive muita sorte de trabalhar na mídia impressa ao longo de toda a minha carreira, que começou como assistente de vendas de publicidade na revista *Holiday*, e chegou até o meu cargo atual, como presidente da Hearst Magazines, uma das maiores editoras de revistas mensais do mundo, que inclui a *Cosmopolitan, Esquire, Harper's Bazaar*, e *O, the Oprah Winfrey Magazine*. Ao longo do caminho, tive a sorte de trabalhar com algumas das figuras mais interessantes e fascinantes da mídia impressa. Naturalmente, também tive a minha cota de colegas idiotas e esquisitos, o que torna engraçadas algumas das histórias deste livro.

Depois de trabalhar cerca de dois anos na revista *Holiday*, comecei a desbravar meu espaço profissional no setor de vendas publicitárias. Nos dois empregos seguintes, fui representante de venda de espaço publicitário — primeiro na revista *Travel+Leisure*, depois na revista *New York*, gerenciando, com o passar do tempo, contas maiores e mais importantes. Aprendi fazendo, fazendo e cometendo muitos erros e, mais de uma vez, metendo os pés pelas mãos. No entanto, fui ganhando experiência com todas as vendas e todos os negócios que finalizei. Eu realmente gostava de vendas, sabia que era boa no que fazia e, depois de seis anos aprendendo as tramas publicitárias, me senti pronta para um novo desafio. Isso foi ótimo, porque meu emprego seguinte definitivamente preenchia *essa* aspiração.

Fui contratada como gerente de publicidade de uma revista absolutamente nova, chamada *Ms*. Embora a palavra *desbravadora* já tenha virado um clichê, diz exatamente o que foi a *Ms.*: a primeira revista para mulheres que ousou se aventurar além dos tópicos e temas "tradicionais" das revistas femininas. Co-fundada por Gloria Steinem, um ícone do movimento feminista, a revista *Ms.* foi um produto editorial pioneiro, que deu vida a uma geração de mulheres, abriu espaço e deu forma a um diálogo nacional — mas, para sua equipe de publicidade, um produto extremamente difícil de vender.

Como delicadamente diz o verbete da Wikipedia para *Ms.* a revista "nem sempre foi capaz de conciliar suas preocupações ideológicas com as considerações comerciais". Tradução: nossa equipe de venda de anúncios passava longas horas batendo a cabeça contra a parede, tentando batalhar e vencer anunciantes céticos. Essa nova forma de "feminismo" era altamente controversa, e sempre que aparecíamos nos escritórios de potenciais anunciantes com nosso material promocional (impresso em papel cor-de-rosa), não havia maneira de saber se nos deixariam entrar, se nos apontariam a porta da rua, ou pior (como se verá num capítulo mais adiante). A publicidade é uma grande professora, e assim eu aprendi muito na *Ms.* E talvez por isso esse também tenha sido um dos trabalhos mais satisfatórios que tive.

Depois de quase uma década morando em Nova York, decidi partir para novas aventuras na Costa Oeste. O chamariz: uma nova revista, lançada pelo diretor de cinema Francis Ford Coppola, sediada em San Francisco. Sedutor, não? Uma nova revista semanal cheia de bossa, iniciada pelo diretor mais famoso de Hollywood? Também achei — mas, depois de alguns meses na Califórnia, compreendi que a revista não iria sair como Coppola a havia imaginado. Não foi a primeira vez, e certamente não seria a última, que a realidade não se curvaria à fama, aos holofotes, à exposição na mídia, ao *hype*. Sem anúncios suficientes nem circulação para se tornar um sucesso, a revista fechou depois de seis meses, e assim eu virei a página, e voltei para Nova York e para a revista *Ms*. Depois de mais alguns anos, minha carreira decolou quando fui nomeada publisher, diretora da *New York*, e assim me tornei a primeira mulher a dirigir uma revista semanal de grande circulação.

Agora chega de falar a meu respeito — vamos falar de você. Nem todo mundo que ingressa no mercado de trabalho (ou compra um livro sobre negócios), faz isso com o objetivo de se tornar um alto executivo, um presidente, ou um CEO. Talvez queira simplesmente ter sucesso no trabalho, com um mínimo de estresse e de tensão. Pode estar procurando aconselhamento sobre como lidar com um chefe ou um funcionário problemático. Talvez esteja procurando maneiras de ter uma vida pessoal feliz, além de um trabalho satisfatório. Este livro se destina a ajudar o leitor a atingir o seu objetivo, seja ele qual for, independentemente de quanto ambicione no seu ambiente profissional.

Na verdade, um tema sempre recorrente e antigo é o "ter tudo a que tem direito". Depois de uma década na qual essa frase se tornou um mantra, o que, de fato, ela significa atualmente? Deve-se tentar "ter tudo a que tem direito" — prosperar na carreira, escalar a hierarquia corporativa, enquanto cria uma família e tem uma vida fora do trabalho? Ou é bobagem pensar que se pode ter e fazer tudo ao mesmo tempo? Vamos explorar a idéia de se criar o que eu chamo de uma "Vida de 360°" — concentrando o foco sobre todos os aspectos da vida cotidiana, incluindo o trabalho, as relações pessoais, a casa, e a família.

Encontrar as respostas certas depende das perguntas que se deve formular. Neste livro, vamos analisar algumas das questões importantes que podem ajudar a planejar e a traçar uma vida profissional. Vamos começar com três questões básicas.

1. Quais são os três problemas que gostaria de corrigir no seu trabalho?
2. A que altura da hierarquia você pode chegar daqui a dois anos? E em cinco anos?
3. Qual é o objetivo mais acalentado, aquele que vive em seus sonhos mais secretos?

Se não é possível responder a essas questões agora, não se preocupe. Guarde-as na cabeça, e as respostas irão ficar mais claras à medida que prosseguimos. É bom lembrar que os objetivos são mais fáceis de atingir quando são bem definidos, e assim, iremos ajudar na definição dos objetivos pessoais.

O passo seguinte na minha carreira, depois da revista *New York,* oferece uma grande lição sobre o que pode dar errado quando alguém não define os próprios termos no local de trabalho. Aprendi isso da maneira mais difícil, depois de começar meu novo trabalho, voando alto — literalmente.

Numa manhã de outono de 1983, uma limusine parou diante da sede da revista *New York*. Saí pela porta da frente do edifício, e me acomodei no banco de trás para uma corrida curta até o aeroporto La Guardia, onde fui escoltada até um jato particular para um vôo de 45 minutos até Washington.

Eu tinha acabado de ser contratada como presidente do *USA Today*, que era, então, um jornal diário novato, enxovalhado pelos críticos, e que lutava para sobreviver. Espiando pela janela do jato Gulfstream, via Manhattan desaparecer na distância, e me sentia um tanto zonza diante da situação em que me encontrava, e para onde estava indo. O jornal havia mandado um jato completo, com uma comissária de bordo, apenas para mim! Eu nunca tinha voado num jato corporativo antes e, enquanto espichava as minhas pernas e passeava meu olhar pelos assentos confortáveis e a forração do interior, me senti como Dorothy, embasbacada e maravilhada diante da Terra de Oz.

Infelizmente, aquela vibração iria desabar rapidamente com um golpe surdo. Quando o avião aterrisou, outra limusine me carregou até as torres do *USA Today*, às margens do rio Potomac, onde fui levada rapidamente para o topo do prédio. Emergi numa sala de jantar repleta de jornalistas, editores e executivos, todos convidados para um almoço especial que me apresentaria como a nova presidente do *USA Today*. O lugar fervia. A equipe vinha trabalhando penosamente havia um ano para tirar o jornal do poço, e eu era a terceira presidente naquele curto período. Além disso, era mulher, uma profissional de revista, não de jornal diário, e absolutamente desconhecida para essas pessoas — muitas das quais tinham sido informadas sobre a minha contratação minutos antes. Enquanto olhava para todos na sala, pude sentir as perguntas no ar: Era eu uma salvadora, um gênio de marketing que viraria a sorte do jornal? Ou seria um fiasco?

Não foi exatamente como entrar na cova de um leão, mas certamente foi exasperante. E ficou ainda pior quando cumprimentei Joe Welty, um executivo de publicidade, avermelhado e volumoso, que parecia cerca de quinze anos mais velho do que eu. Joe apertou bruscamente minha mão, resmungando um: "Seja bem-vinda ao *USA Today*, Cathie". Comecei a agradecer, mas antes que eu pudesse dizer qualquer coisa, ele me puxou para o lado e disse, "Quero que saiba de cara, eu não vou me reportar a você".

Olhei-o, estarrecida. Por dentro, eu fervia. O que significava aquilo? O que afinal significaria um título de "presidente", se executivos-chave não se reportariam a mim? Com uma sensação desconfortável, compreendi que eu não havia definido, por escrito, quais seriam as minhas novas funções. Ali estava eu, toda animada com o meu novo cargo, augusto cargo — e título — mas como não havia pensado em definir os detalhes mais importantes com antecedência, possivelmente acabaria sendo pouco menos do que uma testa-de-ferro, uma chefe nominal. Mal podia crer que, àquela altura da minha carreira, eu me esquecera de um conselho básico como *Tenha certeza de que as responsabilidades do seu cargo estejam claramente definidas.*

Portanto, em qualquer nível de uma carreira, é possível se beneficiar de um revigorante curso sobre o que é básico na trajetória profissional. Mais para frente revelarei como essa situação com Joe Welty foi resolvida, mas agora apenas me deixe dizer que, ao ignorar uma providência prática de puro bom senso, eu acrescentei uma nova complicação à minha transição profissional. É o tipo de dor de cabeça que posso ajudar você a evitar.

Para terminar minha curta biografia (e existe um final feliz), passei fantásticos oito anos no *USA Today*. Continuei, então, na chefia da Newspaper Association of America [Associação de Jornais dos Estados Unidos] durante cinco anos, antes de aceitar uma posição como presidente da Hearst Magazines, cargo que ocupo atualmente.

Sempre gostei de trabalhar na mídia impressa, porque é um negócio de idéias e de pessoas criativas, mas este livro não é sobre a mídia. Tinha um público mais amplo na cabeça ao escrevê-lo — além disso, muito da experiência do que nós chamamos de "trabalho" é universal, e o melhor conselho será sempre composto de sugestões simples e de um denominador comum, que pode ser aplicado em qualquer tipo de negócio. Assim, se você, trabalha numa empresa de mídia, numa corporação, numa organização beneficente, ou de qualquer outro tipo, existem lições e sugestões que lhe serão úteis.

Antes de chegarmos ao âmago deste livro, não resisto a contar mais uma história. Quando mencionei, pela primeira vez, a Victor Ganzi, o presidente e CEO da Hearst Corporation (e meu chefe) que estava escrevendo um livro, sua resposta foi, "Não vai ser sobre a Hearst, vai?". Sendo uma empresa privada, a Hearst Corporation tem, tradicionalmente, guardado seu funcionamento interno para si mesma, e ainda que Vic soubesse que eu não estava tramando nenhuma espécie de revelação comprometedora, obviamente achou que seria melhor descobrir exatamente o que eu estava planejando.

Naturalmente, vou escrever sobre algumas das minhas experiências na Hearst, já que a minha temporada aqui ofereceu muitas "lições didáticas", bem como algumas histórias sobre o trato e a convivência com algumas lendas do mundo dos negócios americano. Garanti porém a Vic que eu não estava planejando escrever um livro sobre a empresa. "Na verdade", disse a ele, "é mais um livro para as suas filhas." Gêmeas a caminho de fazer trinta anos, uma advogada, a outra recém-diplomada com um MBA, as filhas de Vic estão nos primeiros estágios da sua jornada pelo mundo profissional. Imaginei este livro como uma espécie de guia para um novo território, para elas, e para outras como elas, independentemente da idade ou do nível de realização profissional.

Chega, basta de preliminares — vamos direto para o negócio real deste livro. Agora que já compartilhei minha história pessoal e profissional de dois minutos, talvez devamos começar o capítulo 1, com uma história sobre outra pessoa: uma jovem que delineou e escreveu sua trajetória na história das revistas, com um batom e uma idéia audaciosa.

CAPÍTULO 1

GARRA

Numa manhã luminosa de dezembro, uma jovem com uma incontrolável juba de cabelos negros, jeans apertados, saltos 10 finíssimos, e brincos de plumas, entrou na minha sala na Hearst. Com 1,83m de altura, um corpo de estrela de cinema e olhos escuros surpreendentes, ela poderia ter entrado na sala, empertigada como uma amazona. Ainda assim, dava pra ver que estava nervosa — e por que não estaria? Com 26 anos, Atoosa Rubenstein, editora de moda da *Cosmopolitan*, tinha vindo me falar sobre uma idéia para uma nova revista.

Nesse tipo de negócio, praticamente nunca se ouviu falar de dar a uma editora de vinte e poucos anos a oportunidade de apresentar, diretamente à presidente, a idéia de uma nova revista importante. Porém, já ouvira falar da idéia de Atoosa, de lançar uma revista para adolescentes sob o selo *Cosmopolitan* — ela queria chamá-la *CosmoGirl* —, e estava curiosa. Nascida no Irã, numa família conservadora, Atoosa sentou-se diante de mim e falou apaixonadamente sobre as pressões que meninas adolescentes enfrentam, sobre o tipo de conselhos e de apoio que elas buscam e precisam, e sobre sua visão de como lhes dar tudo isso numa revista mensal.

Gostei do que estava escutando, e lhe disse isso.

"Bem", ela respondeu, "qual seria o próximo passo?"

"Você deveria montar um protótipo, um 'boneco' da nova revista", eu disse. "Vá a uma banca de jornal, compre um monte de revistas, recorte-as e monte o tipo de revista que está imaginando. Não contrate um diretor de arte, por enquanto — esse boneco deve mostrar a sua visão, a sua paixão. E traga para mim quando estiver pronta."

Atoosa não hesitou. "Quando gostaria de vê-la?"

"Quanto antes, melhor", eu lhe disse. E com isso, nossa reunião terminou. Como uma adolescente grandalhona, Atoosa deixou minha sala com uma despedida festiva, animada para começar.

Para ser honesta, Atoosa não estava exatamente quebrando e inovando preceitos, ao propor uma revista para adolescentes — é só dar uma espiada em qualquer estante de revistas para ver isso. Na verdade, nós já vínhamos discutindo a possibilidade de começar uma revista para adolescentes na Hearst, muito antes de Atoosa fazer sua proposta. Mas havia outras coisas que diferenciavam Atoosa e a apresentação da sua idéia. Para começar, ficava claro de imediato que ela sentia uma empatia verdadeira pelas adolescentes — ela conhecia e lembrava muito bem das próprias ansiedades, inseguranças e esperanças. Mais, ela havia demonstrado o elemento mais importante para ter sucesso com o seu sonho: *garra*.

Atoosa demonstrara isso de três maneiras:

- Ela plantou a idéia de ter uma reunião comigo, ao falar com sua superiora imediata, a editora-chefe da *Cosmopolitan*, Kate White, sobre seu projeto de revista.

- Uma vez na reunião, ela não somente transmitiu uma paixão real pelo seu projeto, mas também deu o segundo passo, quando me perguntou o que deveria fazer em seguida.
- Ela solicitou um prazo específico, para que pudesse me entregar um boneco quando eu quisesse.

Tudo isso era muito bom, e eu reparei. Atoosa então levou sua idéia e seu sonho a um nível mais elevado.

Depois da nossa reunião, ela foi diretamente a uma banca e comprou dúzias de revistas, levou-as para casa, e começou a recortar páginas como uma desvairada. Fechou-se no seu quarto, cercada de centenas de recortes que cobriam a cama, o chão, e as mesas, e começou a colar imagens nas páginas ímpares e pares. Ela escreveu o nome "CosmoGirl" várias vezes, com 27 cores diferentes de batom, tentando capturar exatamente a imagem jovem correta, até que adormeceu exausta, depois de os batons terem manchado permanentemente seu novo jogo branco de lençóis (para a tristeza do seu novo marido).

Durante as 48 horas seguintes, Atoosa quase não dormiu, de tão determinada que estava para conseguir fechar o boneco antes do encerramento da semana de trabalho, no final da tarde de sexta-feira. Descobriu com minha assistente que eu iria sair às 17h30, e estava ansiosa para me entregar o boneco para o final de semana. Então, exatamente quando estava pronta para imprimir as últimas páginas, o inevitável tropeço aconteceu — a impressora do seu escritório pifou. Ela olhou desanimada enquanto o relógio avançava contra o prazo que ela mesma se impusera.

Quando a máquina recomeçou a funcionar, ela imprimiu a versão final. Desapontada por ter perdido a oportunidade de me entregar o trabalho para o final de semana, ela pediu à sua assistente que telefonasse para a minha sala. Sabia que poderia enviá-lo pela correspondência interna, e que eu poderia analisá-lo na segunda-feira. Mas, para sua surpresa, eu ainda não tinha saído. "Por que não vem agora", eu lhe disse, "e me mostra o que conseguiu."

Embora os escritórios da *Cosmopolitan* ficassem a cinco minutos de distância, Atoosa apareceu ofegante, cerca de dois minutos e meio depois de desligar o telefone. Ela entrou, me entregou o boneco da revista, e começou a falar animadamente sobre o que tinha feito.

"Calma, desacerele", eu lhe disse. "Não estou indo a lugar nenhum." De fato, eu não estava. Estava muito ocupada, folheando as páginas do protótipo do que eu já sabia que seria a próxima revista da Hearst.

E era fantástica — tão cheia de energia e de sentimento, e tão diferente de outras revistas para adolescentes, porque tinha o toque pessoal e mais emocional de Atoosa. Em suas próprias palavras, ela tinha sido a clássica "patinha feia" quando estava crescendo, uma menina desajeitada, insegura, com constelações de espinhas, e a sensação permanente de ser um desastre. A revista que ela imaginara era exatamente o que ela própria desejara com ardor quando era adolescente. Para ela, a *CosmoGirl* seria mais do que uma revista — seria uma missão. Ela seria a "irmã mais velha".

Coloquei o boneco numa estante da minha sala, ao lado dos últimos números de todas as revistas da Hearst, da *Cosmopolitan* à *Harper's Bazaar*, à *Marie Claire* à *Esquire*, e à *Popular Mechanics*. "Atoosa", eu disse, "parece que nós podemos ter uma revista." Mais tarde ela me disse que não soube direito o que aquilo significara — ela seria a editora? Ou a Hearst pegaria sua idéia, e a entregaria a alguém mais experiente? Teria sido devastador, mas, pelo menos, ela saberia que sua revista se tornaria uma realidade. Ela estava tão entusiasmada que, quando estendeu a mão para me cumprimentar, segurou no meu pulso, em vez da minha mão, e ficou balançando-o para baixo e para cima.

O *American Heritage Dictionary* define *garra* de duas maneiras:

- um esforço forte, organizado para realizar um propósito.
- energia, ímpeto, impulso, ou agressividade.

Aqui está como eu defino *garra*: fazer tudo o que for possível para impulsionar a si mesma para o nível seguinte, que pode ser uma promoção, procurar um novo trabalho, aceitar uma transferência, começar uma carreira inteiramente nova, ou apenas compreender qual o próximo passo de um projeto. *Garra* é o ato de seguir adiante com as nossas iniciativas, e é um dos traços mais importantes quando queremos ter sucesso no trabalho e na vida.

Ainda assim, não é preciso ter, e/ou apresentar uma idéia inteiramente nova para um negócio, ou uma revista, ou um show de televisão como Atoosa fez, para mostrar garra. Em palavras simples, garra significa ter motivação suficiente para buscar a informação que precisamos para realizar uma tarefa, sem cometer erros óbvios. É fácil:

Faça como um escoteiro: esteja sempre preparada!

Se estiver sempre preparada para reuniões, apresentações, ou apenas para as tarefas do trabalho diário, muito provavelmente conseguirá progredir no trabalho. Se não estiver, não somente irá frustrar e impedir seu progresso, mas certamente cometerá erros constrangedores.

Aqui está um exemplo perfeito: logo que saí da faculdade, trabalhando na revista *Holiday*, eu tinha uma colega com quem dividia apartamento, e que trabalhava como assistente de um editor de quadrinhos de outra revista. Ela estava trabalhando havia quase uma semana, e numa noite, depois que chegou em casa, começamos a conversar sobre o nosso dia profissional, sobre o que fizéramos, os diferentes aspectos do nosso trabalho, inclusive o envio da correspondência.

"Meu chefe escreve suas cartas num bloco amarelo", ela me disse.

"Você consegue entender sua letra?", perguntei.

"Por quê?"

"Bem", eu disse, "decifrar a letra de alguém para datilografar uma carta é sempre muito difícil."

Ela me olhou, desconcertada. "Não datilografo as cartas", disse. "Dobro o papel, coloco num envelope, e envio."

Bem, àquela altura eu ainda era bastante inexperiente, mas sabia que enviar cartas escritas à mão na folha de um bloco amarelo pautado não poderia realmente estar certo. "Acho que não é isso que o seu chefe deseja", disse. "Com certeza ele está esperando aquelas folhas de volta, datilografadas, para que ele possa assiná-las."

Seu rosto empalideceu. "Meu Deus!", gritou. "Ele nunca me disse nada!"

Não, ele não disse — porque não era função dele assegurar que ela compreendesse as exigências básicas do seu trabalho. Essa história é engraçada agora, mas eu garanto que não foi engraçado para minha colega, quando ela foi trabalhar no dia seguinte e teve que dizer ao seu chefe o que vinha fazendo. Em qualquer ambiente de trabalho, é essencial saber o que se espera da gente — o que fazer, o que não fazer, e o que não se pode esquecer. E se existir alguma coisa sobre a qual se sinta insegura,

Pergunte a alguém que saiba.

O ato de perguntar é um dos elementos mais importantes do sucesso. Em geral, as pessoas acham que fazer perguntas revela ignorância, mas o oposto é verdadeiro. A raiz da palavra *ignorância*, afinal de contas, é *ignorar*. Assim que perguntamos sobre algo, damos um passo para entendê-lo. Por outro lado, se apenas ignorarmos o fato que não sabemos... Acredite em mim, não dá para enganar por muito tempo.

Existe outro benefício menos óbvio de ser a pessoa mais preparada da sala. Não somente você saberá o que está fazendo, mas os outros — inclusive seu chefe, colegas, clientes, fregueses, e até mesmo concorrentes — prestarão atenção, e perceberão você de maneira diferente. Algumas vezes isso pode ser muito importante, como demonstra a próxima história.

Uma manhã, durante minha época no *USA Today*, tínhamos uma reunião marcada com uma agência de publicidade que estava tentando ganhar nossa conta. Naquela época, nos primeiros anos da nossa trajetória, estávamos gastando dinheiro como loucos para promover o jornal. Assim, administrar nossa conta daria uma imensa e lucrativa "carta na manga" para qualquer agência que a ganhasse.

Exatamente antes de a reunião começar, fui até a recepção para cumprimentar o responsável pela publicidade da agência. Ele estava sentado no sofá, folheando um exemplar do *USA Today* daquela manhã com negligência. Quando me viu, jogou o jornal da mesa e disse algo como, "Bem, foi uma boa leitura rápida", e levantou-se para me cumprimentar. Tudo que eu pude pensar foi *Seu tonto, não tem como vocês ganharem nossa conta.*

Aquele sujeito tinha vindo nos "seduzir", digamos, nos convencer para representar nosso produto — ainda assim, ele sequer se incomodou de ler a edição daquela manhã, até que conseguiu um exemplar gratuito na nossa recepção? Para estar preparado de fato, ele deveria pelo menos ter devorado os exemplares das duas últimas semanas, e também aqueles dos nossos maiores concorrentes. Afinal, como ele poderia saber o que diferenciava o *USA Today* dos outros jornais, sem se dar o trabalho de lê-lo? E se não sabia qual era a diferença, então de que modo poderia transmiti-la aos outros? Ele era, e por extensão sua agência, alguém em que poderíamos realmente confiar para criar a imagem correta e a marca para nosso jornal? Naquele instante, eu soube que a resposta era não.

Garantir que se preparou com a informação que precisa é o *Passo Um*. Garantir que a informação esteja correta é o *Passo Dois*, e não menos importante. Lembre que deve

> Conferir, checar e conferir novamente (depois cheque novamente se não estiver segura).

Existe um velho ditado entre jornalistas: "Se sua mãe disser que o ama, cheque". E, na verdade, pode estar certa de que no minuto que receber negligentemente qualquer informação, ela não será o que achou que seria. Veja o meu nome, por exemplo. Quando estava no secundário, uma pré-adolescente magrinha, desajeitada e cheia de sonhos, decidi que queria ser diferente, e assim, um dia, eu mudei a grafia do meu nome de "Cathy" para "Cathie". Bobagem, eu sei. Convenhamos, quando se tem doze anos, esse tipo de coisa parece desesperadamente importante.

Só posso dizer que foram inúmeras as vezes que, ao longo dos anos, recebi cartas endereçadas a "Cathy Black", ou "Kathy Black", ou "Kathleen Black". Parece bobagem, mas para mim é importante — e é a maneira mais rápida de diminuir minha opinião sobre o remetente. Além disso, bastam cerca de cinco segundos para entrar na Internet, ou telefonar para a Hearst e descobrir como é a grafia do meu nome, e o título exato do meu cargo. Alguém que não pode despender um tempinho desse para evitar um erro básico, realmente arruína suas chances. Não deixe que erros pequenos, facilmente corrigíveis, arruínem suas oportunidades de conseguir um trabalho, de ganhar uma conta, ou de ser levada a sério, antes mesmo que possa fazer sua apresentação.

Mostrar garra e persistência durante o processo de contratação é a melhor maneira de melhorar suas chances de conseguir aquela grande entrevista de trabalho, ou o emprego dos seus sonhos. Ainda assim, por alguma razão, as pessoas com freqüência escolhem a rota mais passiva possível, quando estão em busca de um novo trabalho. Você sempre

- envia seu currículo e espera (em vão) que alguém a procure?
- assume que não precisa telefonar para confirmar, porque, bem, eles irão procurá-la?

- decide não pedir a alguém para ajudá-la a abrir a porta que a interessa, por que quer fazê-lo sozinha?

Se tiver feito algum dos exemplos que citei acima, certamente não foi a única; são erros muito comuns. Qual é a melhor maneira de ficar na tela do radar do seu empregador do que um telefonema para confirmar, que de uma só vez demonstra interesse, iniciativa e garra? Ficar sentada esperando que alguém a chame, demonstra o contrário. Desse modo não tenha medo, e

Dê o telefonema.

Acredite em mim, empregadores não se aborrecem quando você telefona e pergunta educadamente se o seu currículo foi recebido. E, honestamente, eles não se incomodam se você usar a oportunidade para reiterar seu interesse pelo cargo. Se nada mais acontecer, o fato de você ter telefonado a diferenciará da turma dos outros candidatos que se inscreveram.

Se já trabalhou num escritório, sabe o tipo de coisa que acontece. A correspondência se perde. As reuniões se amontoam. Os prazos se esgotam. Quando mandar seu currículo e não ouvir nenhuma resposta imediatamente, existem boas chances de que não exista nada contra você. Assim, gaste um minuto e dê um telefonema — não vai causar problemas, e certamente pode ajudar. (Para mais sugestões sobre currículos, entrevistas, e *follow ups*, confira a seção **Preto & Branco**, com o título "Preparando-se para o emprego dos seus sonhos".)

Na mesma linha, não tenha receio de telefonar para os seus amigos, colegas e ex-chefes — qualquer pessoa que possa ter importância para o que deseja — e pedir ajuda para conseguir uma entrevista de trabalho. Qual é a pior coisa que pode acontecer? Que alguém não possa ajudar (ou, mais raramente, que prefira não fazê-lo) — em qualquer um dos casos, você não perderá nada. Em geral, procurar uma ajuda interna é a maneira mais inteligente e mais rápida de ter acesso à pessoa que poderá entrevistá-la, ou ser capaz de contratá-la.

Uma certa manhã, cedinho, quando eu estava trabalhando na revista *Ms.*, telefonei para George Hirsch, meu antigo chefe e antigo editor da revista *New York*. Eu não trabalhava com George havia muitos anos, mas sempre fizera questão de manter contato, e de pedir seus conselhos de vez em quando. Naquela manhã eu o chamei em casa, antes de ir para o trabalho, com um pedido muito específico.

"Podemos nos ver?", perguntei. "Preciso conversar com você".

"Claro", disse George, "mas estou viajando hoje. Podemos nos ver quando eu voltar?"

A atitude educada, naturalmente, teria sido dizer, "Claro, George. Faça uma boa viagem", e deixá-lo seguir seu caminho. Em vez disso, eu disse, "Você poderia se encontrar comigo antes de viajar? Que tal se tomássemos um cafezinho, ou o café-da-manhã?"

George, que não somente é uma lenda no mundo editorial de revistas, mas também uma das pessoas mais inteligentes e mais atenciosas que eu já conheci, pôde sentir a urgência na minha voz. "Está bem", ele disse. "Onde?"

Meia hora mais tarde, George e eu estávamos escondidos no canto de uma lanchonete, pedindo ovos e café. "Eu preciso lhe pedir um favor", disse a ele, e respirei fundo. "Pode me apresentar a Francis Ford Coppola?"

Bem, vamos retroceder um pouco. Eu tinha ouvido que o diretor de cinema Francis Ford Coppola estava expandindo seus interesses, e queria lançar uma nova revista em San Francisco — a notícia chegara num certo momento da minha vida, tanto pessoal quanto profissionalmente, que eu queria uma mudança. Eu tinha passado a década anterior em Nova York, e embora adorasse meu trabalho e minha vida, meu casamento estava acabando, e eu queria recomeçar do zero. Numa viagem recente a San Francisco, eu me vira completamente encantada pela cidade. Surpreendentemente rápido, decidi que queria mudar para a cidade.

Conseguir um trabalho na nova revista de Coppola seria uma maneira perfeita de mudar — com um grande emprego na mão, e uma figura importante na mídia para reforçar. Como eu sabia que George Hirsch conhecia Coppola, meu passo seguinte foi claro. Naturalmente, eu poderia ter insistido em fazer tudo isso sem ajuda, mas por que o faria? George me abriria essa porta rapidamente, e o fato de Coppola o conhecer e confiar nele me favoreceria.

George não hesitou. "Claro", ele me disse. "Deixe-me chamá-lo." No final das contas, Coppola estava em Nova York naquele dia, e em poucas horas eu estava indo encontrá-lo numa suíte enorme do Hotel Pierre, na Quinta Avenida. Cerca de dois dias depois, eu recebi uma oferta real de trabalho. A verdade é que, se eu tivesse contado apenas comigo mesma, provavelmente jamais teria ultrapassado seus assessores para marcar o encontro inicial.

Assim, não fique tímida ao usar os seus contatos. A maioria das pessoas fica lisonjeada ao ser solicitada. Amigos e antigos funcionários já me pediram ajuda muitas vezes ao longo dos anos, e posso dizer que as pessoas se sentem bem em ajudar alguém cujas habilidades e reputação elas respeitam. E, além disso, pode ser um bom negócio. No final das contas, se eu recomendo alguém para um trabalho, e esse alguém se transforma numa grande contratação, eu ganho pontos com o empregador. Fazer um favor a alguém pode, de muitas maneiras, ser tão benéfico quanto ter um favor feito a você mesma.

Porém, o que poderia fazer se não tiver esses contatos para ajudá-la a abrir a porta que precisa? Bem, poderá fazer o que uma jovem chamada Bonnie Fuller fez no começo da sua carreira, quando queria chamar a atenção da lendária editora da revista *Cosmopolitan*, Helen Gurley Brown:

Venda a si mesma como se acreditasse no produto.

No final dos anos 1980, Helen Gurley Brown completava a terceira década como editora da revista *Cosmopolitan*, que, de moribunda revista mensal ela havia transformado em uma das revistas para mulheres jovens de maior sucesso da história. Autora de *Sex and the Single Girl* [Sexo e a jovem solteira], o manifesto que deu o pontapé inicial na revolução sexual das mulheres, Helen (que ainda trabalha na Hearst como editora-chefe das edições internacionais da *Cosmopolitan*) era uma celebridade *bona fide*. Com suas saias curtas Pucci, voz ronronante, e a marca registrada de um cabelo penteado à perfeição, Helen era muito famosa no mundo das revistas. E ela adorava essa fama.

Bonnie Fuller, por outro lado, era uma jovem editora desconhecida de uma revista de moda canadense, chamada *Flare*.

Não nascera numa família rica, e não tinha muitos contatos no mundo editorial de revistas de Nova York, mas o que tinha em grande estoque era uma coisa chamada *garra*. Como o Canadá não é exatamente o palco central do mundo da moda, Bonnie estava determinada a ir aonde a ação fervia.

Sem ter uma "entrada" fácil para o mundo rarefeito de Helen Gurley Brown, Bonnie tomou a decisão de enviar, sem que tivesse sido solicitada, uma cópia da sua revista para Helen — e para alguns dos maiores editores e editoras de revistas, também.

Todo mês.

Durante vários anos.

Ela escrevia um bilhete curto — "Acabo de lembrar que você gostaria de ver a edição de março!" — envelopava a revista, e colocava no correio. Jamais perguntou se Helen queria receber a revista, se a tinha ou não folheado ou lido. Bonnie simplesmente acreditava o bastante em si mesma para se fazer lembrar. Ela não aborrecia nem provocava. Nunca telefonou mil vezes durante uma semana para pedir uma resposta. Simplesmente fez algo para garantir que seria notada, e lembrada. E Helen definitivamente notou, e lembrou.

Em 1994, Bonnie conseguiu um emprego na Hearst, como editora da *Marie Claire*, uma jóia de emprego bem remunerado no mundo editorial das revistas femininas. E três anos depois disso, exatamente quando eu estava chegando à Hearst, ela se apoderou do trabalho mais fascinante do mundo editorial das revistas femininas — seguindo os passos de Helen Gurley Brown, como a nova editora, ela mesma, da revista *Cosmopolitan*, em trinta anos. A ascensão de Bonnie é uma história extraordinária, e jamais teria acontecido se ela não tivesse tido a iniciativa de vender a si mesma.

Afinal de contas, se você não se vender, quem o fará?

Preparar-se ardorosamente e se vender são maneiras-chave de mostrar garra, mas a maneira de se tornar especial — e progredir de forma compatível — é criar o hábito de levar a dedicação profissional ainda mais longe, e fazer o inesperado. Então

Avance um quilômetro a mais, ou até mesmo um quilômetro e meio.

Qualquer pessoa pode caminhar meio quilômetro a mais: estagiários ao procurar por um trabalho no verão, assistentes que buscam progredir para uma posição mais qualificada, executivos de empresas na busca de melhores relações com clientes e fornecedores. Qualquer que seja o seu cargo, o seu trabalho, tente criar o hábito de dar um passo, ou dois passos a mais, além do que foi solicitado. No final, seus esforços serão notados e reconhecidos.

Há uns dois anos, um artigo em uma das revistas da Hearst, *House Beautiful*, identificou erroneamente o dono de uma determinada casa em Aspen, como o "presidente do conselho da Estée Lauder Companies", Ronald Lauder, e "sua mulher, Evelyn". Lamentavelmente, Ronald não é o presidente do conselho da Lauder nem Evelyn é sua mulher. O artigo se referia ao irmão de Ronald, o legendário Leonard Lauder, que é muito conhecido em Nova York — nos círculos das artes, da mídia e da filantropia, e que é casado com Evelyn.

Ih! Foi um erro inocente, mas inacreditavelmente estúpido, e logo que fui informada, soube que deveria fazer alguma coisa, de imediato. As empresas Lauder, que gastavam anualmente dezenas de milhões de dólares em publicidade e em promoção, são anunciantes importantes nas nossas revistas. Eu não poderia arriscar que o nosso erro crasso, nossa mancada, digamos, deixasse um desconforto na cabeça do presidente do seu conselho. E como eu conheço Leonard Lauder há anos, quis me desculpar em pessoa.

Foi numa sexta-feira, antes de um fim de semana prolongado por um feriado. Liguei para o escritório de Leonard, e fui informada por sua assistente que ele e Evelyn estavam na França. Ele ainda não teria sabido do erro, de modo que foi a minha oportunidade para informá-lo antes que o soubesse pelo seu departamento de relações públicas. Ao ouvir meu desespero, a assistente me deu o número do seu hotel em Paris.

Eu o informei sobre o erro. "Leonard, desculpe", eu disse. "Estou muito constrangida."

Leonard riu, e me disse que estávamos perdoados. Passou o telefone para Evelyn que também foi muito gentil. Como mais tarde ele disse a uma jornalista que o entrevistava para uma matéria a meu respeito, ele ficou feliz que eu tivesse me dado o trabalho de encontrá-lo para pedir desculpas. "Meu respeito por ela", disse, "foi para a estratosfera." Ao dar um passo a mais, fazer um gesto a mais, eu consegui não apenas dissolver qualquer mal-estar provocado pelo erro, mas também transformá-lo em pontos a favor.

Com freqüência, o que clientes e usuários realmente querem é a simples constatação de que alguém está preocupado com eles. No *USA Today*, eu costumava telefonar para nossos maiores anunciantes se alguma matéria desabonadora sobre seus produtos fosse publicada no jornal. Uma vez, um anúncio colorido de página inteira do whisky Dewar foi publicado ao lado de uma matéria sobre alcoolismo, e seu impacto negativo na economia americana. Uma outra vez, a loja Toy "R" Us havia comprado um significativo espaço publicitário no mesmo dia em que o jornal publicou uma matéria sobre o relatório sobre brinquedos perigosos, da Comissão de Segurança de Produtos e Consumidores.

Publicar notícias é responsabilidade dos jornais, naturalmente, e eu não tinha nenhum problema com esse fato. Mas era minha responsabilidade assegurar que nossos anunciantes não ficassem aborrecidos conosco sobre qualquer dano colateral às suas empresas e aos seus produtos. Desse modo, sempre fiz questão de aparar arestas, e até mesmo de entrar num avião para visitar o anunciante, dando aquele passo a mais, andando aquele meio quilômetro a mais (literalmente!), para colocar as coisas nos seus devidos lugares.

Uma vez, entretanto, num dia em que a Chrysler publicou um anúncio colorido de página inteira no jornal, eu mal tive tempo para reagir. Acabara de chegar à minha sala e, enquanto folheava o jornal atrás da seção automotiva, vi que nosso repórter havia criticado asperamente um dos carros da Chrysler em sua lista de "melhores e piores modelos novos". Puxa, pensei. Naquele exato momento, meu telefone tocou.

Era Lee Iacocca, o presidente do conselho da Chrysler, o homem que fizera sua fama por ter virado a sorte e o futuro de uma empresa agonizante. Ele estava possesso, e me deixou muito claro, numa tirada raivosa em linguagem pitoresca, exatamente o que pensava do nosso repórter automotivo, do nosso jornal e, para fechar a conversa, de nossas óbvias deficiências intelectuais. Imaginei que tudo que Iacocca realmente queria era desabafar — provavelmente ele estava se exibindo para pessoas que estavam na sua sala naquele momento — de modo que eu o ouvi calmamente, depois consegui dizer algumas poucas palavras gentis antes que ele desligasse o telefone. A Chrysler não iria deixar de anunciar no *USA Today*, e Iacocca certamente não poderia pedir que demitíssemos nosso repórter para satisfazê-lo.

Ter uma reputação por fazer esforços adicionais é uma maneira importante de ser notada. E fazer esses esforços para si mesma, também pode ser lucrativo. Descobri isso pessoalmente quando usei o meu tempo para

Colher o tomate presidencial.

Numa manhã chuvosa durante minha temporada profissional como diretora da revista *New York*, eu estava passando o final de semana no nosso chalé em Connecticut, trabalhando de joelhos no jardim. Vestida com um short velho e uma camiseta, uma touca de banho para proteger o cabelo, eu estava distraída trabalhando na terra quando vi uma imensa limusine preta entrando pelo nosso portão.

O motorista saiu do carro com uma gigantesca cesta de ervas da loja Dean&DeLuca, de Nova York, junto com uma garrafa de Dom Perignon. Olhei-o surpresa, suando debaixo da minha touca de banho. "Para a senhora", ele disse.

Levei a cesta para casa e peguei o cartão. Era de Al Neuharth, presidente do conselho e CEO da Gannett Company, uma das maiores editoras de jornais do país. Naquela época, Neuharth estava tentando me persuadir a aceitar um cargo no marketing corporativo da Gannett, mas, até aquele momento, eu não mordera a isca — o trabalho que ele tinha em mente não era bem o que me interessava. Eu estava intrigada e curiosa sobre a possibilidade de trabalhar na mais nova aventura empresarial da Gannett, o jornal *USA Today*, mas Neuharth não havia sugerido nada naquele cenário, e assim parecia que estávamos num beco sem saída.

Ainda assim, Neuharth sempre fez questão de manter abertos os nossos canais de comunicação, com reuniões, jantares, e estávamos nesse jogo de gato e rato havia meses. A cesta de ervas e o champanhe, que também continha uma cópia do último relatório da Gannett, era sua maneira de dizer, "Vamos continuar tentando, para ver se conseguimos achar o trabalho certo para você".

Fiquei impressionada e alegre com o gesto grandioso de Neuharth. Também percebi que o gesto cutucava a minha competitividade. Decidi que seria divertido retribuir com um gesto alguns tons acima, e felizmente eu já tinha o meio perfeito para fazê-lo. No dia anterior, eu colhera um tomate gigantesco na nossa horta — sem exagero, o tomate era mesmo um monstro, um verdadeiro legume Frankenstein. Devia ter cerca de 15 centímetros de diâmetro. Eu nunca tinha visto um tomate tão grande, e duvidei que jamais visse outro novamente. Assim, quando concordei em encontrar com Neuharth e outros executivos na semana seguinte, decidi levá-lo como presente.

Empacotei o tomate num papel delicado, acomodei-o numa caixa, e coloquei uma faixa azul em cima, como se ele tivesse ganhado o primeiro prêmio numa feira agrícola típica de condados. No nosso encontro — no sofisticado restaurante Four Seasons — eu o presenteei com grande euforia. "Al", anunciei, "sei que você não acredita que eu tenha passado um minuto sequer num jardim ou numa horta, mas eu cultivei este especialmente para você." Quando ele abriu a caixa, todos na mesa ficaram boquiabertos. Ninguém acreditava que eu o tivesse cultivado, ou que realmente eu pudesse ter trazido um tomate gigantesco como presente para o presidente do conselho de uma empresa de 2 bilhões de dólares.

Mais tarde, ao longo da noite, depois que a maioria do grupo tinha ido embora, a vice-presidente sênior de recursos humanos da Gannett, Madelyn Jennings, fez a pergunta que eu estava esperando ouvir. "O que você quer fazer na Gannett?" ela disse.

"Bem, o lugar que tem mais sentido é o *USA Today*", eu respondi. "Mas sei que os cargos de presidente e de diretor comercial estão ocupados, e esses são os únicos cargos que me interessam."

E a conversa ficou nisso. Uma semana mais tarde, Neuharth me convidou à sua suíte nas Waldorf Towers, em Nova York. Depois de uns poucos minutos de uma educada conversa fiada, ele me ofereceu o cargo de presidente do *USA Today*, dizendo que tinha reestruturado alguns cargos para abrir a presidência. "Você poderia ter economizado uma porção de jantares elegantes se tivesse me oferecido esse cargo desde o começo", eu lhe disse rindo durante o nosso aperto de mãos.

Naturalmente, aquele cargo não me foi oferecido apenas por causa do tomate gigantesco. Mas eu sempre soube que Neuharth era o tipo de pessoa que reage bem a uma resposta confiante. Por mais estranho que pudesse parecer, o tomate mostrou a ele que eu estava entrando no jogo, segura de mim o bastante para surpreendê-lo com algo audacioso e incomum. Acredito que o tomate foi o ponto crucial que fez com que ele se decidisse a encontrar uma maneira de me contratar — mesmo se isso significasse mexer em outros cargos na estrutura da sua empresa para resolver a questão. Assim, desde aquele dia, lembro dele como o meu Tomate Presidencial.

Senti-me ótima com a minha idéia do tomate — alem disso, estava fascinada com o meu novo cargo e com o trabalho. Ainda assim, por mais inteligente e esperta que eu possa ter me sentido, logo descobri que Al Neuharth havia planejado um truque ainda mais esperto por conta própria. Aprendi isso da maneira mais difícil, porque deixei de dar aquele passo adicional, aquele meio quilômetro a mais, em todos os aspectos importantes, pois esqueci que

Jamais presuma nada.

No prólogo deste livro, escrevi sobre o despertar brutal para o fato de que o meu novo título, "presidente", não significava o que eu havia pensado. Quando Joe Welty, um executivo da área publicitária, anunciou bruscamente que não se reportaria a mim, de repente percebi que eu não havia negociado, definido e amarrado minha estrutura operacional, ou quais seriam as minhas reais obrigações funcionais. Quanto maior a escada, maior é a queda! Tinha cometido um erro clássico — e facilmente evitável.

Meu constrangimento passou rapidamente e, entretanto, foi substituído pelo desejo de colocar Welty — que tinha, afinal, feito a escolha de solapar agressivamente minha autoridade, desde o primeiro contato — no seu devido lugar. Felizmente eu tive minha oportunidade no final do almoço. Welty e eu iríamos regressar para Nova York. "Cathie, use o jato da empresa", me disse a assistente de Neuharth, Randy Chorney, antes de se virar para Welty. "Joe", ela disse, "você pega a ponte aérea." Admito que eu tive um sentimento muito agradável de vingança quando vi os olhos de Welty se estreitarem, e seu rosto ficar vermelho. Embora isso possa soar trivial, não se tratava do jato. Tratava-se de estabelecer rapidamente que minha posição representava mais do que um título vazio.

Al Neuharth, naturalmente, manteve minhas obrigações vagas, de propósito. Ele sabia que eu somente viria para o *USA Today* se pudesse presidi-lo, mas também possuía executivos tarimbados na sua empresa que tinham muito mais experiência do que eu, em muitos aspectos do trabalho de presidente de um grande jornal. Desse modo, ele jogou para os dois campos, ao me dar a posição e o título que eu queria, sem cortar as asas dos executivos da casa.

Como eu descobriria rapidamente, essa atitude era típica de Al Neuharth — astucioso, ladino, manipulador, quando queria conseguir alguma coisa. Ele me enganara, e a culpa era só minha. Naquele momento decidi fazer duas coisas: primeiro, me apossar das responsabilidades que eu presumi como minhas; elas seriam minhas, mesmo que demorasse meses; e, segundo, nunca mais me deixaria surpreender daquele jeito.

Surpresas são engraçadas em alguns contextos, mas quase nunca no trabalho — o que nos ensina três maneiras adicionais para demonstrar garra:

- Jamais surpreenda seu chefe.
- Antecipe suas necessidades.
- Faça tudo para que ele apareça bem.

Em última análise, seu chefe é a pessoa com a maior latitude no que se refere ao seu progresso funcional. Em qualquer empresa ou organização, existem outros que também podem ajudá-la — vice-presidentes que poderão fazer boas referências, ou membros do conselho a quem impressionou bem —

mas é a apreciação do seu supervisor, ou da supervisora imediata que terá um peso maior e mais significativo. Então, por que não sair dos seus cuidados para garantir que ele ou ela, em particular, esteja satisfeito, ou satisfeita com o seu trabalho?

Vamos começar com a *antecipação*. É muito bom responder rápida e eficientemente quando seu chefe pede para que faça algo. Mas, que tal dar um passo além do devido e apresentar o trabalho antes mesmo que seu chefe peça? Ninguém está sugerindo que você se transforme numa leitora de pensamentos, mas com freqüência não é difícil conceber e imaginar as próximas necessidades do seu chefe. Algumas vezes é apenas uma questão de prestar mais atenção nele e no seu trabalho.

Recentemente, tive uma reunião com o nosso CEO e um executivo muito talentoso da nossa empresa. O executivo estava revendo o planejamento para um grande evento, mas enquanto eu observava, o CEO se contorceu muito levemente, e pude sentir que alguma coisa o estava incomodando. Interferi e sugeri uma solução intermediária, mas realmente estava pensando que *Eu deveria descobrir uma maneira de resolver esse assunto da maneira que ele queria*. Se, em qualquer momento, eu puder encontrar uma maneira de aliviar a pressão do meu chefe, esse será sempre o meu foco, até que tenha conseguido. E se, além disso, conseguir descobrir uma maneira de não constranger ninguém por perto, melhor ainda.

Analise e descubra qual é, digamos, a clientela que você deve satisfazer. Se trabalhar numa empresa pequena, talvez seja o chefe do seu departamento. Se trabalhar numa organização beneficente, talvez sejam os membros do seu conselho. Se for autonôma, e trabalhar por conta própria, talvez seja o agente que poderá lhe conseguir o próximo trabalho. Até mesmo Donald Graham — o filho de Katharine Graham, e sucessor da sua posição no topo da Washington Post Company — rotineiramente fazia longas caminhadas para conversar com os executivos mais graduados da empresa, quando era o presidente do jornal. Deixava seus cuidados para garantir que as pessoas mais responsáveis pelo conteúdo do jornal sentissem que estavam sendo ouvidas, consideradas, e respeitadas.

Uma vez que você saiba a *quem* precisa satisfazer, descubra exatamente *como* fazê-lo. Se jamais perguntou ao seu chefe como ele prefere trabalhar com você, está na hora de fazê-lo. Faça perguntas básicas, como

- Quantas vezes gostaria de se reunir para acompanhar o andamento dos projetos? Nesse meio tempo, gostaria de receber relatórios por e-mail?
- Prefere relatórios sobre os projetos, apresentados em gráficos, ou resumidos num memorando?
- Prefere ler a correspondência relevante sobre o projeto, ou prefere receber um resumo geral feito por mim?

Essas coisas podem parecer pequenas e insignificantes, mas dedicar um pouco do seu tempo para saber quais são as preferências do seu chefe, pode ser muito compensador. É como se hospedar num hotel onde os pequenos toques adicionais são feitos da melhor maneira possível — chocolates sobre o travesseiro, toalhas felpudas. A experiência inteira fica bastante acentuada. Garanta que está não só melhorando, mas aprimorando a vida profissional do seu chefe, tanto quanto puder.

Lembre, também, que isso inclui saber o que o seu chefe não precisa de você. Quando Atoosa Rubenstein se tornou editora da revista *CosmoGirl*, ela subiu na hierarquia da Hearst. Na revista *Cosmopolitan* ela se reportava à editora, Kate White.

Na sua nova posição, ela se reportava diretamente a mim. Jovem e inexperiente, Atoosa continuou a agir de maneira muito mais adequada a uma funcionária de nível médio, e não de uma editora-chefe.

Quando se reportava a Kate White, ela sempre fez questão de mandar e-mails curtos para informá-la que estava saindo, ou fora de contato por qualquer outra razão. E, na primeira semana e tanto depois da sua grande promoção, ela fez o mesmo comigo: "Estou indo almoçar, volto em uma hora", ou "Estou saindo para uma reunião — telefone se precisar falar comigo". O que ela não entendeu foi que eu não precisava receber essas mensagens — ela progredira a ponto de não precisar dar satisfações constantes ao seu superior hierárquico. Apenas olhava seus e-mails de relance, e os apagava, mas antes que eu tivesse a oportunidade de dizer a ela que parasse de mandá-los, aparentemente ela própria compreendeu que eram desnecessários. Jamais recebi outro.

Você quer passar uma boa impressão para o seu chefe, naturalmente, então não esqueça o corolário:

Faça seu chefe aparecer bem na foto.

Quando vi o filme *O Diabo veste Prada*, uma cena que ficou na minha cabeça foi a da festa em Nova York, na qual Andy, a assistente de Miranda Priestley, fica atrás do ombro da sua chefe, murmurando os nomes dos convidados que dela se aproximam. Suave como um cetim, Miranda cumprimenta cada pessoa pelo nome, parecendo uma anfitriã atenta e calorosa, em vez da esnobe rígida e entediada que realmente era.

Não existe maneira mais fácil, nem mais rápida para merecer o respeito e a gratidão do seu chefe do que ajudá-lo, ou ajudá-la a aparecer bem na foto, como se diz. Quando está trabalhando para alguém, algumas vezes é fácil esquecer que ele ou ela também está trabalhando para alguém hierarquicamente superior, e que está tão preocupado, ou preocupada quanto você, em impressionar bem os seus superiores. O que puder fazer para ajudá-lo, ou ajudá-la, dará os melhores resultados.

Depois de já estar no *USA Today* há quase dois anos, eu precisava desesperadamente de umas férias. Al Neuharth não estava nada satisfeito com a idéia de eu tirar duas semanas de férias, mas, de qualquer maneira, meu marido e eu alugamos um pequeno apartamento no sul da França (ver mais sobre isso no capítulo 7). Quando chegamos lá, ficamos completamente fora do contato com o resto do mundo — sem telefone, sem fax, sem e-mail. Eu estava orgulhosa por ter insistido nas minhas férias, mas aquele isolamento não foi o que eu combinara. Se acontecesse algo de errado no escritório, não havia maneira de me localizarem com facilidade.

Quando voltei ao trabalho duas semanas depois, queimada de sol, descansada, e levemente ansiosa sobre o que teria acontecido na minha ausência, fiquei sabendo que nossa diretora de publicidade, Valerie Salembier, tinha me defendido no meio de uma pequena crise. Neuharth quisera saber se eu estava em contato enquanto estava fora, e ela respondeu vividamente, "Eu falo com ela dia sim, dia não". Grande sorriso.

Sim, ela mentiu descaradamente por mim. E não, não estou necessariamente defendendo a mentira como estratégia funcional. Nesse caso, Valeria considerou se algum dano aconteceria pelo fato de me acobertar, e tomou sua decisão. Ela sabia que eu me beneficiaria da sua decisão e, por extensão, que ela também. Acredite, ela estava certa — eu jamais esqueci aquela demonstração de lealdade.

Finalmente, jamais surpreenda seu chefe. Se tiver más notícias, não titubeie, informe-as imediatamente. Se tiver boas notícias, compartilhe-as imediatamente. Por um lado, ninguém gosta de se sentir carta fora do baralho. Por outro, esconder uma crise de alguém que precisa saber dela, garante que o problema se fortalecerá. Pense sobre o seu chefe como um pequeno animal da floresta — não faça mudanças inesperadas; nem gestos estranhos.

Isso foi o que eu definitivamente não fiz durante um vergonhoso episódio com Al Neuharth. Foi um dos momentos mais constrangedores do meu período no *USA Today,* um deslize que eu jamais deveria ter cometido, e que envolveu um avião, um prato de costelas grelhadas, e uma personalidade notoriamente meticulosa. Leia a seguir essa malcheirosa história.

ESTUDO DE CASO

O EMPRESÁRIO AL NEUHARTH

No meu primeiro ano no *USA Today*, eu viajei tanto que cheguei a sentir que poderia criar asas. O jornal acabara de ser lançado, e parte do trabalho da minha equipe era viajar pelo país, freqüentemente com Neuharth, para promovê-lo e tentar fomentar a venda de anúncios.

Nossa agenda era sempre apertada, fosse para reuniões, recepções, ou jantares. Chegávamos a uma cidade, íamos de carro diretamente ao nosso destino, e passávamos as duas horas seguintes tentando convencer o anunciante potencial. Neuharth faria a apresentação inicial, explicando como o *USA Today* era um tipo diferente de jornal, quando então exaltava o seu apelo de massa, e depois era a minha vez. Eu então ressaltava a abrangência nacional do jornal, para criar um compromisso de compra de anúncios. Mesmo em jantares e em recepções, era quase impossível comer, porque tínhamos tempo limitado para fazer nossa venda aos anunciantes potenciais, coisa menos efetiva quando se tem a boca cheia de salada.

Em geral, voltávamos para o aeroporto, cansados e famintos, e embora o avião tivesse um bar normalmente bem abastecido, e comida, daquela vez achamos que fizemos um plano brilhante. "Kansas City não é famosa por seu churrasco de costela?", alguém perguntou quando o avião aterrisou. "Por que não pedimos ao motorista da limusine para comprar algumas para nós enquanto estivermos na recepção?"

Parecia ótimo. Estaríamos famintos quando voltássemos para o aeroporto, então por que não nos conceder o mimo da especialidade local no vôo de volta?

Neuharth não ouviu nossa conversa, e assim não ficou sabendo do nosso desejo de costelas grelhadas, até que voltamos para o aeroporto no final do dia, carregando sacos enormes com costelas, quando subimos a escada do avião. Do *seu* avião. No *interior imaculado, forrado de couro branco* do seu adorado Gulfstream. Huummm... pensando bem, eu deveria ter previsto o que aconteceria depois.

Nós nos entregamos à comilança daquelas costelas com desenvoltura, como se o amanhã não existisse. Era uma perfeita churrascada, com molho picante, cerveja gelada, e muita lambeção de dedos. Não estávamos comendo como selvagens — não havia molho de churrasco voando pelo interior do avião — mas nós estávamos, digamos, completamente à vontade.

Foi então que a cabeça de Neuharth apareceu na porta da sua cabine particular nos fundos do avião, onde ele gostava de trabalhar e descansar durante os vôos. Deu uma olhada em volta, com uma expressão estranha no rosto, e depois fechou a porta. Não o vimos de novo durante o vôo. Mas, sua assistente, Randy Chorney, observou: "Acho que Al não está satisfeito. Parece estar de mau humor". Nada mais aconteceu, e quando o avião aterrisou em Nova York, já tínhamos recolhido os restos do nosso jantar, e estávamos todos prontos para ir para casa, para uma merecida noite de sono.

Na manhã seguinte, Neuharth me telefonou. "Encontre-me hoje às 17 horas no Sky Club", ele disse — um clube privado para jantares num arranha-céu na Park Avenue.

"Claro", eu respondi. "O que aconteceu?"

"Espero você lá", ele disse.

Nunca antes Neuharth me convidara para encontrá-lo para drinques, de modo que eu sabia que tinha acontecido alguma coisa. Cheguei ao clube, encontrei-o à sua mesa, e mal tive tempo de me acomodar na cadeira, quando ele se inclinou para mim, e despejou.

"Pelo amor de Deus, quem teve a idéia de levar costelas gordurosas e fedidas para bagunçar meu avião?", ele perguntou, com os olhos faiscando de irritação.

Epa! Olhei-o, surpresa, e decidi, então, no mesmo instante, que havia uma única maneira de responder.

"Foi idéia minha, Al", disse. "Nem por um momento me ocorreu que levar aquelas costelas para o avião pudesse aborrecê-lo. Mas o avião não é meu — o avião é seu. Me desculpe." Eu poderia ter me defendido, mas só iria aprofundar o problema. Meu chefe estava aborrecido, como resultado direto de uma decisão que eu tomei, de modo que a melhor coisa a fazer era consertar a situação: *Deixe o seu chefe feliz.* (E, pelo amor de Deus, saiba também o que pode fazê-lo realmente *infeliz.*)

Depois ficamos sabendo que Neuharth ficara sentado na sua cabine, espumando de raiva, durante toda a viagem de volta. Naturalmente, podemos considerar que sua raiva foi exagerada, fora de proporção. Depois de tudo, nós mesmos recolhemos as sobras, e não havia um pingo de molho de churrasco no interior do avião. Mas Neuharth é um homem meticuloso. Esse é um dos muitos traços que o definem, alguns dos quais são definitivamente estranhos — e outros o fazem uma das pessoas mais eficazes e eficientes com quem já trabalhei.

Vale a pena pintar um retrato de corpo inteiro de Neuharth, porque além de ele ser um cara fascinante, é um verdadeiro profissional de marketing. Aprendi muitíssimo com ele nesses anos — lições que continuam a me ajudar ao longo da minha carreira. Entre todas essas lições, a mais importante é aquela que serve como um mantra para Neuharth:

Não aceite um não como resposta.

Existe uma antiga adivinhação da física que pergunta: "O que acontece quando uma força irresistível encontra um objeto imóvel, ou um obstáculo intransponível?". Nós descobrimos a resposta a essa pergunta naqueles primeiros anos do *USA Today*.

Al Neuharth era a força irresistível. Criado numa fazenda por uma mãe viúva, em Dakota do Sul, Neuharth era absolutamente feito para o sucesso. Depois de se formar como jornalista na Universidade de Dakota do Sul, ele trabalhou dois anos como repórter para a Associated Press, antes de lançar seu tablóide semanal, *SoDak Sports*. Essa foi uma iniciativa audaciosa para um jovem de vinte e poucos anos, e no começo foi muito bem-sucedida. Depois de dois anos, porém, o jornal frangote acabou. Impávido, Neuharth aceitou um trabalho como repórter no *Miami Herald*, e se mudou para a Flórida.

Em sete anos, Neuharth havia chegado a assistente do editor administrativo do *Herald*. Ele então mudou para o *Detroit Free Press*, e chegou ao escalão superior dos editores do jornal, antes de ingressar na Gannett Company em 1963, como gerente-geral dos seus dois jornais em Rochester, no estado de Nova York. Neuharth foi um gerente hábil, mas no fundo, ele era um empresário. Na Gannett, encontrou espaço para se entregar àquele lado empresarial, começando com um novo jornal no norte da Flórida.

Neuharth descobrira que nenhum jornal diário cobria a "costa espacial" da Flórida — a área compreendida entre Palm Beach e Jacksonville, que abrigava o Cabo Canaveral e seus funcionários e empreiteiros muitíssimo bem formados. Então, Neuharth lançou um jornal diário chamado *Today*, que mais tarde foi renomeado como *Florida Today*. O jornal foi um sucesso, mas não passou de precursor da grandiosa idéia de Neuharth, arquitetada em 1979, quando ele se tornou o presidente do conselho e CEO da Gannett. Ele queria lançar um jornal diário nacional — algo que ninguém havia tentado anteriormente. Decidiu chamá-lo *USA Today*.

Desde o começo, os céticos consideraram o projeto como imenso e impossível de ser viabilizado — imprimir e distribuir um jornal diário em cores, que estaria disponível todas as manhãs, durante os dias da semana, *em todo o país*? Não passaria de um sonho irreal. Mas, onde a maioria das pessoas via obstáculos, Neuharth via oportunidades. Ele foi o pioneiro no uso de cores, numa época em que todos os jornais eram impressos em preto e branco, e a primeira página em cores era realmente impressionante. Ele sabia que a nova tecnologia iria permitir a Gannett enviar o conteúdo do jornal via satélite para gráficas locais, que seria possível inserir notícias importantes de última hora, e os resultados de jogos esportivos no jornal. Como fanático por esportes, Neuharth viu que havia um mercado novo. Naqueles tempos pré-Internet, os fãs de esportes poderiam saber os últimos resultados dos seus times favoritos, e a cobertura dos jogos, onde quer que estivessem no país.

Ainda assim, achavam que ele era louco — mas era uma percepção que ele parecia apreciar. Sempre foi um estranho no mundo fechado da elite da imprensa, e tirava proveito disso. Trajando lustrosos ternos de seda, com um permanente par de óculos escuros de aviador, ele ficaria melhor no cenário de um cassino em Las Vegas. Usava um anel com uma pedra incrustada, tão grande que poderia servir como uma soqueira de bronze numa luta. (Pelo que sabemos, serviu uma ou duas vezes.) E enquanto a elite da mídia de Nova York circulava em carros pretos Lincoln Town, ele usava uma imensa limusine branca.

Neuharth era um homem de muitas peculiaridades. Em restaurantes, como se fosse algum mafioso, ele se recusava a sentar-se de costas para a porta. Datilografava bilhetes para colegas e funcionários em sua velha máquina de escrever Royal, num papel especial cor de pêssego. E adorava apostar em tudo que lhe vinha à cabeça. Num jogo do futebol americano, ele apostava não somente no resultado, mas também se a artista que fosse cantar o hino nacional,

"The Star-Spangled Banner", atingiria a nota super aguda na palavra *free*. Se alguém deixasse de pagar depois de perder uma aposta (as quantidades em geral variavam de cinco a dez dólares), Neuharth mandava uma cobrança de aviso de débito para vencer em três dias — fosse um amigo, um funcionário ou um anunciante.

O mais estranho de tudo, Neuharth tinha sua base, não em Nova York, não em Washington, D.C., mas na sonolenta cidade de Cocoa Beach, na Flórida. Ele fez isso por uma razão: queria criar um novo jornal que viraria de ponta-cabeça a dinâmica do negócio dos jornais diários, e queria fazê-lo distante do olhar perscrutador dos críticos. Não queria esse escrutínio, e não queria os editores e repórteres aprisionados pelo mundo dos jornais de Nova York, que considerava terem uma visão preconceituosa das notícias. Ele me disse um dia: "Esses esnobes editores de jornais de Nova York vivem em torres de marfim, pregando o que acham importante para o mundo. Mas o *USA Today* é um jornal do leitor. Nós cobrimos os assuntos que mais interessam às pessoas — as coisas que mais afetam as suas comunidades, os seus interesses, e os seus empregos".

Como o *USA Today* é muito bem-sucedido atualmente, é difícil lembrar que no começo todo mundo esperava que o jornal fracassasse. Os críticos da mídia debochavam da sua linguagem e dos seus gráficos coloridos. Comentaristas o apelidaram de "McPaper" — "McPapel". Outros jornais ridicularizavam o jornal de tal maneira, que Neuharth disse, "A imprensa é a única espécie, além dos ratos, que come os seus recém-nascidos". Porém, ele não esmoreceu. Neuharth não concebia a possibilidade de um insucesso.

Com críticas voando por todos os lados, Neuharth enfrentou a tarefa de mudar a própria percepção do seu novo jornal. Era esse o seu "objeto imóvel, ou obstáculo intransponível". Será que ele poderia conquistar um número suficiente de leitores e de anunciantes para transformar o *USA Today* num jornal financeiramente viável, e jornalisticamente respeitável? Ou essa seria uma grande aposta que, em última análise, não daria certo?

Naquele tempo, se uma outra pessoa qualquer estivesse no leme, o *USA Today* teria fracassado. Mas Neuharth jamais aceitou um não como resposta. Empurrava, cutucava, estimulava, e provocava para descobrir maneiras de conseguir um "sim". Naqueles anos iniciais, sua mensagem jamais vacilou:

Descubra uma maneira de fazer o que é necessário. Sem desculpas!

Neuharth era um gênio para descobrir como tirar vantagens extraordinárias de recursos comuns. Mais importante, seu pensamento jamais se restringiu pela maneira como as coisas já tinham sido feitas. Todo mundo já ouviu a frase "*Think outside the box*"*, mas foi só depois que observei Neuharth de perto, que de fato comecei a compreender o que ela significava.

No início, o *USA Today* era um buraco negro financeiro. A Gannett despejava centenas de milhões de dólares no jornal, um gasto inevitável para um lançamento tão grande. Mas Neuharth sabia que precisava manter os custos no nível mais baixo possível, para dar ao jornal o tempo necessário para ter sucesso. Contratar duzentos novos repórteres para cobrir o país inteiro seria muito caro, e assim ele instituiu um sistema de "empréstimo" de repórteres dos outros jornais da Gannett. Quando o *USA Today* foi lançado, 141 dos seus 218 jornalistas eram "emprestados" de outros jornais — e permaneceram nas suas folhas de pagamento, não na folha do *USA Today*.

Essa foi uma decisão audaciosa, porque os demais profissionais dos outros jornais da Gannett ficaram sobrecarregados de trabalho. Os jornalistas "emprestados" ao *USA Today* tinham a opção

* "Pense de forma diferente" (N. do T.)

de voltar para seus jornais originais, se o seu trabalho, ou o entrosamento não funcionasse, mas aqueles que se destacassem no *USA Today* eventualmente receberiam propostas de tempo integral. Enquanto isso, Neuharth planejava surfar nessa onda de trabalho emprestado enquanto pudesse. Foi uma solução simples para o que, inicialmente, parecera um problema insuperável.

Neuharth também inventou maneiras criativas para promover o jornal. Ele era como P. T. Barnum*, destemido ao usar um truque ou dois se chamasse atenção para o *USA Today* – e até mesmo detalhes aparentemente pequenos, como as caixas para a venda automática do jornal, recebiam sua atenção. Até aquela época, elas eram engenhocas feias, quadradas, utilitárias. Mas Neuharth decidiu mudá-las. "O *USA Today* é o jornal do futuro", ele disse, "então as caixas de venda automática devem transmitir isso." O projeto que venceu parecia uma televisão, com os cantos arredondados, e a palavra Gannett dos quatro lados. Quando andar pelas ruas, procure por uma caixa do *USA Today* – você reconhecerá o design antes de poder ler as palavras escritas do lado da caixa.

E Neuharth se jogou no marketing. Quando o jornal foi efetivamente lançado, ele decidiu realizar festas em cidades diferentes, em horários diferentes. Isso lhe deu oportunidades promocionais intermináveis ao longo daquele primeiro ano, e ele realmente o fez com competência. Em toda cidade, ele convidava políticos locais, gente de negócios, publicitários, e celebridades para uma festa gigantesca, cujo serviço de bufê privilegiava a gastronomia local – pratos com caranguejo em Maryland, sopa de mariscos em Boston, filés com queijo na Filadélfia. A festa seria uma grande história em si mesma, extensa e intensamente coberta pelos jornais locais no dia seguinte, nos conferindo uma exposição ainda maior.

---

* Phineas Taylor Barnum (1810 –1891), milionário do show business americano. (N. do E.)

Mas a *pièce de résistance* foi realmente a primeira festa de lançamento, em Washington. De alguma maneira, Neuharth conseguiu persuadir o presidente Ronald Regan, o presidente da Câmara, Tip O'Neill, e o do Senado, Howard Baker a comparecerem, com centenas de pessoas ao National Mall, tendo o Capitólio como cenário de fundo. Quais seriam as chances de conseguir a presença dos três líderes políticos mais poderosos do país, para comparecer juntos a uma celebração de lançamento de um jornal? Se alguém fizesse essa pergunta seis meses antes, qualquer pessoa sensata teria dito que isso seria impossível. Conseguir o impossível, no entanto, era a especialidade de Neuharth.

Naturalmente, ele jamais estaria na posição de convidar o presidente para uma festa de lançamento do jornal, se não tivesse colocado seu pescoço a prêmio para deslanchar o *USA Today*. Correr riscos era outra especialidade de Neuharth — e o tema do nosso próximo capítulo. Descubra como é possível administrar riscos, e faça com que eles lhe favoreçam.

CAPÍTULO 2

RISCO

O que você pensa quando ouve a palavra *risco*? Ousar seu primeiro *sky-diving jump*? Arriscar uma aposta alta num jogo, ou investir pesado na bolsa por causa de um palpite? Dizer a verdade a um amigo, mesmo que isso possa mudar seu relacionamento? Ou estimular a criação de um novo grande projeto, ou uma nova aquisição no seu trabalho?

Correr risco é, ao mesmo tempo, amedrontador e estimulante — amedrontador se você se concentrar no que pode dar errado, e estimulante quando você também considera os benefícios possíveis. O jeito é pensar sobre o risco da maneira certa, e usá-lo a seu favor. A maioria das pessoas acha que correr risco abre seus flancos para situações desnecessárias e, talvez, até mesmo perigosas. A verdade, no entanto, é que evitar risco não salva ninguém, nem garante uma trajetória tranqüila no trabalho, ou na vida.

Com freqüência, o oposto é verdadeiro. É como a parábola do macaco: um macaco vê uma noz num buraco, e enfia a mão para pegá-la. Quando ele fecha o punho em volta da noz, não consegue tirar sua mão pela abertura estreita do buraco. Então fica preso, engasgado. Ele não pode se soltar, a não ser que largue a noz, mas como fica com medo de perdê-la, ele não a larga.

Tentar evitar risco é como se agarrar àquela noz. Alguém pode achar que está agindo com segurança ao se agarrar ao que já tem, mas na verdade está apenas atrapalhando o próprio progresso.

Então, como o risco pode favorecer você? E como pode se encher de coragem para seguir em frente e correr riscos? A resposta reside em duas regras básicas. Primeira:

Corra riscos calculados, não insanos.

Nem todos os riscos são iguais, no trabalho ou na vida. Existe uma grande diferença entre descer uma corredeira com capacete e um guia experiente, e pular numa cachoeira dentro de um tubo, por capricho. Assim, quando se analisa um risco, deve-se administrar o fator perigo tanto quanto for possível. Pergunte a si mesma, *Como posso maximizar minhas chances de sucesso e, ao mesmo tempo, minimizar meu fracasso potencial?*

Depois de um ano no meu primeiro trabalho, na revista *Holiday*, minha chefe se demitiu. Ela chefiava o departamento de classificados publicitários, responsável pelos anúncios pequenos nas últimas páginas da revista — anúncios curtos, de três ou quatro linhas, de hotéis, restaurantes e acampamentos para férias de verão. A nossa era uma operação pequena com quatro pessoas, separada da turma de venda que cuidava de contas grandes, como fábricas de automóveis e companhias aéreas. Eu não estava preparada para passar para o grupo das contas maiores, mas logo que soube que ela estava saindo, eu quis o seu emprego. Seria o primeiro grande passo.

Marquei uma reunião com o diretor comercial da *Holiday*, um alto executivo que trabalhava no setor de revistas por quase tanto tempo quanto eu tinha de vida. "Eu gostaria de conversar sobre o trabalho da Phyllis", disse a ele. E embora eu tivesse o impressionante total de um ano de experiência em vendas publicitárias, algo sobre a minha conduta e a minha busca agressiva pela posição deve tê-lo convencido de que eu estava preparada para o trabalho.

"Está bem", ele disse, depois da curta entrevista. "Vamos lhe dar a oportunidade. Também daremos um aumento de 3 mil dólares para refletir seu novo cargo."

Sucesso! Fiquei entusiasmada com a promoção — mas ainda havia um ponto a resolver. Eu conhecia o salário anual de Phyllis, e sabia que era consideravelmente maior do que estavam me oferecendo. Poderia ter agradecido ao diretor, e aceitado a oferta, mas decidi arriscar pedindo mais.

"Eu sei quanto Phyllis estava ganhando", disse ao diretor. "E acho que devo receber o mesmo salário que ela, porque irei fazer o mesmo trabalho, com as mesmas responsabilidades."

O diretor ficou da cor de beterraba, mal podia acreditar que aquela jovem inexperiente de 24 anos ousasse pedir um salário maior, minutos depois de receber sua primeira promoção. Eu não sabia que subir para uma posição mais elevada não garantia receber o mesmo salário da pessoa que se demitira?

Não, não sabia. No entanto, ainda que *soubesse*, provavelmente teria pedido esse aumento, de qualquer maneira.

O benefício era claro: ganhar mais dinheiro. O prejuízo era... qual? Que o diretor fosse mais crítico a meu respeito, e cancelasse a oferta que me fizera? Talvez, mas era improvável. Além disso, se eu não tivesse corrido o risco de pedir um salário maior, a chance de recebê-lo seria zero. Como a lenda do hóquei no gelo, Wayne Gretzy, disse uma vez: "Você perde 100% de chance das jogadas que deixou de fazer".

No final, eu não consegui tanto quanto pedira, mas o diretor aumentou a oferta inicial. Nada perdido, algo ganho — foi o resultado ideal por correr um risco. Então — pense cuidadosamente sobre as coisas, calcule seus riscos, controle o que puder, tome suas decisões, e dê os seus primeiros passos de acordo com elas. O que nos leva à segunda regra de como fazer o risco nos favorecer. Quando se analisa e se calcula o prejuízo de qualquer risco, deve-se lembrar:

> O pior cenário geralmente não é tão ruim quanto se imagina.

Há milhares de anos, um grupo de adivinhos perambulava pela China antiga, viajando para os palácios dos mandarins, predizendo o futuro. Quando acertavam a previsão, eram cobertos por riquezas e homenageados com banquetes requintados. Quando erravam, eram fervidos vivos.

Graças às leis atuais do mercado de trabalho, ninguém tem que se preocupar que empregador vá ferver alguém. Tampouco é preciso ter muita preocupação com outros prejuízos amedrontadores, porque a verdade é que o pior cenário, depois de correr um risco e fracassar, raramente é tão ruim como se imaginou.

Mencionei minha aventura em San Francisco para trabalhar para a nova revista de Francis Ford Coppola. Naquele ponto da minha carreira, foi um risco trocar Nova York, o epicentro das revistas e dos negócios publicitários, pela Costa Oeste. Foi arriscado sair da revista *Ms.*, onde eu estava ganhando uma experiência relevante e começando a construir uma reputação. E foi arriscado abandonar meus colegas e meus amigos por algo desconhecido, a milhares de quilômetros de distância. Mas eu estava pronta para uma mudança, esperava realmente que a revista fosse um sucesso, e que a minha nova vida em San Francisco continuasse na mesma trajetória profissional ascendente que eu experimentara em Nova York.

Estava equivocada.

Depois de três meses em San Francisco, de ter carregado toda a minha mudança, e de ter assinado um ano de contrato de aluguel de um apartamento, eu sabia que a revista não iria sobreviver. Nós não tínhamos um bom número de circulação nem as vendas de espaço publicitário para dar lucro — nem parecia que ambos os cenários fossem mudar em curto prazo. Na verdade, depois de cinco meses, eu tive tanta certeza de que a revista iria fechar que pedi demissão e tirei férias para esquiar, em vez de ficar e assistir ao apagar das luzes. Eu estava tão certa que, enquanto estava fora, uma colega me telefonou para avisar que a revista havia fechado, e deixado um bilhete na porta de entrada para avisar aos funcionários que o último número fora impresso, e que eles não tinham mais emprego.

Falando do pior cenário possível! Minha grande aventura tinha sido interrompida, e lá estava eu na Califórnia, sem trabalho e sem perspectivas reais. Teria sido mais fácil me afundar numa depressão. Em vez disso, comecei a telefonar para restabelecer meus contatos em Nova York. E como a sorte permitiu, consegui persuadir a *publisher* da *Ms.*, Pat Carbine, a criar um cargo que ampliasse minhas responsabilidades, além da venda de anúncios.

Eu poderia ter me concentrado nos aspectos "fracassados" do meu risco, mas por quê? Em última análise, eu realmente não fiquei muito pior depois dos meus seis meses de experiência do que se tivesse permanecido em Nova York — e em algumas maneiras significativas, fiquei numa situação melhor. De fato, cerca de dezoito meses depois do meu regresso, o diretor da revista *New York*, Joe Armstrong, me convidou para ingressar na nova equipe que estava formando, como diretora-adjunta. Era uma oportunidade fantástica, e em dois anos eu substituí Joe.

Logo depois de ingressar na *New York*, tive uma conversa com o novo dono da revista, Rupert Murdoch. Naquela época, Murdoch era dono de uma porção de empresas na mídia, embora agora ele seja praticamente o maior barão da área, com uma empresa internacional globalizada, que inclui rádio, televisão (Fox), a Internet, e jornais pelo mundo inteiro. Ele quis saber sobre a minha incursão à Califórnia.

"Você diria que foi o maior erro que já cometeu?", ele perguntou.

"Não", eu respondi, "não acho absolutamente que tenha sido um erro." Murdoch me olhou com surpresa. Realmente não achava que tivesse sido um erro — nem na época, nem agora. Ainda que fosse fácil me censurar pela trajetória nova, em última análise, uma aventura malsucedida, aprendi um bocado com a experiência. Tinha feito um esforço para mudar para a Costa Oeste e tentar algo novo, tinha feito contatos valiosos, e realmente apreciei os meus seis meses em San Francisco.

Assim, não se diminua ao se concentrar nos aspectos de uma aposta que fez e que não funcionou. Em vez disso, se concentre no que aprendeu com as coisas que deram errado, e em como poderá usar esse conhecimento a seu favor.

Isso nos traz à última lei definitiva sobre correr risco:

O importante não é como o jogo começa, mas como ele termina.

Digamos que você decidiu correr um risco no trabalho — fez uma contratação não ortodoxa, ou propôs uma nova maneira de administrar um projeto. A qualquer momento que sacudir o *status quo*, enfrentará oposição. As pessoas não gostam de mudança, especialmente se essa mudança significa assumir novas tarefas sem absoluta certeza de sucesso.

Provavelmente haverá repercussões negativas imediatas — digamos, um começo tumultuado para o novo funcionário, ou resmungos dos colegas que não querem aprender uma maneira nova de fazer coisas. Vá em frente, lembrando que a única coisa que interessa é o resultado final. Aprenda a dispersar o foguetório que recebeu nesse meio tempo, porque as atitudes mudarão rapidamente quando o seu risco, afinal, resultar num sucesso.

Aprendi isso logo que ingressei no *USA Today*, quando analisei profundamente a campanha de publicidade que estava promovendo o jornal, e compreendi que não era correta. Nós éramos um jornal novo e dinâmico, que sacudia as noções tradicionais do jornalismo, ainda assim nossos anúncios não transmitiam essa mensagem de modo algum. Muito embora nossa agência, a Young&Rubican, fosse uma das maiores e mais prestigiosas do país, eles não estavam entendendo o que gostaríamos de transmitir.

Numa segunda-feira, tive um almoço com um cara chamado George Lois, um veterano publicitário de Nova York, que havia pouco tinha fundado sua agência. Anteriormente, na agência Doyle Dane Bernbach, ele ganhara fama por causa de uma brilhante campanha para o Fusca da Volkswagen, e não fazia muito tempo tinha feito um grande trabalho para o iniciante canal MTV. George era muito excêntrico, irreverente, veemente, sem cruzar o limite entre exuberância e insanidade. Meu objetivo no almoço era persuadi-lo a comprar espaço publicitário para as campanhas dos seus clientes no *USA Today*, mas a conversa tomou um rumo bastante diferente, quando eu lhe pedi que pensasse na publicidade do nosso próprio jornal.

"É uma porcaria!", ele quase gritou, sua voz ressoava no restaurante. "Seu produto é *fantástico,* mas ninguém jamais saberá disso vendo aquela [expressão censurada]! Eu deveria fazer a sua campanha!"

"George, provavelmente você está certo", eu disse. "Nossa publicidade não está transmitindo o que deveria. Mas, como sabe, existe um bocado de política envolvida em qualquer campanha publicitária." O que realmente eu estava pensando era: *George, as pessoas me achariam maluca se sugerisse trocar a Young&Rubican por uma agência pequena como a sua.*

Ainda assim, quanto mais eu pensava no assunto nas 24 horas seguintes, mais eu compreendia que além de George Lois estar bastante animado para fazer uma campanha para o *USA Today*, de uma maneira que a Y&R não estava, acima de tudo, ele acreditava pessoalmente no produto. George enxergava o *USA Today* como um jornal desbravador, excepcional. Os executivos da Young&Rubican transpiravam um esnobismo

Ivy League* em relação ao jornal. Dava para imaginá-los depois do trabalho, indo de trem para suas casas nos subúrbios de Connecticut, escondendo o *USA Today* atrás do *New York Times*, para que ninguém os visse lendo — era esse o tamanho do prestígio do jornal naqueles primeiros tempos, e quão pouco era respeitado. Mas George Lois realmente entendeu o que era esse jornal.

Assim, seria uma loucura convidá-lo para fazer uma apresentação? Ou, como eu começava a suspeitar, seria uma loucura não fazê-lo? Isso aconteceu logo no início da minha gestão no *USA Today*, tão no início que meus colegas seguramente encarariam com ceticismo uma mudança muito radical. Porém, se George fosse capaz de criar uma campanha melhor, mais inteligente, não era o que importava no final?

Pedi a George para montar uma série de protótipos, e dois dias depois ele me disse: "Venha e dê uma olhada". Só isso já era uma imensa diferença de uma grande agência de publicidade, que teria demorado pelo menos três meses para fazer um estudo de uma marca, pesquisa, grupos de opinião, e assim por diante. Naquela altura, eu compartilhei meu projeto secreto com Ray Gaulke, o presidente da Gannett Media Sales que, como eu, era recém-chegado à empresa. Ray e eu éramos almas irmãs e grandes amigos, e já tínhamos nos unido contra os beneficiários da cultura do "velho estilo" da Gannett. Ele também tinha sido presidente de uma agência publicitária própria, e diretor de criação, para completar, de modo que o convoquei para ir comigo ao escritório do George, para ver o que ele tinha feito.

* O termo se refere ao grupo das universidades mais prestigiosas dos Estados Unidos (Brown, Columbia, Cornell, Dartmouth, Harvard, Pensilvânia, Princeton, Yale). (N. do E.)

Os anúncios de George eram originais, estimulantes e audaciosos. Seu senso de humor direto e desarmado transpirava em seu trabalho e, no final, Ray e eu tínhamos um enorme sorriso no rosto. Nós sabíamos que tínhamos encontrado o nosso homem, e uma campanha publicitária pioneira, impactante.

Chegávamos, no entanto, à parte complicada. Eu tinha feito tudo isso sem mencionar absolutamente nada ao meu chefe, Al Neuharth, de modo que estava, digamos, numa espécie de limbo. Era a hora de dar o passo seguinte. Precisava conseguir a permissão de Neuharth para que George viesse mostrar seu trabalho para o resto da equipe da Gannett/*USA Today*. E precisava fazer isso rapidamente, porque a Young&Rubican apresentaria naquela sexta-feira sua nova campanha.

Já lhe aconteceu de querer sugerir algo novo no trabalho, e logo desistir por medo de que as pessoas pensassem que era uma idéia idiota? Ou deixar de expressar uma opinião, ou de tomar uma decisão no início de um novo trabalho, porque não queria fazer marolas excessivas? Embora essas sejam reações naturais e compreensíveis, elas também mostram uma falta de confiança nos seus instintos.

Considere o seguinte: se estiver convencida de que sua idéia é boa — ou, pelo menos, que tem um potencial bom o bastante para contrabalançar os riscos envolvidos — por que esperaria que os outros a torpedeassem? Acredite em seus instintos, e venda sua idéia. Se você não o fizer, quem o fará?

No dia anterior à apresentação da nova campanha, já agendada da Young&Rubican, eu fui falar com Neuharth. "Al", eu disse, "convidei George Lois para nos mostrar alguns protótipos de anúncios. Ele quer nossa conta." Neuharth olhou-me espantado. "Fale mais desse cara", ele disse. Expliquei quem era George, e como nosso convite havia ocorrido, e Neuharth não hesitou. "Nós trouxemos você para termos novas idéias", ele disse. "Então, traga esse cara e vamos dar uma olhada."

No dia seguinte, a Y&R apresentou a nova campanha. Apesar da riqueza criativa do pessoal da agência, dava para ver que ninguém ficou entusiasmado. Os anúncios não capturavam a energia desse novo jornal audacioso. Reagindo à nossa óbvia falta de entusiasmo, a turma da Y&R começou sugerindo mudanças — *Talvez esse título pudesse acompanhar essa outra imagem*, ou *Talvez pudéssemos sacudir esse texto* — mas, como em geral acontece, quanto mais mexiam, pior ficava.

Quando a apresentação por fim terminou, e o pessoal da conta e da criação da Y&R foi embora, eu disse ao grupo que tinha uma surpresa. "George Lois está aqui para fazer uma apresentação", anunciei. Olhei as pessoas em volta da mesa, e quase todos os rostos pareciam confusos — quem era George Lois? Tudo que eu pude pensar foi, *Vocês vão descobrir*. Naquele momento, George entrou na sala como um adolescente de 1,94m movido a Red Bull.

George fez uma apresentação digna de um Oscar. Ele jogou o paletó no chão, abriu o nó da gravata, e depois foi mostrando um anúncio depois do outro, andando em volta da sala, num monólogo fluente, salpicado de piadas e em linguagem irreverente. Foi épico, quase assustador. Eu fiquei emocionada. Quando ele acabou, a sala permaneceu sentada em silêncio absoluto.

Meu Deus, pensei, olhando para todos os rostos chocados e silenciosos. *Eles odiaram*.

Olhei para Ray Gaulke, que ergueu levemente as sobrancelhas. Ambos pensávamos a mesma coisa — como as pessoas podiam simplesmente ficar sentadas? Aqueles anúncios eram danados de bons! Meu coração estava martelando, e tudo que eu podia pensar era, *Nós vamos ser postos fora desta sala, junto com um George Lois suado e de olho arregalado.*

Neuharth continuou sentado absolutamente imóvel, sua expressão escondida atrás dos óculos escuros de aviador. Então, misericordiosamente, Charles Overby falou. Antigo editor de jornal, ele estava trabalhando como assistente de Neuharth. Eu sempre gostara de Charles. Embora nossa formação profissional fosse diferente, a sua editorial e a minha em marketing, nossa opinião sobre o *USA Today* e muitas outras coisas sempre bateu. O senso de humor de Charles já tinha salvado muitos momentos ásperos, e eu me perguntei como ele iria quebrar o gelo naquele momento.

Com seu indisfarçável e inconfundível sotaque sulista, Charles falou um arrastado "Beemm, George, não entendo muito de agências publicitárias de Nova York, mas esses anúncios foram os primeiros que eu vi que parecem adequados ao *USA Today*". Na deixa, como se estivéssemos assistindo a uma partida de tênis, todas as cabeças se viraram para Al Neuharth, que fez uma pausa antes de tirar lentamente os óculos. Com um sorriso, ele disse, "Nós conseguimos". Ray e eu ficamos tão felizes que quase dançamos sobre a mesa da sala de reunião, e eu prometi a mim mesma que acompanharia Charles Overby se ele pulasse de um precipício, pela sua manifestação de apoio.

Nós contratamos George para a parte promocional do nosso negócio, uma mudança que foi, previsivelmente, recebida com surpresa e ceticismo pela indústria. Mais uma vez, éramos questionados por uma decisão incomum — por correr um risco. Teria sido fácil duvidar de nós mesmos naquele momento, mas eu jamais duvidei que fizemos a escolha certa. Em muito pouco tempo, isso ficou claro para todo mundo.

George fez um trabalho tão excepcional que, em um ano, nós lhe demos toda a parte publicitária relacionada aos nossos consumidores, e abandonamos completamente a Y&R. Sua campanha não somente ganhou prêmios, mas mudou a percepção do *USA Today*, praticamente da noite para o dia. Como Charles Overby disse mais tarde, a decisão de contratar George Lois foi o momento em que a velha Gannett começou a desaparecer lentamente, e a nova Gannett surgiu. Ele o chamou de "quebrando o ovo".

A história de George Lois também ilustra perfeitamente meu favorito segredo sobre correr riscos:

É mais fácil pedir perdão, do que conseguir permissão.

Quando almocei com George pela primeira vez, eu não tinha intenção de contratá-lo para a conta do *USA Today*. Para começo de conversa, não estávamos procurando uma nova agência e, além disso, eu jamais discutira a possibilidade com quem tomava as decisões na empresa, gente que normalmente seria consultada para uma coisa tão grande quanto a mudança da imagem pública. Assim, quando George primeiro sugeriu criar alguns anúncios, a resposta natural teria sido dizer: "Bem, me dê um tempo para voltar a falar com você, depois que eu falar com algumas pessoas".

Ao contrário, decidi ir em frente e aceitar a oferta, depois a apresentei como uma alternativa real, logo que vi que George tinha apresentado o trabalho. Afinal, eu poderia ter sido impedida, se tivesse pedido permissão para buscá-lo no início.

Não tenha medo de botar o seu pescoço a prêmio por um palpite bem fundamentado, ou por uma idéia bem pesquisada. A não ser que esteja trabalhando para um neurótico controlador (sempre existe essa possibilidade), seu chefe não precisa, nem quer ser consultado a cada pequena decisão. Assuma a responsabilidade de estimular os primeiros passos; vai economizar o tempo do seu chefe, e também demonstrar a sua confiança e a sua sensatez. E lembre-se desse corolário valioso para a regra do "perdão":

Conheça as regras, para que conheça as que pode quebrar.

Quando comecei na Hearst, instituí uma conferência anual de administração — uma oportunidade para os executivos se reunirem e discutirem sobre os grandes temas confrontados pela empresa, e pela indústria. Como queríamos que as pessoas se sentissem inspiradas, informadas e energizadas, geralmente organizávamos as conferências em balneários. Nós convidávamos palestrantes, e encorajávamos nossos executivos a se conhecerem, a se misturarem, e a compartilharem idéias.

Há uns poucos anos, quando estávamos planejando o evento, eu quis aumentar a voltagem. Decidi convidar um palestrante que embasbacaria todo mundo, um homem conhecido pelo talento de comunicador, e pelo seu carisma pessoal: Bill Clinton. Sabia que a presença de Clinton na conferência provocaria o zunzum animado de todos pela conferência e, por extensão, pela Hearst. Ele acrescentaria algo de excepcional, que os funcionários levariam para o seu trabalho, quando a conferência terminasse.

O único problema era que Bill Clinton não sairia barato. Como ele era um dos conferencistas mais requisitados do mundo, nós tínhamos que estar prontos para gastar consideravelmente mais do que em geral fazíamos com outros conferencistas. Eu estava preparada. Mas não achava que meu chefe, Victor Ganzi, estaria.

Ainda assim, eu fui em frente e o convidei, sem perguntar a Vic. Uma vez que o acordo foi fechado, eu disse a ele que tínhamos conseguido Clinton como conferencista para o evento, e sua resposta foi a que esperava.

"Quanto isso vai custar?"

"Um bocado", sorri. "Mas vale a pena."

Ora, Vic e eu nos conhecemos muito bem. Tenho um sólido histórico de parceria com ele, e partilhamos de confiança mútua. Ao longo dos anos, tive chefes a quem jamais responderia dessa maneira. Porém, eu conhecia as regras, conhecia Vic e, mais importante, conhecia as regras que podia quebrar com Vic.

Depois daquela primeira troca de informação, Vic me perguntou umas duas vezes mais, sobre o custo de contratar Clinton, e eu me esquivava da resposta. Na último instante, estávamos ambos juntos num avião. Ele deve ter percebido que não havia como eu pudesse escapar, a 30 mil pés de altura, e enquanto estávamos revendo alguns números mensais, ele me olhou e disse: "Cathie, você não me disse qual foi o cachê de Bill Clinton".

Encarei-o e disse: "Vic, a verdade é que você jamais saberá". E sorri, sem dizer mais nada. Não sei se ele percebeu que eu estava me recusando a lhe responder — sei de uma pessoa por perto, de ouvido atento, que mal pode acreditar! — mas a verdade é que ele já sabia do cachê, pois tinha sido veiculado pela imprensa. Vic apenas esperara que nós tivéssemos negociado o valor, o que fizemos, de certa maneira. Contudo, os benefícios que a nossa empresa conseguiu por ter uma centena de funcionários correndo para casa para dizer às suas famílias e aos seus amigos, "Eu conheci Bill Clinton", valeu cada centavo. O resultado final foi um grupo altamente estimulado de funcionários — e, como já sabemos, o resultado final é o único que interessa. Uma vez que Vic percebeu que realmente eu não tinha intenção de responder à sua pergunta, ele aceitou. E nunca mais me perguntou.

Quebrar regras é um talento pouco apreciado e pouco utilizado. Se você é como a maioria das pessoas, deve gastar um bocado de tempo e de esforço para funcionar e operar de acordo com as regras da sua empresa e do seu chefe, mesmo se, em última análise, elas apenas fiquem no caminho. Mas, se fizer uma lista de pessoas altamente bem-sucedidas, invariavelmente ela está cheia de gente que quebrou regras — gente que largou a universidade como Bill Gates, desbravadoras como Meg Whitman da *eBay*, e os meninos prodígios da Internet, como Sergey Brin e Larry Page, fundadores da Google, que se recusaram a acreditar que um pequeno iniciante não poderia absorver as maiores e mais ricas empresas do *ciberspace*. Todas essas pessoas confiaram nas suas idéias, em si mesmas, o bastante para saber quais as regras que podiam quebrar. Você pode fazer o mesmo.

Nem todos nós somos tão audaciosos nem confiantes quanto os desbravadores citados acima. E nem todo mundo tem um senso inato das regras que podem ser quebradas. Então, como é possível ficar mais à vontade com a idéia de correr riscos?

Aqui está uma maneira de abordá-lo: quando corremos um risco, o que realmente estamos fazendo é assumindo uma oportunidade que, por uma razão ou por outra, pode ser amedrontadora. Então, a melhor maneira de compreender os riscos, e de usá-los a seu favor, é reconhecer que

A mudança é o melhor, e o mais gentil lado do risco.

Durante a vida, você se pegará criando determinados hábitos. A maioria deles terá pouco impacto na sua produtividade, sucesso ou felicidade. Mas outros podem ser prejudiciais. Aprender a reconhecer os hábitos que atrapalham, e ter a coragem de mudá-los, irá torná-la melhor, pessoal e profissionalmente. Além disso, quando alguém consegue se acostumar à necessidade de uma mudança periódica, ficará mais bem preparado quando chegar a hora de correr riscos maiores.

Minha primeira experiência real administrando pessoas aconteceu na revista *Ms.*, e quase terminou numa revolta da minha equipe, com tochas e forcados. Naqueles primeiros tempos da revista, os tradicionais compradores de espaço publicitário, como as indústrias de cosméticos e de automóveis, relutavam em anunciar numa revista feminista. Vender anúncios acabou sendo muito mais difícil do que a equipe imaginara e, diante do desapontamento de ouvir um "não" depois de outro, os temperamentos acabaram se descontrolando. Essa dificuldade, mais o fato de que eu era jovem, motivada, confiante (talvez excessivamente), e totalmente inexperiente em administrar equipes, resultou numa combinação volátil. Na verdade, meu estilo direto, algumas vezes brusco, irritava de tal maneira a minha equipe, que ela decidiu me confrontar, exatamente seis meses depois que assumi a gerência publicitária. Estávamos numa reunião de vendas fora do escritório, e várias se reuniram no meu quarto de hotel para pedir a minha demissão. "Ou você se demite, ou nós nos demitimos", me disseram, ameaçando uma saída em massa. E dava pra ver, só de olhar para a cara delas, que não estavam brincando.

Que desastre! Lá estávamos nós, tentando construir uma revista sobre a solidariedade entre mulheres, e tínhamos nos fraturado em facções raivosas e briguentas. Eu sabia que era tida como mandona — na verdade, eu sabia que *era* mandona — e que as pessoas estavam infelizes. Mas jamais esperei que exigissem que eu fosse embora. Imediatamente, dois pensamentos me vieram à cabeça. Primeiro, temos que conversar sobre esses problemas, e chegar a algumas soluções. Segundo, não havia nenhuma possibilidade de eu me demitir.

Acabamos passando horas naquele quarto, arejando todas as queixas e todos os ressentimentos possíveis. Tinha-se que ter uma personalidade forte e assertiva para trabalhar na *Ms.* naquele tempo, pois lançar uma revista controversa como aquela foi uma tarefa imensa e desencorajadora, de modo que as mulheres reunidas no meu quarto não estavam com medo de expressar o que sentiam. Elas realmente não me pouparam, e deixaram claro, de todas as maneiras, como me achavam deficiente no meu trabalho. Foi uma experiência humilhante, difícil, frustrante.

Uma grande parte de mim queria exclamar: "Como ousam? Não percebem que estou tentando fazer o melhor para a revista?". Mas a outra parte de mim compreendeu que eu tinha que fazer o que fosse necessário para reestruturar a união de todas na mesma equipe. Mesmo que eu acreditasse que não tinha feito nada de errado, mesmo que eu acreditasse que a crítica da minha equipe era inteiramente injustificada, a verdade é que não conseguiríamos atingir nossos objetivos naquele ambiente de raiva e de desconfiança. E se eu não estava indo embora, só havia uma opção.

Eu tinha que mudar.

"Ouçam", eu disse ao grupo, "estou ouvindo o que estão dizendo, e estou disposta a trabalhar com vocês para fazer algumas mudanças. Mas não vou me demitir, de jeito nenhum." Olhei para os rostos céticos. "Vamos resolver isso", eu disse, "porque nós temos que resolver." No final, elas concordaram em me dar uma segunda chance.

Não foi fácil, mas a atmosfera mudou. Aliviei minha inquisição diária sobre como estavam administrando suas contas, estabelecemos uma reunião semanal de vendas e, embora algum atrito ainda tivesse permanecido, todas nós fizemos nosso trabalho, juntas durante vários anos seguidos, e tiramos a *Ms.* do chão. É uma das realizações das quais eu mais me orgulho na minha vida profissional — e uma lição muito boa, também.

Além disso, desde aquela época fiquei mais atenta ao meu estilo administrativo, refinando áreas que precisavam ser aprimoradas ao longo dos anos. Sempre tive a tendência de ser direta e objetiva, mas aprendi que, algumas vezes, isso pode ser desconfortavelmente abrupto. Embora eu não leve a aspereza de maneira pessoal, vinda dos outros, aprendi, ao longo dos anos, que muitas pessoas a levam — e assim fiz um esforço consciente para tirá-la do meu trato com as pessoas.

Mudar o estilo é uma maneira de melhorar o desempenho no trabalho. Mas não tenha medo de olhar à sua volta. Se estiver consciente de que existem maneiras de melhorar o seu ambiente de trabalho, manifeste-se! Não tenha medo:

Sacuda e tire a poeira das cortinas.

Logo que cheguei à Hearst, a empresa tinha uma reputação completamente diferente da que tem agora. Fundada em 1887, quando William Randolf Hearst, filho de um magnata da mineração, assumiu o jornal *San Francisco Examiner* do seu pai, a Hearst atualmente é uma corporação multibilionária que compreende mais de 120 empresas, incluindo quarenta revistas nos Estados Unidos e no Reino Unido, doze jornais, 27 estações de televisão, empresas de TV a cabo, e negócios digitais. Em meados dos anos 1990, quando me tornei presidente da divisão das revistas, a Hearst estava firmemente estabelecida como um membro muito bem-sucedido, sólido, confiável, e — bem, vamos ser honestos — de algum modo conservador no mundo da mídia. As pessoas esperavam que a Hearst fosse competitiva, mas não necessariamente que liderasse.

Já mencionei neste capítulo nossa conferência anual (agora bienal) de administração. Quando convidei Bill Clinton para falar, já a organizávamos havia vários anos. Mas também existe uma história por trás da primeira dessas conferências, que planejei no meu primeiro ano na Hearst.

A maioria das conferências administrativas é realizada em balneários tradicionais, mas eu queria que aquela primeira da minha gestão transmitisse uma mensagem diferente. "Vamos para o Delano Hotel, em South Beach Miami", eu disse à nossa guru de RP, Deb Shriver. Ainda não estivera no hotel, mas tinha lido um bocado sobre ele, e sabia que o Delano não era, digamos, um balneário familiar. Deb, que adora, mais do que qualquer outra coisa, sacudir estruturas para renová-las, entendeu imediatamente o que eu estava tentando fazer, e seus olhos se iluminaram de animação.

Enfiado no meio do distrito Art Deco, agora elegante, o Delano Hotel é uma visão em branco. Com seu mobiliário refinado, assoalhos de mogno polido, espaços abertos, elegância simples, e um rígido esquema de cor branca, é um monumento ao design moderno. Mas o melhor acessório entre todos, é a profusão de cortinas de tecido branco, transparentes, esvoaçantes.

Os executivos chegaram, se registraram, e depois se reuniram para o jantar de abertura, num terraço voltado para os jardins, a piscina, com o oceano ao fundo. Minha decisão de trazer todos para o Delano criou um zunzum entre os mais de oitenta executivos. Do arejado lobby interno e externo, aos chuveiros "*infinity*" (alguns dos mais velhos tiveram certeza de que estavam acidentalmente inundando o andar inteiro), o *ethos* "pé-no-chão chique" do hotel já começara a desafiar a percepção das pessoas. Aquela não era uma reunião empresarial como as anteriores; todos foram seduzidos e estimulados a olhar para as coisas de uma maneira diferente.

Na manhã seguinte, eu abri a reunião falando sobre a necessidade de sacudir e reorganizar as coisas na Hearst. "Nós precisamos pensar de maneiras mais criativas", eu disse ao grupo. "Não devemos ficar satisfeitos em ser apenas uma sólida empresa de mídia. Vamos estabelecer o objetivo de ser uma empresa inovadora — uma líder na nossa indústria." Falei sobre áreas nas quais a empresa estava começando a estagnar. E incitei a todos a nos concentrarmos em maneiras pelas quais pudéssemos injetar uma nova energia na empresa. Gesticulando com as finíssimas e flutuantes cortinas brancas, do teto ao chão, atrás de mim, eu anunciei: "Está na hora de sacudir e tirar a poeira das cortinas da Hearst".

Contando isso agora, soa um pouco piegas, mas essa metáfora foi inacreditavelmente efetiva, acredite. Existe algo sobre tirar as pessoas do seu ambiente tradicional, e estar num lugar onde as pistas e as chaves visuais são tão poderosas que realmente servem para reforçar uma mensagem simples. Eu queria sacudir as partes da cultura Hearst que ficaram paradas e paralisadas no tempo, e a reunião no Delano ajudou a deslanchar aquele processo — e mostrou aos meus novos colegas que eu era o agente dessa mudança.

De volta à Nova York, eu continuei estimulando aquele tema, não somente como uma diretiva abstrata para os funcionários, mas dando passos reais para fazer as pessoas compreenderem que a mudança era crítica para a nossa garra ter sucesso. Para essa finalidade, decidi correr outro risco.

Eu precisava de uma nova fotografia como presidente da Hearst Magazines, para acompanhar *press-releases* solicitados pela imprensa, e assim nosso departamento de relações públicas pediu ao fotógrafo Patrick Demarchelier, autor de muitos trabalhos para a *Harper's Bazaar*, para fazer o trabalho. A sensibilidade artística de Patrick era sensual e audaciosa — amaciada por anos de fotografar capas de revistas de moda, e estrelas de Hollywood. Depois de me fotografar de vários ângulos bastante convencionais, de pé, e depois sentada numa grande poltrona de couro, ele me encorajou a tentar algo diferente. "Jogue as suas pernas para o lado da poltrona", ele disse.

Encorajada por sua maneira suave e pela aventura de fotografar com um dos grandes nomes da área, eu o atendi. Com as pernas jogadas em cima do braço da poltrona, meio inclinada no meu terno listado da Ralph Lauren, eu pensei, *Isso é ótimo*.

Quando as provas fotográficas chegaram, eu as examinei com Deb Shriver. "Eu adoro essas!", ela disse, apontando para as fotos "pernocas". "Vamos mandar uma dessas para a matéria do *New York Times*." O jornal estava preparando um extenso perfil a meu respeito como a nova presidente das revistas Hearst, e Deb achou que essas fotos ilustrariam perfeitamente o tema de sacudir a cultura da companhia.

Foi um risco. Fotografias corporativas oficiais geralmente apresentam uma pose convencional. Será que a fotografia seria percebida como impetuosa e audaciosa, ou, bem... muito sensual? Afinal, nós não éramos uma empresinha iniciante de Internet — éramos, sim, um pilar de mais de cem anos da mídia dos Estados Unidos.

Decidimos enviar várias fotos diferentes, e deixar o *Times* escolher a que publicaria. Naturalmente, se você fosse o editor de fotografia, qual escolheria — uma tradicional, ou uma foto "pernoca"? Nós sabíamos muito bem qual delas o editor escolheria, mas ainda assim, na manhã que a matéria estava agendada para ser publicada, tremi ao pegar o jornal. Folheei as páginas e abri na seção de negócios, e lá estava eu — pernocas e tudo mais. Nooossa!!!

O que eu tinha feito? Como eu tinha permitido que essa travessura de uma sessão engraçada de fotografia chegasse até as páginas do *New York Times*? Olhei a foto por um momento, e depois enfiei o jornal na minha sacola. Pulei num táxi para o escritório, e telefonei para Deb em casa.

"Mal posso acreditar que nós fizemos isso!", disse a ela. "Onde estávamos com a cabeça? Essa é a mensagem errada para transmitir — parece que eu não sou séria!." Deb tentou me acalmar, mas eu desliguei o telefone.

Gradualmente, durante o curso do dia, comecei a compreender que não tínhamos, absolutamente, cometido um erro. Apesar do meu medo inicial, as pessoas começaram a telefonar e a mandar e-mails, para dizer que tinham adorado a foto, e tudo o que ela sugeria. Certamente, ela era um pouco "cheguei", mas não era esse o ponto? Como nosso principal executivo de marketing, Michael Clinton, observou mais tarde, "Se você tivesse chegado à Hearst e nós já fôssemos aquele tipo de empresa, não teria sido algo que faria. Você estava transmitindo uma mensagem". E funcionou. As pessoas — inclusive nossos funcionários — começaram a prestar atenção. Com essa fotografia, demos o primeiro passo para quebrar a atoleimada reputação na qual estávamos fechados.

Para mim, é muito bom e fica bem estimular você a sair do limbo, naturalmente — mas de que maneira isso ajuda se tiver, simplesmente, medo de alturas? Pode ser que tenha dificuldades para enxergar além da possibilidade de fracasso, ou de trabalhar em situações que exigem soluções de risco.

A melhor maneira de se sentir à vontade com a idéia de correr riscos é desmontar todos os conceitos que tem sobre ele. Aprenda a

Reenquadrar o debate.

Com freqüência, somos os maiores obstáculos para o nosso sucesso. É fácil ficar empacado em conceitos pré-concebidos que nos impedem de olhar nosso trabalho de uma maneira nova e diferente. Não importa se você é avessa a risco, uma maluca temerária, ou algo no meio do caminho, terá benefícios se aprender como reenquadrar o debate.

Durante meu primeiro ano na Hearst, cansei de ouvir "Já tentamos isso", inúmeras vezes, em resposta a idéias novas. Está bem, talvez uma idéia determinada já tivesse sido tentada anteriormente, mas, por que não perguntar:

- Por que a idéia não funcionou?

- As circunstâncias mudaram desde então, de tal maneira que possam permitir o sucesso de uma idéia, se a tentarmos de novo?
- Qual foi a "catástrofe", e o que aprendemos com ela?

Como essas perguntas mostram, existem muitas maneiras de aprender com os esforços anteriores, mas, em vez disso, as pessoas da Hearst estavam aprisionadas ao conceito pré-concebido de simplesmente repetir: "Já tentamos isso".

Um dia, anunciei: "Chega! Vou cobrar uma multa de dez dólares cada vez que essa frase sair da boca de alguém". Durante uns dois meses, o bolão cresceu. Mas, finalmente todos aprenderam a reenquadrar esse debate específico, e já faz anos que não ouço a bendita frase.

Vamos pegar aquela idéia e expandi-la. Se quiser ser uma pessoa inovadora, se expresse como tal. Use roupas com graça e espírito, no lugar do uniforme corporativo. Leve sua equipe para trabalhar fora da empresa, e faça alguma coisa extravagante. Use uma fantasia num encontro de vendas. Pense fora dos parâmetros. E recrute uns poucos colegas para fazer o mesmo. Escolha um tema — faça as pessoas se vestirem como personagens de histórias em quadrinhos.

Da mesma maneira, se não quiser pensar através de clichês, não use clichês ao falar. Se você ridicularizar o seu trabalho na frente dos outros, eles farão o mesmo. Se você constantemente se depreciar, as pessoas vão considerá-la insegura. Você tem muito poder para moldar a percepção dos outros a seu respeito. Por que não fazê-lo de modo a aparecer da melhor maneira possível?

Finalmente, por que não pensar e agir de tal maneira que faça seu produto aparecer bem e melhor? Aqui está um exemplo:

eu não permito o uso do termo *mídia antiga* nas revistas da Hearst. Esse pode ser o termo usado atualmente pelos especialistas em tecnologias digitais para jornais, revistas, livros e televisão, mas não é como vemos a nós mesmos, e não é como queremos que os outros nos vejam. As revistas são a fonte de informação portátil mais bem desenvolvida que jamais foram inventadas. São fáceis de carregar, fáceis de ler, não precisam de baterias, e não deixam manchas de tinta nos dedos. Na verdade, se alguém quiser inventar uma nova mídia perfeita para a simples transmissão de informação, acabará inventando uma revista. Então, por que permitir que nos chamem de "mídia antiga"? Podemos não ser capazes de impedir que o resto do mundo continue usando esse termo, mas seríamos idiotas se nós mesmos o usássemos.

Assim, reenquadre o debate, a questão, quando pensar e analisar o seu trabalho. É o primeiro passo para se tornar mais flexível e mais eficiente, e a maneira ideal para aumentar sua confiança — o principal fator para ter sucesso no trabalho e na vida.

PRIMEIRAS IMPRESSÕES

Há não muito tempo, fui convidada para falar num evento para trezentas mulheres executivas. Exatamente antes do meu discurso, uma CEO foi nomeada como a vencedora de um prêmio por excepcional liderança na sua empresa. Todas na sala aplaudiram, e ela começou a caminhar para o palco.

Enquanto a observava, mal podia acreditar na sua aparência insegura e tímida. Lá estava ela, uma empresária com um negócio bem-sucedido — a razão, afinal, por ter merecido o prêmio — e ela parecia uma estudante nervosa a caminho do gabinete do diretor da escola, em vez de uma mulher sendo celebrada por uma sala lotada de seus pares que a aplaudiam. Usando um vestido florido mais apropriado para um piquenique de verão do que para uma conferência de negócios, ela parecia grudada no chão, seus ombros caídos, as mãos entrelaçadas à sua frente. Obviamente ela realizara coisas importantes na sua empresa, mas tudo que consegui pensar foi: *Ela não tem idéia da impressão que está causando neste momento.*

A maneira como você se apresenta faz uma imensa diferença na maneira de as pessoas a perceberem, e não apenas de forma superficial. De certo modo, as pessoas fazem julgamentos sobre a sua capacidade, as suas habilidades, a sua confiança, e a sua competência pelo que você veste, e pela maneira como você se porta e se comporta. E ainda que se possa superar as primeiras impressões negativas, por que criar esse obstáculo para si mesma? Por que não começar transmitindo uma impressão favorável?

Felizmente, os quatro passos, para dar uma boa impressão num primeiro contato, são inacreditavelmente fáceis de dar. Aqui estão eles, em *preto e branco*:

1. Vista-se para a ocasião.

Vestir-se bem não é usar a roupa mais cara da sala. É saber quais são as roupas apropriadas, e saber usá-las com segurança. Se for para uma entrevista numa firma de advocacia, não apareça num minivestido de cores brilhantes, pouco importa se ele lhe cai bem. Se for para uma entrevista na *Cosmopolitan*, ou na *Harper's Bazaar*, não apareça num terno de abotoamento jaquetão, nem de sapatos pesados. Tente descobrir que tipo de roupa é esperado na entrevista, no evento, na reunião, ou na festa à qual vai comparecer, porque, se aparecer vestida de acordo, se sentirá mais confortável e mais confiante. Ter um estilo próprio é bom, mas se aparecer vestindo algo realmente inadequado, provavelmente você se sentirá insegura.

Logo que saí da faculdade e estava procurando pelo meu primeiro trabalho, eu consegui uma entrevista na Condé Nast, uma das maiores empresas editoriais de revistas de Nova York. Usei um conjunto bonito, conservador, e me senti perfeitamente bem com a minha aparência — até o momento de entrar no elevador do prédio da Condé Nast.

Logo percebi olhares penetrantes de uma meia dúzia de mulheres vestidas com elegância, enquanto me olhavam de cima a baixo, várias delas com bolsas Louis Vuitton. De súbito, eu me senti uma completa caipira. Não pude deixar de ficar constrangida — exatamente o oposto do que queremos sentir ao irmos para uma entrevista. Só porque não tinha pensado direito sobre como me vestir. A experiência me ensinou uma lição que jamais esqueci.

Sempre que as pessoas me perguntam se, como presidente de uma grande empresa de revistas, eu passo muito tempo pensando no meu guarda-roupa, minha resposta é um sonoro sim. Toda manhã, antes de me vestir, eu penso sobre o decorrer do dia. Com quem vou me reunir? Onde será a reunião? Como minha aparência pode me favorecer? Se eu tiver uma reunião com um executivo da Burberry — um dos nossos grandes anunciantes — pode apostar que farei questão de usar algo dessa marca naquele dia. Por que não fazer questão de usar algo apropriado para a ocasião e para a pessoa, em especial quando existe uma grande chance de isso ser bom, e zero de não ser?

Estée Lauder, a fundadora da empresa de cosméticos que traz o seu nome, costumava fazer uma aparição anual na extraordinária festa de fim de ano da empresa. Num certo ano, duas jovens executivas estavam conversando dias antes da festa, e uma — uma nova contratada — mencionou que não tinha pensado no que iria usar.

"O quê?", exclamou sua colega, chocada. "E se você tiver a oportunidade de conhecer a sra. Lauder? Vá fazer compras na hora do almoço, e compre o mais fabuloso, o mais caro vestido que jamais pensou em comprar. Você tem que estar preparada!"

Bem, isso certamente despertou a atenção da jovem, de modo que ela saiu naquela tarde e comprou um belo vestido assinado. Na noite da festa, claro, ela foi apresentada a própria Estée Lauder. A senhora Lauder apertou-lhe a mão, depois olhou-a de cima a baixo (como só ela sabia fazer), aproximou-se... e estendeu a mão por trás do pescoço dela, para ver a gola do vestido. Sim, ela estava conferindo a etiqueta. Para sorte de sua portadora, aparentemente a etiqueta passou no teste.

Esse é obviamente um exemplo extremo, mas como a jovem havia ingressado na indústria da moda e da beleza, ela precisava estar preparada para fazer um investimento no seu guarda-roupa. Não se trata de se abalar e comprar roupas assinadas. Mas de saber a quem impressionar bem, e descobrir a melhor maneira de fazê-lo. Essa maneira inclui tudo sobre a sua aparência — jóias, sapatos, cabelo, que bolsa usar. Você não precisa ser uma vitrine de moda, mas precisa mostrar ao seu empregador e às suas colegas que está antenada. E agora, um outro palpite: quando em dúvida, use preto. Não dá para errar com preto.

2. Comporte-se e caminhe como se soubesse para onde está indo.

Mesmo se estiver bastante segura de si mesma, você transmitirá o contrário, caso caminhe com uma má postura. Aqui está um teste: tente imaginar sua aparência ao caminhar por uma rua, em cada uma das seguintes situações:

- Você ficou sabendo que acaba de perder um grande contrato para a sua empresa, graças a um erro bobo.
- Você está caminhando para um almoço muito importante com um cliente, que está em cima do muro em relação a manter os serviços da sua empresa.
- Você acaba de se sair magnificamente bem numa entrevista para um trabalho que sempre almejou.
- Você acaba de ganhar um grande aumento e uma promoção, depois de uma brilhante análise do seu desempenho.

Quando analiso cada um desses cenários, consigo me enxergar mais ereta na minha cadeira à medida que vou descendo pela lista. Na próxima vez que caminhar pela rua, dê uma olhada nas pessoas à sua volta – como elas andam, se estão olhando para baixo, ou para frente, se seus ombros estão retos. Você descobrirá que seu olhar naturalmente se sente atraído para aqueles que parecem confortáveis e confiantes, como expressam na sua postura. Agora olhe para você mesma no reflexo de uma vitrine, quando passar em frente. Você parece com alguém que sabe para onde está indo?

Existem, pelo menos, dois benefícios em caminhar com confiança. Primeiro, você transmitirá uma boa impressão. Segundo, e não menos importante, você de fato começará a se sentir melhor. Vários estudos descobriram que as pessoas que conscientemente melhoram a postura, acabam também melhorando a auto-estima. Existe uma relação verdadeira entre o bem-estar físico e o emocional – por que não tirar vantagens disso?

Também existe um terceiro benefício. Boa postura faz você parecer mais alta. Ainda que possa parecer estranho, pesquisas demonstraram que ser alto é uma vantagem no mundo atual. Homens mais altos ganham, em geral, salários maiores, e provavelmente ocupam cargos de autoridade. Não é preciso comprar doze pares de sapatos com plataformas, mas por que não maximizar todas as vantagens que puder? Muitos homens – mesmo alguns altos – usam discretas palmilhas em seus sapatos, para lhes dar um pouco mais de altura. E as mulheres possuem incontáveis opções de sapatos para ficarem uns tantos centímetros mais altas.

3. Olhe as pessoas nos olhos.

Quando você olha as pessoas diretamente nos olhos enquanto está falando com elas, não somente parece interessada, envolvida e confiante, mas consegue manter sua atenção com mais facilidade. Se seus olhos ficarem passeando pelo ambiente, ou se você olhar para os pés, ou para o teto, parecerá hesitante e insegura. Assim, pratique olhar diretamente nos olhos de uma pessoa durante uma conversa, se você estiver falando, ou apenas ouvindo.

É muito fácil fazer isso a dois — mas, e quando está numa reunião, ou fazendo uma apresentação? Algumas pessoas sentem que é útil escolher um determinado ponto, ou objeto para olhar, para combater sentimentos de nervosismo. Mas ainda é mais efetivo olhar para as pessoas nos olhos, mesmo numa reunião de grupo. Se estiver fazendo uma apresentação, ou uma palestra, mantenha contato com as pessoas na sala — de uma a uma. Olhe em volta da sala inteira, para manter todos os seus ouvintes atentos.

Aprender como fazer apresentações é uma habilidade valiosa. Na Hearst, acreditamos que é tão importante que oferecemos a todos os funcionários a oportunidade de ter aulas sobre apresentação profissional. Se jamais fez uma, recomendo com entusiasmo. Aprenderá como se comunicar efetivamente, como se apresentar de uma maneira positiva, habilidades que a beneficiarão em todos os aspectos da sua vida — não somente no trabalho, mas também na sua família e na sua vida social.

Além de fazer contato com os olhos, aqui estão uns poucos palpites rápidos para cumprimentar pessoas:

- Nada de mão mole, por favor. Um aperto de mão simples, firme, é ótimo. E se suas mãos tendem a ficar suadas, tente limpá-las discretamente primeiro.
- Por outro lado, não exagere no aperto de mão. No começo da minha carreira, numa tentativa exagerada de demonstrar confiança, eu apertava mãos de modo ansioso, com força excessiva. Parei de fazer isso quando um colega reagiu: "Cathie, não precisa quebrar a minha mão".
- Não pegue no rosto, nem dê beijinhos no ar — guarde essas demonstrações para seus amigos e seus parentes.

4. Se expresse com clareza e confiança.

Quando fala com alguém, você faz uma dessas coisas relacionadas a seguir?

- Insere qualificadores como "Eu estava pensando se poderíamos considerar...", no lugar de dizer simplesmente "Vamos tentar..."
- Insere "Eu acho" desnecessariamente? Eu simplesmente parei de usar essa frase — serve apenas para atenuar ou diluir a sua opinião, ou o seu assunto.
- Desqualifica as próprias idéias, com frases como: "Provavelmente não estou bem sintonizada...", ou "Talvez seja uma idéia idiota, mas..."
- Fala em círculos para confrontar objeções, em vez de colocar suas idéias da maneira mais direta possível?

É muito fácil cair nas armadilhas da língua, ainda mais quando se pensa excessivamente no que vai dizer, em vez de dizê-lo simplesmente. As mulheres, em particular, são chegadas a usar uma linguagem auto-depreciativa.

Já esteve numa reunião na qual uma mulher sugere timidamente uma idéia, é ignorada, e então um colega sugere a mesma coisa dez minutos depois, e é elogiado como gênio? Acontece com mais freqüência do que se pensa — e com muito mais freqüência do que deveria.

Lembre também de dizer o que deseja, de forma simples e direta. Quando eu trabalhava na revista *Ms.*, tive uma reunião boa e positiva com um cliente. No final, eu lhe perguntei: "Então, acha que é possível inserir a *Ms.* no seu esquema publicitário?".

Ele recostou na cadeira, cruzou as mãos, e me olhou com um sorriso paternal. "Vou lhe dar um conselho, senhorita Black", ele disse. "Jamais pergunte a ninguém se é possível?' Afinal, tudo é possível. Em vez disso, pergunte se é provável."

Sorri. "Está bem, então", registrei. "É provável?"

"Não", ele disse. Meu sorriso sumiu — mas, pelo menos ele foi direto, e ainda me deu um grande conselho de lambuja.

A maneira como você fala é reveladora. Quanto mais expressar suas idéias com clareza, mais seriamente será considerada, avançando um passo em relação ao que tiver que ser feito. E não sinta necessidade de se explicar em demasia. Tenha confiança na validade e no mérito das suas idéias.

Como alguém que entrevistou centenas de pessoas ao longo dos anos, acredite, as primeiras impressões realmente contam. Não é preciso se transformar em alguém que não é; de fato, isso seria um equívoco. Mas você pode melhorar sua imagem — e sua auto-imagem — se colocar esses quatro passos em ação.

CAPÍTULO 3

GENTE

Quando fui gerente de publicidade da revista *Ms.*, nós trabalhávamos com o orçamento mais apertado que puder imaginar. Era uma luta interminável para reduzir custos e economizar — da restrição do espaço alugado, da disponibilidade exígua do local de trabalho, à contratação de uma equipe básica — vivíamos cortando as gorduras existentes. Mas, numa semana em que fui a Chicago para visitas comerciais com uma das nossas representantes de vendas, uma mulher que chamarei de Bettina, acabei cortando uma gordura que não precisava.

Quando chegamos ao hotel, Bettina — jamais o tipo de sofrer em silêncio, se sentisse que estava sendo prejudicada — repentinamente percebeu que eu reservara um quarto para nós duas.

"O que é isso?", ela perguntou. "Eu não vou dividir um quarto com você".

"Sairá mais barato se dividirmos o quarto", respondi.

"De maneira nenhuma!", ela disse. "Você tem que pagar um quarto para mim. Não vou fazer isso!"

Ficamos discutindo durante alguns minutos, enquanto o funcionário do hotel aguardava pacientemente, e para encerrar eu disse: "Ou nós dividimos um quarto, ou você paga a diária do seu bolso. Desculpe se não gostou, mas tem que ser assim".

Bem, foi uma grande bobagem. No quarto, naquela noite, depois que levamos os clientes para jantar, ela me deu um gelo, não mais abriu a boca — exceto por uma coisa. Ela havia comprado várias caixas de balas e, durante o que eu calculei como horas, ela sacudiu, lenta e metodicamente, o conteúdo das caixas, para escolher o que mastigaria em seguida. Sacode, sacode, sacode. Crunch, crunch, crunch. Pensava comigo mesma, *Juro que nunca mais dividirei um quarto com ninguém, numa viagem de trabalho*. E jamais o fiz de novo.

Bettina tinha razão. Não importa quanto precisamos cortar dos custos, não tem sentido pedir a duas pessoas adultas, apenas colegas, para dividir um quarto numa cansativa viagem de trabalho. Em relação a muitos outros assuntos, no entanto, Bettina era o tipo de funcionária que fazia onda por nada, só pelo prazer de fazê-la. Numa equipe repleta de personalidades fortes e falantes, ela era a mais barulhenta, a mais briguenta de todas. Aos seus olhos, tudo era uma afronta pessoal, e todas estavam contra ela.

Ela pode ser um exemplo extremo desse tipo de pessoa, mas em qualquer escritório se encontra gente assim — pessoas que gostam de criar caso. Como lidar com elas? Quais as providências que se pode tomar para evitar seu impacto negativo? E como é possível evitar conflitos potenciais entre colegas no seu escritório?

Enfrentei essas questões durante minha temporada na *Ms*. Depois do motim da minha equipe, que descrevi no capítulo 2, a diretora comercial da revista, Pat Carbine, pediu a uma consultora de negócios, chamada Margaret Henning, para nos ajudar a voltar aos trilhos.

Reitora do Simons College, co-autora do livro *The Managerial Woman* [A mulher administradora], Margaret tinha uma percepção afiada das pessoas. Ela passou bastante tempo conversando com cada um do nosso departamento, e depois me chamou para discutir o que compreendera da situação, e como poderíamos seguir adiante. Fomos para uma lanchonete na vizinhança, e enquanto eu me acomodava na cadeira, Margaret foi direto ao ponto. "Então, Bettina é um problema", ela disse, inclinando-se e me olhando direto nos olhos. "O que você vai fazer?"

Olhei-a, atônita. Tinha ficado tão próxima da situação difícil da nossa equipe, que perdia a perspectiva — assumi que o problema devia realmente ser eu mesma. De repente, porém, compreendi que Margaret havia acertado a questão em cheio: Bettina *era* mesmo um problemão! Então, o que eu podia fazer? Bettina era daquele jeito, e com certeza eu não poderia modificá-la. Foi então que eu aprendi a primeira regra para administrar pessoas:

Pessoas diferentes exigem tratamentos diferentes.

No primeiro ano que administrei minha equipe na *Ms.*, cometi o erro de lidar com todo mundo da maneira como gostaria de ser tratada. Não perdia tempo com um bocado de gentilezas sem objetivo, e ia direto ao ponto. Não levei em conta o simples fato de que as pessoas são diferentes, e que reagem a situações de modo diferente. No começo, ficara frustrada porque as pessoas reagiam à minha administração de maneiras que eu não compreendia. Queria que elas se ajustassem, porque acreditava que meu comportamento tinha mais sentido. Depois de algum tempo, entretanto, finalmente compreendi que era mais fácil — e mais efetivo — se eu fizesse pequenos ajustes, em vez de esperar que todas mudassem por minha causa. Afinal, o objetivo do jogo não era impor minha maneira de fazer as coisas aos outros; era, sim, conseguir que os outros conseguissem fazer o melhor que pudessem. Tão logo me concentrei nisso, os embates terminaram.

Mesmo agora, muitos anos e muitos empregos depois, eu ainda mantenho essa regra em mente. Como presidente de uma empresa editora de revistas, eu tenho uma cabeça orientada para negócios e marketing, que lida com cabeças criativas. Se eu tentar lidar com os editores e as editoras das nossas revistas, da mesma maneira que lido com os executivos das finanças e do marketing, todos vão me olhar como se eu estivesse falando grego. Em vez disso, me dou ao trabalho de falar sobre os assuntos que mais os interessam: escolha de capas, os artigos favoritos sobre determinado assunto, se estão escrevendo algum livro, o website, e assim por diante. Naturalmente falamos sobre as questões pertinentes a cada revista, como a venda nas bancas e o estado das assinaturas, ou quanto custa uma sessão de fotografia, ou se estão conseguindo manter o orçamento. Mas não pode ser apenas sobre os problemas do negócio. Valerie Salembier, a publisher da *Harper's Bazaar*, teve uma revelação semelhante no final da sua temporada como publisher no *USA Today*. Com freqüência, ela trabalhava até mais tarde, e nos dias que antecederam os e-mails, ela fazia a ronda pelas mesas de trabalho dos seus funcionários antes de ir para casa, e grudava bilhetinhos escritos em *post it* amarelos na tela dos seus computadores. Eses bilhetinhos acabaram se transformando em piada no escritório — as pessoas começaram a chamá-los de "malvadezas amarelas", porque detestavam chegar ao trabalho pela manhã e encontrar uma meia dúzia deles, com instruções e observações concisas (e palavrões ocasionais), grudados nos computadores.

Na festa de despedida de Valerie, quando ela saiu do *USA Today* para dirigir a revista *TV Guide*, seus colegas riram por último. Estávamos todos reunidos no "Club 21" em Manhattan, e enquanto rolavam os drinques e o bom humor, a equipe de Valerie presenteou-a com um grande quadro coberto com as suas "malvadezas amarelas". Os destinatários começaram a ler as suas favoritas em voz alta, enquanto o resto urrava de tanto rir, e a lenda das malvadezas amarelas ficou para sempre na crônica do *USA Today*. Como Valerie me disse depois, ela compreendeu que esses bilhetes significavam coisas diferentes para pessoas diferentes — e que embora pessoas de temperamento mais forte estivessem tratando o assunto com humor naquela noite, algumas tinham achado os bilhetes agressivos, e até mesmo ofensivos. Atualmente, ela faz todos os esforços — aquele meio quilômetro a mais! — por sua equipe e por seus clientes, como fazer jantares italianos para os novos contratados, e dar presentinhos para cumprimentar por um esforço adicional na empreitada de uma grande venda.

A verdade é que algum grau de atrito é inevitável em qualquer ambiente de trabalho, em especial um cheio de pessoas ambiciosas, inteligentes e agressivas. O atrito pode ser útil para fomentar a energia no escritório e estimular a competitividade. De fato, muitas vezes é bom ter incendiários, e outros tipos que não se enquadram muito bem, porque essa gente traz uma dinâmica nova a qualquer ambiente de trabalho. Assim, se perceber que está trabalhando com alguém desse tipo, concentre-se nos resultados. A realidade é que se você estiver produzindo os resultados que seu trabalho exige, o que acontecer nesse ínterim é apenas barulho — não importa que pareça muito intenso ou frustrante na ocasião.

O mesmo se aplica se descobrir que está supervisionando uma pessoa incendiária. Quando uma pessoa constantemente cria atrito com o resto da equipe, pergunte a si mesma se ela está, em última análise, contribuindo — ou até mesmo aumentando — para a produtividade de todos. Se for assim, vale a pena mantê-la. No caso da *Ms.*, ficamos com Bettina durante algum tempo e, apesar do atrito bastante palpável que ela criava no escritório, ela desempenhou um grande papel em ajudar a revista a deslanchar. Em última análise, era o que interessava.

Não importa qual seja a sua relação com os membros da sua equipe, sempre conseguirá resultados melhores se eles souberem que está ao lado deles. Você não tem que criar uma mentalidade nós-*versus*-eles, jogando a sua equipe contra o resto da organização, ou empresa, mas

Lute pela sua gente.

Um dia, na época que Valerie Salembier e eu estávamos ambas no *USA Today*, entrei na minha sala e encontrei um envelope na cadeira. O bônus de final de ano tinha sido distribuído, e ela tinha deixado o dela para eu ver, com um bilhete dizendo que estava aborrecida. Valerie tinha trabalhado inacreditavelmente duro no ano que estava acabando, viajando toda semana (com freqüência mais de uma vez), assumindo imensas responsabilidades, e conseguira resultados extraordinários. Quando o envelope com o seu bônus chegou, ela o abrira com grandes esperanças, mas se decepcionara — era isso o que a empresa achava de todo o seu esforço? Para Valerie, fora um bônus insignificante.

Não há nada pior do que se sentir depreciada em seu trabalho. No caso de Valerie, seu desapontamento não era apenas por causa do tamanho do seu bônus, mas o sentimento de que seu esforço extraordinário tinha sido aceito apenas como um fato natural. Por que se matar de trabalhar, se os seus chefes — eu inclusive — eram indiferentes a todo esse esforço?

Levei seu cheque e o bilhete ao CEO, Al Neuharth, e disse a ele que achava que Valerie merecia mais do que recebera. Ele olhou o cheque, depois me lembrou que o *USA Today* tinha um cálculo pré-estabelecido de bônus, e que Valerie recebera o mais alto do sistema. Era uma infelicidade que ela não estivesse contente, mas aquelas eram as regras que se aplicavam não somente a Valerie, mas a todos os demais funcionários da empresa.

Naquele momento eu tinha uma escolha. Chamar Valerie à minha sala, tornar a explicar o sistema de bônus, e insistir para que o aceitasse, ou poderia continuar a batalhar para que ela recebesse uma compensação melhor. Tinha sentido quebrar as regras por causa de uma única pessoa? Os demais funcionários da empresa não começariam a pedir bônus maiores, quando soubessem que um deles o tinha recebido? Certamente havia esse risco — mas era minimizado pelo fato de que, na minha opinião, Valerie excedera suas obrigações funcionais.

"Eu ainda acho que Valerie merece algo mais", disse a Neuharth. "Ela trabalhou como uma escrava, conseguiu imensos ganhos para a empresa, e merece saber que a empresa lhe agradece."

Ele pensou por um momento, e disse: "Está bem, vamos dar a ela duas passagens de primeira classe para qualquer lugar que ela queira. Ela pode tirar umas boas férias em qualquer lugar".

Quando soube, Valerie ficou encantada. É claro que as suas duas passagens de primeira classe provavelmente custaram cerca de 5 mil dólares à empresa naquela época — um belo montante, mas nada extraordinário ou impressionante para uma pessoa do seu nível. Mas ela ficou tão contente por ter tido o reconhecimento do seu trabalho, que o presente a comprou, e a amaciou muito bem para o ano seguinte. E solidificou sua certeza de que eu ficara do seu lado, o que pode ter sido mais importante do que qualquer outra coisa.

Exatamente como os administradores e gerentes devem defender os seus subordinados, o contrário também é verdadeiro. Muito embora seu chefe esteja num nível acima de você, ele ou ela ainda precisa do seu apoio no escritório. Quanto mais alto uma pessoa chega na hierarquia de uma empresa, mais provável que não receba agradecimentos nem palavras de apoio. E embora seja verdade que pessoas em posição de poder não costumam exigir muitos mimos, posso garantir, por experiência própria, que um bilhete de agradecimento na hora certa, ou uma palavra de elogio na frente de outras pessoas (desde que seja sincera, e não como uma maneira de marcar ponto), são sempre bem-vindos.

Um pouco antes, neste capítulo, eu mencionei Pat Carbine, a diretora da *Ms*. Ao lado de Gloria Steinem, mais conhecida publicamente, Pat foi a força motora por trás do esforço para deslanchar a revista. O que é mais importante, ela foi uma confidente e uma conselheira durante um período crítico na minha carreira. Naquela época, eu não pensava sobre mim mesma como uma pessoa que quisesse, ou precisasse de uma mentora. Mas, em retrospectiva, acredito que é importante a gente conseguir

Encontrar um mentor — ou uma mentora — para si mesma.

Encontrei Pat pela primeira vez, quando ela me entrevistou para o cargo de gerente de publicidade da *Ms.*, quando a revista ia ser lançada. Eu estava trabalhando na revista *New York*, e embora estivesse certamente gostando do meu trabalho, ficara entusiasmada com a idéia de me juntar a essa inovadora e revolucionária revista feminina. Então, quando fui para a minha primeira entrevista com Pat, me vesti para o sucesso, usei o meu sorriso mais vitorioso, destinado a conquistá-la e a uma oferta de trabalho.

Pat não ficou muito convencida. Ela gostou de mim imediatamente, eu pude perceber, mas nada de oferta de trabalho. Cerca de uma semana mais tarde, tivemos outra entrevista, e de novo esperei por um convite. Mais uma vez, nada. Isso continuou durante várias semanas, até que eu cheguei em casa depois da quinta, ou sexta entrevista, e meu marido, Jim O'Callaghan, disse: "Cathie, ela *ainda* não lhe ofereceu um trabalho?".

Como eu logo aprendi, Pat Carbine era — e ainda é — uma pessoa muito deliberada e muito paciente. Ela sabia que a estrada à nossa frente seria dura e difícil, e queria ter certeza absoluta de que estava criando a equipe certa. Como me disse mais tarde, ela queria ter certeza de que estava contratando "pessoas que eu quero comigo nas trincheiras quando o tiroteio começar". Assim, o processo das entrevistas continuou até que Pat se convenceu de que, apesar da minha juventude e inexperiência administrando pessoas, eu era a pessoa certa para o trabalho.

Uma vez que isso aconteceu, Pat trabalhou duramente para revelar os talentos que achou que vira em mim. Descobri que poderia aprender não apenas com sua liderança, mas só de observar o trabalho dela. Pat tinha uma maneira de administrar pessoas com um bom humor fácil e descontraído, e sabia muito bem como conseguir grandes desempenhos delas, sem nenhuma intimidação. Ela odiava o confronto — entraria num avião, num trem, num ônibus para escapar de qualquer um — mas conseguiu que seu estilo de trabalho funcionasse, e eu aprendi muito com ela.

Pat também me deu excelentes conselhos, algumas vezes quando eu sequer queria escutá-los — como quando me salvou de cometer um grande erro profissional, por causa da minha impaciência. Foi difícil, mas eu precisava dar um crédito para ela e

Confiar na voz da experiência.

Por volta dos meus dois anos na *Ms.*, eu já tinha subido rapidamente alguns degraus da minha escalada profissional, e estava ansiosa para seguir adiante. Meu objetivo, que jamais fiz qualquer tentativa de esconder, era me tornar diretora de uma revista. No mundo editorial das revistas, o editor-chefe é o funcionário mais graduado do editorial, a pessoa responsável pelas matérias, fotografias e ilustrações publicadas na revista. O *publisher* é o funcionário mais graduado no lado empresarial, responsável por assegurar que a revista venda cópias suficientes, e produza dólares publicitários em quantidade suficiente para ser um sucesso como negócio. Para uma pessoa de publicidade como eu, escalar a um cargo de diretora seria como ser a capitã do meu navio.

Assim, aos trinta anos, quando me ofereceram a oportunidade de ser a diretora de uma pequena revista chamada *Connecticut*, eu estava pronta. Era a oportunidade que eu estava esperando, e estava por se tornar uma realidade. Mal pude esperar para contar a notícia a Pat.

O que não esperava foi a reação morna de Pat. "Opa, reduza a velocidade" ela disse. "Tem certeza de que é isso que quer fazer?"

"Claro que é", eu disse, sentindo uma pequena aflição por causa das suas palavras. "Você sabe que ser diretora de uma revista é exatamente o que venho querendo fazer — e agora tenho a oportunidade. Está dizendo que não devo aceitar?"

"Cathie", ela disse, "você realmente quer ser diretora de uma pequena revista de cidadezinha de Connecticut, a duas horas de Nova York? Sei que está empolgada, mas seria um erro pegar a primeira oportunidade. Você precisa esperar pela oportunidade *certa*."

Tentei argumentar que ofertas de trabalho maiores e melhores apareceriam mais rapidamente se eu aceitasse essa, mas Pat permaneceu inflexível. "Não faça isso, Cathie", ela disse. "Não é o lugar certo para você. Seja paciente. Tenho certeza de que você será diretora de uma revista no momento certo."

Eu fiquei num dilema. Queria tanto ser diretora de revista, e tinha ficado realmente empolgada com a oferta. Conhecia e gostava do proprietário da revista *Connecticut*, que me convidara pessoalmente. Fiquei realmente dividida, mas no final decidi escutar Pat. E ela estava certa. Embora no começo eu me perguntasse se tinha cometido um erro ao escutá-la, em dois anos fui promovida a vice-diretora da *Ms*. E três anos depois disso, voltei para a revista *New York* como *publisher*.

Minha carreira teria sido muito prejudicada se eu tivesse ignorado o conselho de Pat? Mesmo que eu tivesse ido para Connecticut, provavelmente teria atingido níveis profissionais altos em revistas maiores. Ainda assim, ao ficar onde estava, garanti a presença exponencial do meu perfil profissional no mundo editorial de Nova York, uma decisão que acabou me beneficiando antes do que eu pensara. Com sua perspectiva e sua experiência, Pat foi capaz de ver claramente como a minha trajetória profissional poderia ser estimulada e direcionada para o lugar certo, se eu tivesse um pouco de paciência. Sou muito grata à sua sugestão, e feliz de ter sido capaz de colocar minha ambição de lado durante tempo suficiente para escutar seu conselho.

Que tipo de questões você está enfrentando na sua vida profissional, neste exato momento? Já se fez essas perguntas:

- Qual é o próximo passo inteligente para construir minha carreira?
- Minhas habilidades são realmente mais adequadas para um trabalho diferente do que estou fazendo agora?
- Devo fazer uma pausa na carreira para conseguir um MBA?
- Como posso usar meus contatos para criar novas oportunidades?

Se você é como a maioria das pessoas, considera uma ou mais dessas perguntas quase o tempo inteiro. Convenhamos, saber como navegar no mundo profissional não é fácil. Se você é inteligente e tem garra, certamente pode fazê-lo por conta própria — mas, por que o faria se pode se beneficiar com a experiência e a sabedoria de outra pessoa? Não tenha medo de pedir ajuda. Busque um mentor, ou uma mentora — alguém que a conheça, alguém em quem possa confiar, com quem possa conversar, e a quem possa pedir conselhos. E não fique achando que tem que se limitar apenas a um mentor, tampouco. Com o passar do tempo, suas necessidades vão mudar, e existirão outros que poderão ajudá-la nas novas fases da sua carreira.

Por outro lado, a menos que esteja no seu primeiro emprego, já acumulou experiência suficiente para ajudar outra pessoa. Use sua experiência para

Ser uma mentora, também.

Bem, antes de nos aprofundarmos neste tópico, devo esclarecer o que significa mentor. A verdade é que jamais gostei muito dessa palavra. Soa excessivamente certinha, para não dizer tediosa. Se você é mentora de alguém, não significa que deve se transformar no seu irmão ou na sua irmã mais velha. Nem que deva distribuir pérolas de sabedoria, tomar conta e controlar todo movimento profissional ou acadêmico que ele fizer. O que estou querendo dizer é mais simples e mais orgânico do que isso; é enxergar o potencial em alguém, e fazer o que puder, quando puder, para ajudá-lo a atingir esse potencial. No nível mais básico, é deixar a pessoa saber que você está disponível.

Em qualquer escritório, geralmente encontrará pelo menos uma pessoa jovem com aquele algo a mais, um brilho especial. Existe muita gente boa à nossa volta, mas quando uma especial aparece do solo como um pequeno aspargo, esse é o tipo de pessoa que a gente deve conhecer — o futuro líder, o tipo criativo, a pessoa com idéias. Por um lado, ajudar a desenvolver seus talentos e habilidades ajudará a sua empresa. Por outro, você desenvolverá um forte relacionamento com uma pessoa talentosa, o que certamente será útil enquanto ambas, ou ambos estiverem escalando sua trilha profissional.

Pergunte a homens e mulheres de sucesso sobre os seus primeiros anos de trabalho, e quase todos irão lhe contar da primeira pessoa que demonstrou confiança e fé nas suas habilidades e nos seus talentos, ou que lhes ofereceu um genuíno encorajamento. Em muitos casos, esses homens e mulheres permaneceram próximos desses mentores, digamos, ao longo dos anos, e o relacionamento continuou para benefício de ambos.

Foi o que ocorreu comigo. Pat Carbine e eu permanecemos muito próximas, e ao longo dos anos nos ajudamos inúmeras vezes. Em 2006, quando fui afortunada o bastante para receber o prêmio Henry Johnson Fisher pelas realizações profissionais da minha vida no negócio editorial de revistas, eu poderia ter escolhido uma celebridade da mídia para fazer a minha apresentação, mas pedi a Pat que o fizesse. Ela fez um belo discurso, e enquanto eu estava sentada com minha família no salão repleto de colegas do meio, fiquei muitíssimo comovida ao ouvi-la descrever o trabalho que fizemos juntas para ajudar a mudar a percepção das mulheres nesse tipo de negócio. Foi um momento que jamais esquecerei.

Assim, lembre que os benefícios de ser mentor de alguém constituem uma via de mão dupla. Busque gente de talento, acima ou abaixo de você na escala profissional; ao longo dos anos, esses relacionamentos vão frutificar consideravelmente, e podem até mesmo levar a amizades profundas e duradouras.

Há uns dois anos, uma executiva da Hearst entrou na minha sala com uma reclamação.

"Cathie", ela disse, "acabo de saber que vai acontecer uma reunião nesta tarde, à qual eu deveria comparecer, e ninguém me avisou. Não sei porque minha presença foi desconsiderada, e definitivamente gostaria de ter sido incluída."

"Então vá à reunião", eu lhe disse. "Considere que foi um lapso, e assuma seu lugar de direito." Ela pareceu surpresa, mas durante a tarde fez exatamente o que eu recomendara. E no final da história, ela não tinha sido excluída intencionalmente — tinha sido apenas um equívoco. Ela também cometeu um erro, ao esquecer essa regra importante:

Não torne pessoais coisas que não são pessoais.

Ambientes de trabalho são como família — a gente se vê diante de relações íntimas com pessoas com as quais, normalmente, não teria nada em comum. Exatamente como nas famílias, existem inúmeras oportunidades de conflitos, reais ou imaginários. Ainda assim, na minha experiência, descobri que na verdade existem menos conflitos verdadeiros entre personalidades do que se imagina. É também muito comum alguém considerar um comentário à toa ou a falta de uma comunicação como uma afronta pessoal, quando a intenção não tinha sido essa. Lamentavelmente, uma vez que um certo grau de atrito, ou de desconfiança tenha sido estabelecido entre pessoas, isso muitas vezes se transforma numa profecia que se retroalimenta, e os problemas realmente começam a se desenvolver.

Como você reage quando

- um grupo de pessoas no escritório sai para almoçar a fim de discutir um futuro projeto em andamento, e você não é convidada?
- alguém a interrompe numa reunião, e despreza sua idéia?
- um, ou uma colega responde ao seu e-mail com uma crítica cortante, com cópia para outros no departamento?

Para muitas pessoas, a reação natural nessas situações é de se sentir profissionalmente afrontada, e pessoalmente menosprezada. Algumas vezes somos tão apegados às nossas idéias que não podemos imaginar que pessoas possam ter reais objeções a elas, e assim presumimos que deve ser uma coisa pessoal. E em certos casos é pessoal, sim, naturalmente. Mas aqui está um pequeno segredo: não importa se o conflito representa uma crítica legítima, um choque de personalidades, ou algo semelhante, é preciso tratá-lo como se não houvesse nenhum componente pessoal.

Encarar o conflito no trabalho como profissional, em vez de pessoal, define duas coisas importantes. Primeiro, garante que sua reação não seja acidentalmente exagerada, vendo um componente pessoal onde não existe nenhum. Segundo, diminui efetivamente qualquer possibilidade de conflito de personalidades que possa realmente existir. Pense nisso dessa maneira: alguém no escritório que tenta provocá-la pessoalmente está de fato tentando estabelecer um domínio, ou um controle sobre você. Não reagindo no mesmo nível, você lhe nega esse controle. Não existe muita vantagem em engajar um colega numa guerra pessoal — mas existe uma vantagem enorme na recusa de se deixar arrastar para uma.

Uma vez tive um colega que tinha o hábito de me expor em reuniões. Como trabalhávamos na mesma equipe, compartilhávamos informações com antecedência — ainda assim, sempre que nos reuníamos com outros profissionais da empresa, ele sacava algum fato novo, ou alguns dados para que eu parecesse despreparada. Aquilo me enlouquecia. Não conseguia compreender porque ele se sentia compelido a me diminuir constantemente. E quando o questionei, ele fez que não tinha idéia do que eu estava falando.

Havia uma conflagração a caminho. Com o tempo, fui ficando cada vez mais irritada, e minha agitação começou a afetar a nossa relação profissional. Então, numa tarde, eu tive uma epifania: esse cara era um favorito no departamento, de onde não sairia para lugar nenhum, e eu teria que lidar com ele por um longo tempo. Não poderia mudá-lo, mas precisava encontrar uma maneira de trabalhar efetivamente com ele.

Estabeleci como objetivo eliminar a irritação que estava estorvando nossa relação de trabalho. Se suas pequenas estocadas nas reuniões eram o pior que eu poderia esperar dele, eu iria tolerá-las. Estava na hora de me concentrar nas boas coisas sobre o meu colega, que eram muitas. Além disso, instituí reuniões regulares apenas entre nós dois, para que ele tivesse a oportunidade de arejar, em particular, as preocupações e as diferenças de opinião sobre estratégias de trabalho.

Daquele momento em diante, foi surpreendentemente fácil me livrar da emoção negativa que estava crescendo. Meu colega continuou a exibir seus fatos e seus números novos nas reuniões, mas eu aprendi a driblar esse seu hábito. Nosso relacionamento profissional melhorou, e tivemos muitos anos a mais de produtividade, enquanto trabalhamos juntos na mesma equipe.

Essa técnica funciona muito bem para as pequenas irritações. Mas, e se o confronto sobre o qual estamos falando for mais do que uma palavra raivosa, ou duas? Como poderá lidar com pessoas que se comportam de maneira totalmente inapropriada em relação a você? Eu adoraria lhe dar permissão para esvaziar os pneus de carros, ou para constrangimentos em festas da empresa, mas, embora a gratificação de curto prazo possa ser imensa, o único caminho a seguir é o da atitude racional, e superior. No decorrer do tempo, a melhor coisa é

Fazer da vida uma zona livre de ressentimentos.

Numa tarde, quando trabalhava na *Ms.*, fiz uma visita ao diretor de mídia de uma agência de publicidade sediada em Nova York. Eu organizara a reunião para apresentar-lhe nossa mais recente pesquisa das assinaturas, um instantâneo abrangente sobre quem estava comprando e lendo a revista.

Muitas revistas fazem pesquisas de assinantes como parte rotineira da sua estratégia de venda de anúncios, mas, no caso da *Ms.*, esse tinha sido um passo crítico. O movimento feminista estava a todo vapor, como também a controvérsia sobre o que ele significava. A cobertura da imprensa focava principalmente os elementos mais radicais do movimento — as matérias na televisão mostravam queimas de sutiãs, demonstrações, e mulheres brandindo punhos fechados — que amedrontavam muitos potenciais anunciantes da *Ms.* Precisávamos transmitir a mensagem que nossa revista possuía uma base desejável de leitores para os anunciantes, e nossa pesquisa de assinantes era a maneira de fazê-lo.

Meu encontro com esse diretor estava marcado para as 14 horas, a pior hora do dia para uma reunião. Para começar, o metabolismo das pessoas fica mais lento enquanto digere o almoço, e com freqüência elas ficam sonolentas e desconcentradas. Além disso, naquela época três martinis no almoço ainda estava na moda. Logo que cheguei para a minha reunião, percebi que o diretor estava sob os eflúvios de um desses almoços.

Ainda assim, eu estava preparada para a reunião, animada com a nossa pesquisa, e pronta para atacar de rijo, e assim fui em frente. Entreguei-lhe a pesquisa — impressa no papel rosa choque, com a palavra *Ms.* em grandes letras brancas na página da frente — e me lancei ao meu discurso, virando uma página atrás da outra.

Desde o começo, percebi que ele não estava realmente prestando atenção. Jogado na cadeira, esfregava os olhos e parecia inacreditavelmente entediado. Mas eu prossegui com valentia, com esperança de que ele se interessaria, se eu conseguisse estimular um pouco a sua energia. Então, exatamente quando eu estava chegando ao âmago da apresentação, eu o vi pegar a cópia da pesquisa e levá-la lentamente na direção do rosto. Para meu espanto, ele soltou o mais alto, mais teatral, mais prolongado som — parecido com um escarro — que jamais tinha escutado. Repentinamente foi como se fôssemos um par de garotos de dez anos num playground; fiquei olhando horrorizada enquanto ele se preparava para lançar o maior cuspe da história sobre a minha pesquisa.

Na verdade, ele não cuspiu, graças a Deus. Mas, para o caso da sua mensagem ainda não ter sido bastante clara, ele se virou e jogou a pesquisa no chão. Eu o olhei espantada, o sangue subindo-me à cabeça. Dava para ouvir o coração batendo nos meus ouvidos, e estava furiosa. Virei-me para a única outra pessoa na sala, um jovem gerente de conta da sua agência, que estava sentado em silêncio, olhando para o chão, com medo de intervir.

"Acabou a reunião", proferi bruscamente, levantando, pegando minhas coisas e saindo daquela sala tão rápido quanto minhas pernas permitiram.

A vida inteira, nunca tinha sido tão insultada. Esbravejei durante todo o caminho de volta para a *Ms.*, e fui direto para a sala de Pat Carbine. Meu rosto estava vermelho, meus olhos úmidos de lágrimas que mal conseguia conter, e eu tremia. Contei à Pat o que ocorrera, ela telefonou imediatamente para o presidente da agência, relatou o ocorrido, e exigiu um pedido de desculpas.

"A que horas foi a reunião?", o presidente lhe perguntou.

"Duas horas", ela respondeu. "Que diferença isso faz?"

"Ah", ele deu um risinho. "Ele provavelmente tomou uns drinques na hora do almoço. Você deve tentar marcar reuniões com ele na parte da manhã."

Se houve ocasiões em que tive o direito de guardar ressentimentos, essa foi uma. Aquele sujeito tentara me humilhar de muitas maneiras — como profissional, como convidada na sua sala, e como mulher —, não conseguia me ver lidando com ele novamente. Eu já me aborrecera antes com pessoas no trabalho, mas nada comparado com o nível de raiva e de revolta que senti naquele momento.

Como sempre, Pat foi a minha voz da razão. Com sua personalidade equilibrada, deliberada e serena, ela foi a pessoa perfeita para me fazer entender que guardar ressentimento contra aquele homem não me ajudaria de modo algum. De fato, provavelmente me prejudicaria, pois ele era diretor de mídia de uma agência publicitária, e certamente nos encontraríamos outras vezes. Mesmo que ele estivesse completamente errado, eu somente tornaria as coisas mais difíceis para mim mesma, se me recusasse a esquecer o incidente.

E não deu outra, eu acabei tratando de negócios com ele de novo. Eventualmente ele mudou para a Costa Oeste para trabalhar numa empresa automotiva, e eu acabei encontrando com ele inúmeras vezes durante muitos anos depois do incidente do cuspe. Quando ficamos juntos numa sala de reunião no primeiro encontro, ele me olhou com um sorrizinho afetado, e disse: "Lembra daquela vez que nos encontramos em Nova York?".

"Oh", eu disse, com um enorme sorriso no rosto, "você acha que eu poderia esquecer aquilo?" Isso o desconcertou por um momento, até que percebeu, pela minha conduta, que eu não tinha intenção de criar um caso. E com o incidente de escanteio, nós tratamos de negócios, e fomos capazes de lidar um com o outro, de maneira profissional e eficiente.

Assim, faça um favor a si mesma. Ainda que seja tentador, ainda que o sentimento venha naturalmente, não se entregue a ressentimentos. Lembre-se de que a única pessoa que irá magoar, no final, é você mesma.

Uma tarde, na revista *New York*, eu me flagrei irritada com a gerente de promoção. Algo que ela fez — agora nem consigo mais lembrar o que foi — me tirou do sério, e entrei com violência em sua sala.

Por um momento fiquei à frente da sua mesa, falando asperamente com ela, antes de perceber que havia alguém mais na sala conosco, sentado atrás de mim, no sofá. Virei-me e dei com o marido dela, com um ar chocado. De repente, me senti extremamente constrangida. Eu devo ter parecido uma lunática, entrando na sala dela, e usando aquele tom, algo que jamais faria se soubesse que ele estava ali. Respirei fundo, pedi desculpas, e saí da sala.

Nos dias seguintes, pensei na minha reação. Se eu fiquei constrangida de ser pega falando daquela maneira na frente de alguém, então porque não ficaria se ninguém mais estivesse por perto? Não era melhor lidar com as pessoas de uma maneira que não precisasse me esconder? Ou, mais importante, como eu gostaria que lidassem comigo?

Além disso, o que eu queria? Está bem, era prazeroso desabafar um pouco, mas exatamente como o prazer de se entregar a um ressentimento, essa, também, era uma atitude ridícula. Meu objetivo definitivo não era, afinal, deixá-la chateada ou arrependida. Não seria de ajuda para minha equipe se ela recebesse a minha crítica pelo lado pessoal, o que provavelmente ela estaria considerando pela maneira como agi. O objetivo final, naturalmente, era fazê-la melhorar seu desempenho, de modo que não cometesse mais erros daquele tipo. E quanto mais pensava, mais compreendi que existem duas maneiras de ajudar a fazer isso:

> Seja generosa com os elogios,
> e cuidadosa com as críticas.

No seu nível mais básico, os negócios efetivamente não giram em torno de resultados, de mercados, e de produtos. Giram em torno de pessoas. Quanto melhor você compreender as pessoas — seus clientes, seus chefes, seus colegas — mais bem-sucedido você será. Uma chave fundamental para compreender pessoas é entender que elas não são tão complicadas quanto parecem.

As pessoas gostam de ser elogiadas, e não gostam de ser criticadas. Muito simples, não é? Os elogios nos fazem sentir energizados e capazes, e as críticas nos fazem sentir mal e, pior, inseguros. Então, logicamente, você deve elogiar seus colegas livremente, mas limite suas críticas àquelas coisas que são verdadeiramente importantes. Lembre que palavras contam, e muito, como também a maneira como você as diz. No final dos anos 1990, a revista *Redbook* ofereceu um grande almoço com a primeira-dama Hillary Clinton, na Casa Branca. Kate White, a editora da *Redbook* na época, era a anfitriã do almoço e estava nervosa. Ela encontrara e conhecera numerosas celebridades durante sua carreira, e sabia como se conduzir num evento estrelado. Mas, estar na Casa Branca era diferente. Nos momentos que antecederam o almoço, depois de se certificar que todos os últimos detalhes estavam perfeitamente atendidos, ela se viu fazendo perguntas disparatadas: *Meu vestido está muito curto? Não esquecemos nada? Será que vou arruinar a minha apresentação?* Eu jamais a vira tão nervosa.

Enquanto subíamos juntas pela magnífica escadaria que leva ao elegante East Room, eu me aproximei e murmurei: "Kate, você está muito bem nesse vestido". E como ela me disse depois, o pequeno voto de confiança a resgatou do turbilhão da sua ansiedade. Ela queria estar impecável, e escolhera um vestido curto, e uma bela *écharpe* — mas tão logo se viu na Casa Branca, com todas aquelas salas majestosas e pórticos arrebatadores, ela se sentiu desajeitada — e talvez devesse ter escolhido uma roupa mais sóbria. Ao me ouvir elogiar seu vestido, recuperou sua confiança, e quando subiu ao palco para falar, ninguém jamais imaginaria que chegou a ter um momento sequer de insegurança.

As palavras têm um peso enorme, de modo que escolha bem, e use-as com cuidado. Igualmente importante, sempre tenha em mente a pessoa para quem está transmitindo sua mensagem. Se usar seu tempo para considerar e analisar a maneira mais efetiva de se comunicar com uma certa pessoa, irá conseguir muito mais — como a história seguinte irá mostrar.

ESTUDO DE CASO

O, THE OPRAH MAGAZINE

No final de janeiro de 1999, fui à minha cidade natal, Chicago, para uma reunião. Não era uma reunião qualquer. Estava com Ellen Levine, então editora-chefe da revista *Good Housekeeping*, da Hearst, para fazer uma apresentação à Harpo Inc., a empresa de produção de Oprah Winfrey. Nós queríamos, digamos, estimular em Oprah a idéia de uma revista.

Oprah já era imensamente bem-sucedida, com um dos programas de maior audiência na televisão, uma indicação para o Oscar pelo seu belo papel em *A cor púrpura*, e numerosos prêmios Emmy. Sua mensagem de otimismo e de aceitação de si mesma já comprovara ser uma inspiração para dezenas de milhões de mulheres, seu clube do livro tinha um impacto sem precedentes no mundo editorial, e ela caminhava com passos firmes para a lista das "pessoas mais influentes" dos Estados Unidos. Embora estivéssemos entusiasmadas ao bater à porta da Harpo, Oprah já deixara claro que estava longe de comprar a idéia de fazer uma revista.

"Muita gente já veio com essa idéia, mas não estou mesmo interessada em fazer uma revista", ela dissera à Ellen. "Mas venha a Chicago, e vamos conversar."

Estávamos agendadas para encontrar com o advogado e agente de Oprah, Jeff Jacobs, e não sabíamos se a própria Oprah apareceria. Eu jamais a encontrara, mas estava convencida de que sua mensagem distinta, estimulante, e seu carisma faziam dela a pessoa e profissional certa para o êxito de uma revista. É claro, Oprah protege seu nome e sua imagem, de modo que tínhamos que assegurá-la sobre dois pontos fundamentais: primeiro, que a revista seria um veículo positivo para sua mensagem, e, segundo, que a Hearst era a parceria certa, numa empreitada como essa. Sabíamos que outras empresas a estavam abordando também — como ela nos diria mais tarde, cinco diferentes executivos a haviam procurado, num período de seis meses — de maneira que esse encontro nos daria a grande oportunidade de conquistá-la.

Ellen e eu fomos levadas a uma pequena sala de conferência, decorada com elegância, e com uma grande mesa. Jeff Jacobs entrou com duas pessoas da equipe de relações públicas da Harpo, e começamos a reunião. Ainda não tínhamos passado muito dos cumprimentos e das amenidades iniciais quando, de repente, a porta da sala de reuniões se abriu, e Oprah entrou rapidamente.

Eu conheci muitas pessoas poderosas e carismáticas ao longo dos anos, de políticos a CEOS, e estrelas do cinema — faz parte do trabalho. Mas, honestamente, jamais em minha vida eu tinha conhecido uma pessoa que transformasse uma sala, como Oprah Winfrey. Ela é como uma lâmpada de 10 mil watts, uma presença eletrizante. Ela entrou exatamente como na televisão — com o familiar movimento majestoso dos cabelos, olhos expressivos, e um sorriso desarmado — ainda assim, foi completamente diferente vê-la em pessoa. Sei que parece estranho, mas a aura que Oprah traz a uma sala é fascinante. Por um breve segundo depois que ela entrou, fiquei sem fala. Então, estendi minha mão para cumprimentá-la.

Foi o momento que estávamos esperando. Eu realmente acreditava que poderíamos criar uma revista fantástica e inovadora com Oprah, e agora estávamos ali, frente a frente, com a nossa única chance de convencê-la. Estávamos prontas? Era hora de

Aproveitar o momento.

Vamos congelar essa reunião numa moldura por um instante. O que entendo por "aproveitar o momento"? Como talvez não seja o que está pensando, deixe-me explicar.

Nós sabíamos que teríamos apenas aquela única oportunidade com Oprah, de modo que naquela manhã, Ellen e eu tivemos o cuidado adicional de nos assegurar que estávamos completamente prontas para a reunião. Acordamos mais cedo e, juntas, revisamos o material da nossa apresentação. Ambas nos vestimos para impressionar, e tomamos todas as providências para chegar quinze minutos mais cedo nos escritórios da Harpo, e estávamos ambas entusiasmadas e prontas para começar. Quando Oprah entrou, minha adrenalina deu um pulo, e eu me "liguei" — absolutamente pronta para fazer a apresentação mais vívida e dinâmica que pudesse.

Ainda assim, isso não teria tido importância se não tivéssemos realmente começado a aproveitar o nosso momento, muitas semanas antes do momento real acontecer. Logo que soubemos que nosso encontro seria na Harpo, Ellen, Deb Shriver e eu nos pusemos em ação para preparar a mais completa e irresistível apresentação que jamais pudéssemos. Fizemos uma pesquisa meticulosa para fundamentar a competência e o brilho da nossa apresentação. Foi como construir uma nova casa espetacular — não importa se a arquitetura é bonita e elegante, uma casa não vale nada se não tiver as prosaicas velhas fundações, que exigem tanto trabalho preliminar e minucioso a fim de serem criadas e construídas.

Semanas antes da reunião, começamos a reunir o material para nossa apresentação. Queríamos que Oprah realmente percebesse as possibilidades da revista, de modo que Ellen e um pequeno grupo editorial e da direção de arte criaram páginas que ela pudesse tocar e sentir. Ellen preparou capas simuladas, com várias logomarcas em diferentes modelos, para mostrar a Oprah como sua revista poderia ser. Ordenamos uma variedade de amostras de papel de alta qualidade, para que ela pudesse sentir o brilho, ela mesma, e ver e sentir os papéis que mais gostasse. Encadernamos aquelas páginas brancas, para dar a ela a sensação do peso e da estatura da sua revista. E até criamos quadros simulados de matérias, para mostrar o espectro de assuntos que sua revista poderia abordar, mês após mês.

Duas noites antes da nossa reunião em Chicago, Deb, Ellen e eu sentamos na sala de conferência da Hearst, preparando os pacotes da nossa apresentação. Enquanto estávamos juntas, enfiando papéis em pastas, repentinamente me senti transportada para a revista *Ms.*, para os dias em que toda a nossa equipe de publicidade trabalhava junta, envelopando nosso material, preparando-se para as viagens de vendas. Há muitos anos eu não fazia nada assim, e estava adorando. Nós três conversávamos e ríamos durante o trabalho, e nossa animação foi crescendo com a perspectiva da reunião que se aproximava.

No dia seguinte, uma quarta-feira, Ellen e eu voamos para Chicago. Queríamos chegar um dia antes à cidade, para não arriscar nenhum atraso, se tivesse qualquer problema com o nosso vôo. Naquela noite, no meu quarto do hotel, fiquei acordada pensando na reunião da manhã seguinte. Fizemos tudo que podíamos para nos preparar, e enquanto passava nossa apresentação pela cabeça, eu me senti confiante de que também seguíramos a segunda regra para aproveitar o momento:

Prepare sua mensagem para a sua audiência — como uma roupa feita sob medida.

Quando Oprah entrou naquela sala, ela estava muito antenada, concentrada e receptiva para nossa mensagem. Então, a primeira coisa que fizemos foi falar numa linguagem que ela conhecia melhor do que qualquer um de nós.

"Gostaríamos de lhe mostrar um vídeo", eu disse, e pedi que apagassem as luzes. Numa tela enorme de televisão na frente da sala, o vídeo começava com uma mulher dizendo em off: "Ela tem o pé no chão! Até dá para me relacionar com ela". Nos quatro minutos seguintes, todos nós assistimos ao vídeo que cortava de um clip a outro clip de mulheres entrevistadas aleatoriamente num shopping na Virginia, estimulando Oprah a fazer uma revista — "Vá em frente, garota!" — e Ellen Levine explicando como e porque a revista seria um sucesso. "A televisão aguça o seu apetite", Ellen disse num determinado momento, "e as revistas enchem o seu estômago".

O vídeo não foi caro, tampouco desonesto na produção, mas era definitivamente irresistível. Quando olhei para Oprah, ela estava completamente absorta, olhando com atenção, e um leve sorriso no rosto. Ali estavam mulheres comuns que ela atinge diariamente em seu programa de televisão, praticamente implorando a ela que fizesse uma revista. O entusiasmo das mulheres na tela era palpável, e enquanto eu assistia ao vídeo naquela sala escura, eu o senti também.

As luzes se acenderam, e Ellen e eu imediatamente entregamos nossos pacotes — as capas simuladas, os quadros de matérias, as amostras de papel brilhante, e os bonecos encadernados da revista. Além de ser muito visual, Oprah é também muito táctil, de tal maneira que nós queríamos que ela tivesse algo nas mãos para pegar e sentir. Ela sorria enquanto folheava as páginas, mas a sedução ainda não estava completa.

Como Oprah disse mais tarde num discurso na festa anual da American Magazine Conference: "Elas fizeram uma apresentação fabulosa. Foi simplesmente estonteante... Mas, eu dizia: 'Não, acho que já tenho responsabilidades demais, já fiz milhares de programas, e não vejo razão para me envolver no negócio de revistas'. Realmente não entendo nada desse negócio, exceto pelo fato de eu mesma sempre comprar revistas".

E esse foi o ponto crucial da questão: qual foi o momento da decisão, a virada para Oprah — já bastante ocupada com dois programas por dia — fazer uma revista? Para a maioria das pessoas, o momento de decisão, a virada pode ser coisas como o crescimento da visibilidade pessoal, um grande lucro potencial, e a chance de expandir uma marca. Porém, qualquer pessoa que tivesse acompanhado a carreira de Oprah saberia que essas não eram as coisas que a motivavam. Oprah Winfrey se tornou um sucesso, não porque buscasse o sucesso, mas porque oferecia uma mensagem autêntica, sincera, que as audiências abraçaram com todo o coração — viva uma vida plena. Ela sempre valorizou os relacionamentos, e Oprah somente faria uma revista se acreditasse que poderia oferecer um efetivo canal adicional para transmitir essa mensagem.

"Você quer saber por que deveria fazer uma revista?", Ellen disse. "Porque você adora a palavra escrita. E a revista é o mundo escrito. É tangível, você pode passá-la adiante, ou pode guardá-la." Oprah concordou com a cabeça, e continuou folheando as páginas.

Com seu clube do livro bastante bem-sucedido, Oprah, naturalmente, não desconhecia o poder da palavra impressa. Ela adorava ler, e já falara muitas vezes sobre como livros e revistas lhe deram fôlego e foram um refúgio seguro na sua infância difícil. Ellen continuou, "Você vai ao ar diariamente, diz o que diz, e sem dúvida diz um bocado de coisas. Depois, acaba. Fica em algum lugar impalpável. Quem sabe onde está? Mas, a palavra escrita — dá para segurar na mão. É possível retomá-la".

Bem, para quem só vê o mundo dos negócios como números, o ponto de vista de Ellen pode parecer bem bobo. Ainda assim, a beleza de estimular Oprah Winfrey nos seus próprios termos — com mensagem, em vez de dinheiro, e com impacto pessoal, em vez de lucro — foi também uma sólida estratégia de negócio. Na minha experiência, não se pode começar ou impulsionar o crescimento de uma revista se o foco se concentrar exclusivamente em números, publicidade, circulação, ou qualquer outro cálculo. Primeiro, e antes de tudo, deve-se oferecer um produto emocionante e diferenciado aos leitores. O resto virá em seguida. Já se sabia que a autenticidade de Oprah era inacreditavelmente irresistível, de maneira que não tinha sentido algum uma preocupação com números, já que eles não são, afinal, o que estimula Oprah.

De fato, durante todos os noventa minutos da reunião, não discutimos nenhum valor específico. Falamos sobre como seria a revista, a sua cara, como seria chamada (*Spirit* foi uma das primeiras sugestões, embora sempre tivéssemos esperança de que Oprah colocasse o seu nome), e para quem seria destinada. O sentimento na sala começou a mudar: na verdade, começou a parecer como a atmosfera do seu programa — positivo, caloroso e otimista.

Felizmente nós começamos nosso relacionamento com Oprah em termos de conquistar e manter a sua confiança. Ao longo dos anos, muitas vezes ela foi capa da *Good Housekeeping* (e aqueles números foram best-sellers), e ela apreciava o fato de que sempre fomos diretos e corretos nas nossas matérias, e no nosso trato com ela. Nossos jornalistas jamais tentaram enganá-la, ou fazer truques para que ela revelasse algo malicioso ou constrangedor, e ela sempre gostou das fotos de capa que nossos editores escolheram. De fato, uma vez ela disse a Ellen que uma foto dela com seus dois cachorros, que saíra na *Good Housekeeping*, era a sua favorita. Assim, em grande parte graças a Ellen, nós já tínhamos um nível de confiança para construir algo mais, e seguir em frente.

Num determinado momento, Oprah disse: "Uns dois dias atrás, uma senhora na audiência levantou depois do programa, e disse, 'Você devia fazer uma revista!'". Alguém na reunião fez uma piada se a Hearst teria plantado essa pessoa (nós não o fizemos!), mas, naquela altura, parecia claro que, para Oprah, muitos fatores pareciam estar se juntando. Ela funciona muito na base do instinto e, felizmente para nós, tínhamos tocado em algo importante.

Enquanto arrumávamos nossas coisas, Oprah se preparou para ir embora. Ela nos disse que ainda não tinha decidido se iria fazer uma revista, e que iria ruminar a idéia. Mas então, ela acrescentou com aquela voz aveludada: "Se eu fizer uma, será com a Hearst". Depois da frase, saiu da sala.

Ellen e eu conseguimos juntar as nossas coisas, apertar a mão de Jeff Jacobs, e da equipe de relações públicas da Harpo, e descer até o carro que nos esperava, antes de explodirmos feito uma dupla de adolescentes. No banco de trás do carro, nós celebramos como se tivéssemos acabado de ganhar o Super-Bowl, rindo, procurando um telefone para ligar para Deb Shriver. Ela atendeu no meio do primeiro sinal de chamada. "Então, como foi?", perguntou, antes que nós contássemos, deliciadas, a nossa história.

Lançada em abril de 2000, *O, the Oprah Magazine* rapidamente se tornou o lançamento de revista de maior sucesso da história. Enquanto a maioria das revistas demora pelo menos até cinco anos para se tornar rentável, *O* apresentou lucro no seu primeiro número. *Adweek* a chamou de o "Melhor Lançamento do Ano", e a *Advertising Age*, de a "Melhor Revista do Ano" e o "Melhor Lançamento do Ano". Ela continua a ganhar numerosos prêmios para revistas ao longo dos anos, e é a segunda revista mais rentável da Hearst — muito embora nós dividamos 50/50 os lucros com Oprah.

Sob a orientação de Oprah, da editora-chefe Amy Gross, e da editora Gayle King, *O* é um produto editorial consistentemente superior. Durante os seus sete anos de existência, a revista conseguiu atingir um público de leitores que estava ansiando pela mensagem positiva que ela transmite, e expandiu a mensagem de Oprah exatamente como esperávamos e desejávamos.

Vale a pena lembrar que jamais teríamos deslanchado essa ventura com Oprah, se não tivéssemos aproveitado nosso momento exato e perfeito naquela reunião de importância crítica. É muito freqüente a gente só ter uma chance de fazer a aposta certa no projeto no qual acredita — assim, faça com que isso valha a pena.

CAPÍTULO 4

MEDO

Numa tarde, durante minha época como diretora da *New York*, eu iria fazer uma apresentação para o dono da revista, Rupert Murdoch. Ele ainda não era o magnata da mídia internacional que depois se tornaria (embora já fosse dono do *New York Post* e do *Village Voice*), mas já era uma figura poderosa e intimidadora — um herdeiro multimilionário de jornal, com uma reputação de pit-bull.

Murdoch, que é australiano, tinha uma maneira de conversar que sempre me deixava com uma sensação de desequilíbrio. Havia algo no ritmo de sua fala, ou na maneira como fazia pausas antes de responder, que não deixava a conversa fluir naturalmente, e assim, fosse num grupo, ou numa conversa a dois, nunca me sentia totalmente à vontade na companhia dele. De inteligência arguta, certeiro como laser, não era homem de conversa fiada ou de amenidades e, por alguma razão, no começo da minha carreira, eu jamais consegui quebrar o sentimento estranhamente rígido que permeou as nossas interações. Minha exuberância natural jamais pareceu um trunfo em sua presença.

Nesse dia específico, eu iria fazer uma apresentação na sua sala, na sede do *New York Post*. Nós tínhamos acabado de comprar uma revista chamada *Cue*, e minha apresentação era sobre o que fazer para incorporá-la à revista *New York*, e quanto dinheiro precisaríamos para promover essa mudança.

Apareci no escritório de Murdoch com dois outros executivos (um deles, meu chefe), e nós três fomos levados à sua sala. Nós esperávamos ter cerca de uma hora com ele, e tínhamos preparado absolutamente tudo com antecedência, com imagens e material impresso, resumindo todos os detalhes que ele precisava saber. Eu tinha trabalhado duro e, enquanto entrava, senti minha adrenalina começando a pulsar. Você sempre quer fazer uma boa apresentação, e ainda mais quando é para o dono da sua empresa.

Quando entramos na sala espaçosa, com sua parede de janelas de frente para o East River, Murdoch estava sentado à sua mesa. Ele se levantou, disse um breve alô, então olhou por cima de um par de pequenos óculos de leitura em meia-lua que estava usando. "Vou ficar de pé", ele disse, "porque descobri que quando fico de pé, as reuniões são mais curtas."

Ficamos paralisados. Murdoch realmente queria ouvir essa apresentação? Nós estávamos pedindo um bocado de dinheiro, e ele obviamente estava nos instruindo para não nos alongar. Estava com pressa, ou havia alguma coisa acontecendo? Não o conhecendo muito bem, eu não tinha idéia do que estava por trás da sua declaração súbita, e por um momento me perguntei se ele tinha se arrependido de ter comprado a revista.

Troquei olhares com meus dois colegas, e tomei uma decisão na hora, sem hesitar: nós reduziríamos nossa apresentação de uma hora para quatro minutos, e eu o faria.

Enquanto Murdoch nos olhava por cima dos óculos, apresentei os conceitos, os números, condensando tudo, e deixei de fora todos os detalhes que reunimos com tanto trabalho. Foi como fazer resumo de romance, em vez de fazer uma dissertação sobre ele, mas tive que assumir que era o que ele estava querendo. Acho que não fiz nenhuma pausa até que terminei, mas no final de quatro minutos, Murdoch disse: "Obrigado, Cathie. Compreendo o que querem fazer, e porque precisam dos dólares promocionais. Vocês os conseguiram".

Depois disso, ele se sentou — sinal de que a reunião acabara. Respirei de alívio. Boa preparação e uma decisão rápida salvaram o nosso dia.

Medo — medo da reação de alguém, medo de conseqüências inesperadas, medo de fracassar — tudo isso é uma parte muito real da experiência profissional, e aprender a lidar com ele é uma das habilidades mais poderosas que você pode desenvolver. De fato, pode-se aprender não somente a neutralizar os aspectos danosos do medo, mas também como transformá-lo, e usá-lo em nosso benefício.

Compreender seus medos é o primeiro passo para conquistá-los e vencê-los. Vamos começar por um dos mais comuns: medo das reações das pessoas, como rejeição, confronto ou ridículo. Quando estiver diante desses sentimentos, ajuda

Espalhar um "pozinho mágico" à sua volta.

Essa frase soa um pouco boba, eu sei, mas em parte foi por isso que a escolhi. O que significa "pozinho mágico"? Explicarei com uma história dos meus tempos na *Ms*.

O incidente do "cuspe" que descrevi no capítulo 3 não foi uma experiência isolada para aquelas de nós que trabalharam na *Ms*. Como representávamos uma revista e o movimento feminista, alguns homens nos viam como uma ameaça, e reagiam com agressões. Algumas vezes, as afrontas eram suaves, não passavam de pessoas esticando o pescoço ostensivamente para dar uma boa olhada naquelas feministas, uns "aleijões esquisitos" que iam às suas empresas de publicidade para vender sua revista (em especial quando Gloria Steinem ia junto, numa promoção de venda de anúncios). Mas, algumas vezes, como no caso do "cuspe" do diretor, as agressões eram mais patentes. De certa maneira, todas nós lidávamos com o medo, ou pelo menos um certo nível de ansiedade, quando saíamos para representar a revista.

Uma vez, numa reunião com um importante fabricante de utensílios e utilitários domésticos, uma das nossas publicitárias estava fazendo sua apresentação quando o executivo da empresa repentinamente a interrompeu. "Tudo isso parece maravilhoso", ele disse, com sarcasmo. "Mas, por que nós iríamos anunciar numa revista para lésbicas?" Embora grosseiro, esse era um refrão constante e comum que procurava desqualificar a revista e o movimento das mulheres. Por causa disso, a diretora da *Ms*., Pat Carbine, dera, com antecedência, um conselho a nossa equipe, sobre como responder à grosseria — conselho que nossa publicitária colocou em ação.

"Sabe como é", ela respondeu com um sorriso, "até lésbicas lavam roupa."

A despeito de si mesmo, o executivo foi obrigado a rir — e assim, com seis palavras simples, nossa publicitária desconcertou uma situação potencialmente difícil. Ela se recusou a ser intimidada por ele, e em vez de pegar em armas e agravar a situação, ela usou o humor calmamente e retomou o controle do diálogo.

Esse método era uma especialidade de Pat Carbine: era como se ela tivesse alguma espécie de "pó mágico" que podia espalhar sempre que necessário para eliminar tensões. Pat tinha duas ferramentas vitais à sua disposição: um dom de jamais reagir excessivamente e um senso de humor alerta e afiado. Jamais se entregou ao medo ou ao pânico, escolhendo, ao contrário, abordar as situações difíceis com bom humor, que era também um grande método para anular o seu poder negativo. Só de pensar na frase "pó mágico" é um bom lembrete, suficiente para não reagir exageradamente a uma afronta ostensiva.

Eleanor Roosevelt escreveu: "Ninguém pode fazê-la se sentir inferior, sem que você consinta". Na mesma linha, ninguém no ambiente de trabalho pode nos amedrontar sem o nosso consentimento. Quando a gente consegue atender ao próprio medo com um toque de leveza, poderá anular muito do seu poder. Pode soar simples, ou simplório, mas tente — realmente funciona.

Em geral, o medo está relacionado a expectativas. Alguma vez já se perguntou:

- Eu realmente sou qualificada para o trabalho para o qual fui contratada?
- Eu não vou acabar cometendo um erro bobo, e desapontar a minha equipe inteira, justamente quando todos contam comigo?
- Muita responsabilidade foi colocada sobre os meus ombros no trabalho, será que eu vou dar conta?

Durante a primeira parte da minha carreira, quando comecei a escalar da *Holiday*, para a *Ms.*, e para a *New York*, não me preocupei muito sobre se eu era bastante qualificada ou capaz. Tive sorte o suficiente para ter confiança nas minhas habilidades, nas minhas qualificações, e nunca tinha sido realmente vencida por circunstâncias profissionais. Nunca me ocorrera que o fracasso fosse uma opção. Então, quando adentrei no mundo da altitude e latitude superior do *USA Today* — como uma alta executiva no lançamento imenso e arriscado de um produto novo — fui apresentada à ansiedade pelo desempenho profissional de modo repentino e espantoso. Num átimo, tive que aprender a:

Manter o cérebro funcionando mesmo que a cabeça esteja no triturador.

Nos primeiros tempos do *USA Today*, quase ninguém, exceto seu fundador, Al Neuharth, estava convencido de que o jornal sobreviveria. Havia simplesmente muitas, excessivas investidas contrárias, do implacável barulho negativo da imprensa, à logística adversa de tentar distribuir um jornal pelo país inteiro, via satélite. Os críticos ridicularizavam o *USA Today* como um pesado capricho gráfico, de conteúdo superficial que jamais ganharia leitores suficientes para sobreviver. E o jornal estava queimando dinheiro numa proporção que seria impossível manter por muito tempo.

Durante o primeiro tumultuado ano do jornal, Neuharth o impulsionou apenas com sua força de vontade. Tratava-se de um lançamento numa escala gigantesca, e os desafios de persuadir anunciantes a levá-lo a sério eram igualmente imensos.

Assim, quando cheguei ao conselho, como o terceiro presidente do jornal em um ano, como uma executiva com um sólido passado profissional na publicidade nacional, a esperança do sucesso do jornal repentinamente caiu, em grande parte, sobre os meus ombros. Ainda assim, eu custei a compreender esse fato, até que duas coisas aconteceram.

Logo depois que comecei a trabalhar nos escritórios do *USA Today* nas cercanias de Washington, encontrei com um homem que jamais tinha visto, no elevador. Ele sabia quem eu era, entretanto, e quando as portas fecharam nos deixando juntos naquele espaço pequeno, ele se virou e me disse: "Você é Cathie Black, certo? Queria lhe dizer como estou contente porque você estar aqui".

"Obrigada", eu respondi sorrindo. *Que coisa boa essa recepção calorosa*, pensei.

"Sim", ele disse. "Minha mulher e eu acabamos de comprar uma casa nova, e eu quase enlouqueci por causa da hipoteca, e estava bastante preocupado de perder meu emprego se o jornal fracassasse", ele continuou, até que as portas do elevador abriram, e ele começou a sair. "Agora que você está aqui, renovei minha esperança." Dito isso, ele desapareceu pelo corredor.

Céus! Eu já tinha tido a experiência de contratar e demitir pessoas na minha carreira e, lá no fundo, eu sabia que a sobrevivência das pessoas dependia, em parte, do meu desempenho como executiva. Porém, nunca antes eu pensara nisso em termos tão concretos. Era eu realmente a responsável por assegurar que esse homem pudesse honrar os pagamentos mensais da sua hipoteca? Esse era um nível de responsabilidade que eu nunca antes havia considerado, e que não acolhia com prazer, claro.

Mesmo assim, não passei muito tempo pensando sobre o assunto, até uns poucos meses depois. A revista *Fortune* estava fazendo uma matéria biográfica sobre mim, e quando ela saiu na edição do dia 3 de setembro de 1984, eu estava fora da cidade. Perguntei a minha assistente, Naomi: "Então, como saiu a matéria da *Fortune*?". Ela fez uma pausa, por uns momentos, então disse: "Você não vai gostar do título". Ela leu o título pelo telefone, e meu coração desandou.

Em letras garrafais: SERÁ QUE CATHIE BLACK PODERÁ TIRAR O *USA TODAY* DO VERMELHO? Nada de "Cathie Black poderá ajudar" a tirá-lo do vermelho, nem "A equipe de publicidade do *USA Today*" poderá tirá-lo — mas sim, eu, Cathie Black, poderei resgatar pessoalmente esse jornal gigantesco, não lucrativo, altamente criticado, de desmoronar sob o próprio peso? Até aquele momento, eu assumira que a culpa do eventual fracasso do *USA Today* cairia sobre Al Neuharth. Mas, naquele exato momento, compreendi que também cairia sobre mim.

Pela primeira vez, senti angústia. O *USA Today* já havia perdido toneladas de dinheiro, e estava regularmente perdendo mais — perdas que a empresa mãe, a Gannett, claro, não poderia sustentar indefinidamente. Persuadir relutantes empresas a comprar espaço publicitário no jornal seria, como a *Fortune* expressou, minha "venda mais dura e difícil de todos os tempos". "A tarefa que ela enfrenta, como a nova presidente do *USA Today*, é muito arriscada e perigosa", havia escrito o repórter da *Fortune*, Myron Magnet. "Depois de dois anos no mercado, e de perdas brutas que estão se aproximando de 250 milhões de dólares até o final do ano, o jornal nacional da Gannett Co. ainda não mostrou que pode ser um sucesso."

Com a publicação da matéria da *Fortune*, repentinamente me senti como se todos os olhos estivessem em mim. E cheguei a me perguntar se eu poderia, de fato, corresponder às expectativas de Neuharth e da empresa Gannett. Como seria fracassar? Como me sentiria se trabalhasse feito louca nos próximos dois anos, e o jornal fechasse? Seria realmente possível persuadir relutantes anunciantes a embarcar nesse barco? Será que eu poderia realmente ser bem-sucedida diante de tanto ceticismo?

A única certeza absoluta era essa: se eu me deixar acovardar pela magnitude da tarefa na minha mão, toda a minha equipe teria uma dificuldade ainda maior para ser bem-sucedida. Para começar, com freqüência o medo leva as pessoas a mudar suas táticas — em vez de *jogar para ganhar*, se acaba *jogando para não perder*. Infelizmente, numa situação dura e difícil de trabalho, quando devemos mostrar confiança, em nós mesmos e no nosso produto, jogar para não perder é a maneira mais segura de perder. Então, em vez de me concentrar em quão escarpada a minha escalada seria nos próximos dois anos, eu a dividi em passos menores.

A melhor maneira de neutralizar o medo é dividi-lo em partes administráveis. Se o próximo mês de trabalho promete ser aterrorizante, concentre-se apenas na semana seguinte. Se a tarefa de tirar o seu projeto do vermelho for esmagadora, concentre-se em incrementar a linha de base. Sucesso se constrói sobre sucesso, de modo que se conseguir começar com pequenas realizações, e dali seguir em frente, descobrirá que todo o processo fica menos intimidador.

Se ainda estiver em dúvida, lembre-se de que as conseqüências do fracasso — exatamente como as conseqüências potenciais de correr um risco — quase nunca são tão terríveis quanto parecem. Quase todas as pessoas que são grandes sucessos atualmente, em qualquer campo, dos negócios à política e aos esportes, já superou algum fracasso para chegar onde estão. Pense em Michael Jordan, o maior jogador de basquete de todos os tempos, que foi cortado do time do seu curso secundário; ou em J. K. Rowling, cujo livro foi recusado por mais de uma dúzia de editoras, antes que uma resolvesse dar uma chance ao seu manuscrito sobre um bruxinho chamado Harry Potter. As pessoas mais realizadas sempre atribuem seu sucesso a dificuldades anteriores que os motivaram a melhorar.

Ninguém gosta de fracasso, e eu certamente não o advogo como uma estratégia. Mas como essas histórias mostram, o medo de não conseguir não deveria paralisar ninguém. Jogue para ganhar.

Você já participou de alguma reunião em que inesperadamente um colega começa a reclamar do seu trabalho num projeto? Ou já se surpreendeu depois de fazer alguma apresentação sobre a qual estava realmente satisfeita, porque alguém acabou com ela? Quando as pessoas expressam opiniões negativas sobre você ou sobre o seu trabalho, como lida com isso? Você tem medo de ser criticada, em público, ou em particular?

Quando alguém a critica, você se vê repentinamente diante de uma escolha. Você pode

- aceitá-la pelo que é, admitir as próprias deficiências, e tentar aprender com a experiência;
- se defender — afinal, só porque alguém a critica, não significa que seja verdade;
- ouvir sem argumentar, e depois continuar o que estava fazendo.

Qual é a reação mais apropriada? Se você sempre se incomoda com a opinião dos outros sobre o seu desempenho, pode ser um sinal de que não tem confiança no seu julgamento. Por outro lado, se se recusa a admitir críticas legítimas, perderá oportunidades de melhorar seu desempenho e sua situação no trabalho. Então, aqui está a pergunta fundamental: como poderá saber se a crítica do seu colega procede, está correta? Vou contar um par de histórias que a farão pensar, e lhe darão alguma percepção sobre a resposta.

> Você pode aceitá-las ou rejeitá-las, mas não tenha medo de críticas.

Anteriormente, descrevi minha apresentação para Rupert Murdoch. Não fiz apresentações diretamente a ele com muita freqüência, de modo que tais ocasiões estão muito bem gravadas na minha memória. Esta outra também está gravada, mas por uma razão diferente.

Murdoch me pediu para apresentar um quadro geral da revista *New York* como negócio, para o conselho da sua empresa. Preparei todos os meus cálculos e anotações, registrei tudo em cartões com índices, e revisei o trabalho na minha cabeça. No dia da reunião, entrei na bela sala de jantar com sua imensa mesa de mogno brilhante, fui recebida por seis ou sete membros do conselho, inclusive o meu chefe, Marty Singerman, e comecei minha apresentação. Eu jamais tinha sido convidada a apresentar nada diante do conselho, e queria fazer um bom trabalho.

Naquele dia eu estava com a corda toda! Fiz o conselho passear pelos cálculos, e lhes contei com entusiasmo como a revista estava indo, e quais eram os planos para ela. Sabe quando a gente sente que está atingindo todas as notas agudas da partitura, e realmente empolgando a platéia? Estava me sentindo assim. Quando finalizei minha apresentação, saí da sala sorridente.

No dia seguinte, Marty veio à minha sala. Fiquei feliz em vê-lo, pensando que provavelmente ele iria me cumprimentar pela minha apresentação.

"Sabe, Cathie", ele disse, "você não precisa vender a revista com tanta ênfase numa reunião do conselho. O tom da sua apresentação foi um pouco acima do necessário."

Eu o encarei por um momento, tentando não reagir, mas fiquei arrasada por dentro. Tinha trabalhado duro para preparar e, depois, fazer uma apresentação que fosse vigorosa, vívida e informativa. O conselho tinha gostado, ou não? Ou Marty Singerman tinha visto algo que me escapara?

Escondi meu desapontamento, mas depois que ele saiu da minha sala, pensei um bocado sobre o que me dissera. Ele estava certo? Ou eu deveria passar por cima das suas palavras, e prosseguir com as tarefas do meu dia? Eu precisava responder a duas perguntas para determinar se a crítica de Marty era legítima, ou não.

- Eu poderia confiar em sua boa-fé, ou havia algum razão para me deixar insegura? Ou outra coisa qualquer?
- Ele sabia de alguma coisa daquela determinada situação, que eu não sabia?

Sempre que alguém a criticar, faça essas duas perguntas a si mesma, e as respostas lhe dirão tudo o que precisa saber. Se a resposta para as duas perguntas for sim, deve levar a crítica a sério, porque existe uma boa chance de ter sido no alvo. Se a resposta para as duas perguntas for não, precisará cavar um pouco mais fundo, antes de decidir se defende seu desempenho, ou se presta atenção e considera as palavras do seu crítico.

Nesse caso, a resposta a ambas as questões foi sim. Muito embora eu não tivesse entendido o que fizera de errado, eu confiava em Marty, e sabia que ele não tinha segredos no que me dizia respeito. À medida que refletia sobre o que ele me dissera, compreendi um fato importante: eu nunca tinha feito uma apresentação para o conselho. Talvez se tratasse apenas da necessidade de um protocolo diferente para aquele tipo de apresentação.

No fim, fora exatamente esse o problema. Eu tinha tratado os membros do conselho como trataria um cliente potencial, tentando lhes vender a empresa e nosso produto. Os membros corporativos de um conselho, porém, não estão ali para serem convencidos de nada — seu propósito é ajudar a orientar a empresa, nos bons e maus momentos. E como tal, eles precisavam receber uma informação precisa, direta, e sem disfarces para ajudá-los nas decisões que poderiam ter que tomar futuramente. Uma reunião de conselho em geral tem uma atmosfera serena, séria, organizada, e eu entrei, e sacudi as bandeiras com uma mensagem de venda. Não tinha usado a abordagem correta.

Embora difícil de aceitar, a crítica que tinha me melindrado tanto, tinha sido direta e certeira. Assim, quando fiz outra apresentação ao conselho, lembrei das palavras de Marty, e ajustei a apresentação a minha platéia.

Aprender como aceitar crítica construtiva é uma habilidade, um talento imensamente importante, não somente no trabalho, mas também na vida. É fácil se ofender quando amigos ou colegas lhe dizem coisas que não quer escutar. Mas faça duas perguntas a si mesma, e tente avaliar as coisas da maneira menos emocional possível. Descobrirá que a linha entre a crítica justa e a injusta se torna muito mais clara.

Como poderá reagir se sentir que está sendo criticada injustamente? Não tenha medo de

Defender seu território quando tiver premissas para se apoiar.

Uma crítica que me foi feita ao longo dos anos é que eu contrato mulheres em excesso. A verdade é que realmente contrato mulheres para ocupar cargos executivos, mas eu realmente contrato em "excesso"? O que significa "excesso" de mulheres, quando são todas altamente qualificadas?

Em 1985, uma matéria biográfica sobre mim, na revista *Adweek*, fez uma referência à crítica que eu recebera sobre essa questão:

> O segmento mais controverso da sua carreira... [foi] o seu segundo turno, primeiro como diretora de publicidade, depois como presidente, na revista *New York*. "Ela demitiu todos os homens na *New York*, e os substituiu por mulheres", reclama um publicitário descontente — e essa acusação foi moeda corrente no seu perfil feito pela *Fortune* no ano passado. "Fico muito atenta a essas acusações, e estou bastante consciente delas", Black diz tranquilamente. "Não procedem, não são verdadeiras." Apesar disso, ela não tem nenhuma restrição em se livrar de veteranos de vendas que, segundo acha, amoleceram com o tempo. "Eu lhes digo: 'Temos um novo produto, a

cidade está diferente. Ou vocês entram na nova equipe ou não entram, mas não quero ouvir falar do passado o tempo inteiro'. Algumas pessoas foram embora, outras foram encorajadas a sair."

Soa familiar? Exatamente como na Hearst, onde instituí uma multa de dez dólares para qualquer funcionário que dissesse "Nós já tentamos isso", eu queria minha equipe da revista *New York* concentrada no futuro, e não no passado. Aqueles que não podiam, ou não queriam, se viram rapidamente a caminho de outros empregos. E quando preenchi os cargos, é verdade que contratei uma porcentagem maior de mulheres do que a revista já tinha tido anteriormente. Era legítimo criticar aquelas escolhas? Ou seria o caso de ignorar a crítica?

Se alguém usar o teste das duas perguntas nesse cenário específico, as respostas são muito diferentes daquelas do caso de Marty Singerman. Os críticos estavam agindo de boa-fé, ou tinham algum motivo inconfesso? Bem, algum descontentamento vinha de gente que perdeu o emprego, e outro tanto vinha daqueles que se sentiram desconsiderados em seu *status quo*. Nenhuma das críticas foi direcionada a mim com o objetivo de me ajudar a fazer o meu trabalho melhor, então a resposta era não, claro.

Quanto à segunda pergunta, algum desses críticos sabia de algo que eu não soubesse? A resposta a essa pergunta era clara também: não. Diante das duas respostas negativas, somadas ao meu instinto, já sabia que a crítica não era legítima. Eu tinha contratado executivas capazes e experientes, e muito embora estivesse contratando mais mulheres do que os meus predecessores o fizeram, a noção de "excesso" era absurda. Afinal, quem reclama quando executivos contratam majoritariamente executivos para suas equipes? Que equipes de executivos respeitam o meio a meio entre gêneros, que seria uma porcentagem mais justa?

Quando a reclamação sobre eu contratar muitas mulheres continuou na minha gestão na Hearst, recorri a uma página do manual de Pat Carbine, e decidi usar um "pozinho mágico" como resposta. Durante nosso almoço anual para executivos, no final do ano, levantei-me depois da refeição e fiz alguns breves comentários para cerca de cem executivos da empresa.

Esse almoço costuma ser uma celebração alegre, e geralmente eu recito um poema bem humorado, ou faço piadas. Dessa vez, entretanto, sorrindo e passando meu olhar por toda a sala, eu disse: "Há quem diga que eu contrato muitas mulheres. Queria que soubessem que ouço essas queixas. Assim, achei que deveríamos fazer uma pequena vistoria. As executivas poderiam, por favor, ficar de pé?".

As mulheres se levantaram. Todas as cabeças se viraram, e se viram diante do fato: somente um terço dos convidados era de mulheres. Excesso de mulheres? Esse terço não demonstrava que eram muito poucas, na verdade?

"Obrigada", eu disse, ainda sorrindo. "E agora, os executivos poderiam, por favor, se levantar?" Com isso, dúzias de homens se levantaram, e confirmaram meu ponto de vista melhor do que qualquer preleção. As pessoas murmuraram e riram, e os homens se sentaram. Ponto marcado, sentei-me também.

Logo depois que comecei a trabalhar no *USA Today*, Al Neuharth me pediu para participar de uma reunião às nove da manhã nos escritórios da Gannett, na Madison Avenue. Eu planejara chegar uns dois minutos antes, mas meu telefone tocou às 8h45. A assistente executiva de Neuharth, Randy Chorney, estava na linha.

"Cathie, onde você está? A reunião administrativa já vai começar."

"Eu sei", disse a ela. "É às nove horas, não é? Subirei num minuto." Desliguei o telefone, levemente confusa, e corri para a sala de conferência no trigésimo segundo andar, um espaço suave, estiloso, com paredes cinzas, cadeiras de couro preto, e uma mesa em forma de U. Quando cheguei, às 8h51, todos já estavam em seus lugares designados, como se estivessem acomodados havia horas. Quando tomei meu lugar, eu tremia — a temperatura não devia passar de quinze graus naquela sala.

Essa foi a minha introdução ao estilo administrativo de Al Neuharth: ele gostava de começar reuniões mais cedo, de manter as salas geladas, e de deixar as pessoas fora do prumo. Algumas vezes, longe do prumo. Neuharth era um grande líder, em muitos aspectos, mas adotava a antiga noção de que se lidera instilando medo em seus empregados. Como percebi naquela reunião, às vezes ele levava as coisas longe demais.

Não faça do medo uma arma.

Precisamente às 8h57, Neuharth entrou na sala. Usando sua marca registrada, o terno de seda e os óculos escuros, com o cabelo grisalho penteado para trás com capricho, lembrava Frank Sinatra. Ele se encaminhou para a cabeceira da mesa (ninguém jamais sentava ao seu lado nessas reuniões), e sacudiu um envelope.

"Que diabo é isso?", perguntou, brandindo o objeto ofensivo no ar. Eu não sabia o que havia no envelope, se é que havia alguma coisa, mas pude ver que tinha perfurações dos dois lados, como a correspondência de uma promoção. Neuharth olhou para todos na sala, de rosto franzido, e abriu teatralmente o envelope.

"Parece uma *conta médica*!" ele trovejou. "De quem foi essa idéia estúpida? Essa é a idéia mais *idiota* para um *mailing* promocional que eu já vi!" E amassou o envelope com fúria, a gigantesca pedra de seu anel da mão direita cintilava. Então, virou-se e jogou o envelope amassado direto na cabeça do diretor de circulação, cujo departamento havia criado o design ofensivo. O diretor se esquivou, depois sentou-se em silêncio de cabeça baixa, como se fosse passar mal.

Troquei olhares com o chefe do Departamento de Mídia da Gannett, meu novo parceiro, Ray Gaulke. Quando nossos olhares se cruzaram, percebi o que ele estava pensando — exatamente o que eu estava pensando.

Onde a gente tinha amarrado o burro?

Neuharth continuou com seu palavreado bombástico, pavoneando-se em volta da mesa, e criticando não apenas o diretor de circulação, mas todos na sala. "Como vamos sobreviver, se é *esse* o calibre das nossas idéias criativas?", falou com aspereza. "Temos que melhorar isso! Este jornal vai *fechar,* empregos serão *perdidos*, e vocês serão estigmatizados como *fracassados* se não nos concentrarmos na excelência do nosso desempenho!" Neiharth olhou em volta, como se nos desafiasse.

A abordagem bomba atômica de Neuharth era efetiva? Eficaz? Sim e não. O diretor de circulação que ele repreendeu com tamanha fúria teve uma saída honrosa da empresa em questão de meses. A ameaça sempre presente de um surto de Neuharth — um homem que teve o orgulho de mais tarde dar as suas memórias o título de *Confessions of an* SOB [Confissões de um FDP] — amedrontou inúmeros funcionários do *USA Today*. Por outro lado, ele conseguiu motivar um grupo de executivos talentosos e vigorosos a superar obstáculos históricos. De muitas maneiras, sua vontade férrea impulsionou e determinou a existência do *USA Today*, pela força da sua personalidade, do seu carisma e, ocasionalmente, da sua liderança maníaca.

Dizem que o presidente Lyndon B. Johnson definiu um líder como "alguém que, se você não fizer o que ele diz, pode fazer algo terrível com você". Talvez no tempo de Johnson na Casa Branca, nos anos 1960, a tática do "medo como motivação" fosse efetiva, mas não acho que ainda seja. Acredito que atualmente conseguimos um melhor desempenho de uma equipe com uma abordagem racional e equilibrada. Amedrontar seus funcionários pode provocar uma melhora temporária no seu desempenho, mas, com o tempo, o dano que faz à moral e ao espírito deles tem mais peso do que os benefícios. Se você lidera ou é liderado, a chave para criar uma atmosfera em que a produtividade floresça é a mesma:

Conheça a diferença entre provocação profissional e pessoal.

Quando Neuharth jogou aquele envelope amassado, eu poderia dizer, pela expressão no rosto do diretor de circulação, que ele não sobreviveria muito tempo naquele tipo de atmosfera. Talvez fosse esse o plano de Neuharth — eliminar alguém que não estava psicologicamente preparado para uma guerra de trincheira. Em minha opinião, ele foi longe demais. Não há necessidade de chocar ou traumatizar sua equipe para dizer o que quer, ou de ridicularizar alguém na frente dos outros.

Houve uma outra ocasião memorável em que Neuharth passou dos limites como jamais presenciei outro executivo passar. Foi um caso tão fora do comum, que se tornou legendário.

Normalmente, Neuharth convocava os executivos do *USA Today* à sua casa na Flórida, para reuniões. Era impossível prever quando ele teria alguma urgência, por isso todos nós vivíamos em estado de prontidão perpétua, prontos para voar para o sul. Num sábado à noite, meu marido e eu chegamos de um jantar e encontramos uma mensagem na secretária eletrônica: "Esteja amanhã às quatro da tarde no aeroporto Dulles". Os aviões da Gannett estacionavam num terminal particular de jatos nesse aeroporto, portanto isso indicava que Neuharth estava me convocando para ir à Flórida. Uma reunião no final da tarde de domingo era definitivamente fora do comum, de modo que fiquei imediatamente desconfiada, e imaginei que boa coisa não podia ser.

O que seria? Seria demitida? Não percebera nenhuma insinuação, e não havia maneira de saber do que se tratava, até que chegasse ao aeroporto no dia seguinte, e constatasse se alguém mais estaria voando comigo.

Quando cheguei ao aeroporto, dois outros executivos já estavam lá. Isso fez com que eu me sentisse um pouco melhor, embora estivéssemos todos nervosos quando nos acomodamos em nossas poltronas. O jornal estava fechando? Todos nós estávamos a um passo de perder o emprego? Deixar-nos adivinhando, inseguros, era, naturalmente, outra das ferramentas de Neuharth para manter o controle. No vôo para o sul, nada além do sussurro de uma conversa amena.

Aterrissamos na Flórida, e de imediato fomos levados de limusine para a casa de Neuharth, em Cocoa Beach. Conhecida como Pumpkin Center [Centro Abóbora] é uma linda casa antiga restaurada, com piscina e quadra de tênis, com cinco acres de frente para o mar. Embora pareça com uma cabana de toras de madeira do lado de fora, o interior da casa parece mais com a mansão da *Playboy*, com imensos espaços abertos e uma piscina interna. Uma vez dentro da casa, encontramos outros executivos que também tinham sido chamados, e logo fomos levados à sala de reuniões no andar de cima, e sentados a uma imensa mesa rústica, feita de madeira e de casca de árvore.

Logo depois, Neuharth entrou. Olhou para cada um de nós, e disse em voz baixa: "Se vocês, gente inteligente e esperta, não conseguem perceber todas as coisas erradas que andam fazendo, e corrigi-las, esse jornal vai fechar mais cedo do que podem imaginar". Ele continuou nesse tom por mais cinco minutos, nos repreendendo por nossas falhas e erros, e pintando, em termos violentos, o buraco negro cada vez mais profundo no qual estava o jornal. Ele concluiu com um convite para jantar. "Vocês todos vão ter que decifrar o que anda acontecendo e dar um jeito nesse inferno. Mas hoje à noite, me encontrem para jantar no Surf. Começaremos às 7 em ponto". E saiu da sala.

Bernard's Surf era o restaurante mais popular de Cocoa Beach. Repleto de aposentados e de residentes locais, com um cheiro forte de peixe frito no ar, estava longe de ser um restaurante refinado aos quais muitos executivos costumam ir, mas Neuharth era um habitué, e até tinha a sua mesa. Os outros executivos e eu chegamos juntos ao restaurante, e nos encaminharam a uma sala particular.

A primeira pessoa que entrou na sala murmurou um "Meu Deus!". Outros entraram na minha frente, e então eu cheguei à entrada da sala. Fui brindada com a visão mais extraordinária que jamais vira, ou que jamais veria na minha vida.

Al Neuharth estava sentado à mesa, vestido numa túnica, com uma coroa de espinhos nos cabelos grisalhos. Na mão ele segurava uma gigantesca cruz de madeira.

Mal podia crer no que via. Neuharth tinha enlouquecido? Nós todos sabíamos que ele era esquisito e um pouco excêntrico, mas quando o presidente do conselho e CEO de uma empresa multibilionária se veste de Jesus Cristo num restaurante público (muito embora numa sala privada), há muitas razões para especular sobre a sua sanidade. A reação na sala foi de divertimento e de choque, e várias pessoas, que eram mais religiosas, ficaram bastante ofendidas.

Neuharth queria demonstrar que ele estava dando o sangue para o jornal. Queria nos encorajar a fazer a mesma coisa, e parecia achar que sua charada chocante era uma maneira de nos estimular com mais ímpeto e veemência. Porém, por mais memorável que fosse o lance de Neuharth, não acredito que tenha valido o mal estar e a insatisfação que provocou em alguns dos membros da sua equipe.

Ele certamente tinha ido longe demais. Contudo, em geral, Neuharth tinha um talento impressionante para levar sua equipe à beira do abismo, mas não para jogá-la abismo abaixo. Felizmente, seus funcionários sabiam como

Usar o medo como uma plataforma de lançamento de foguete.

Uma das artes marciais mais poderosas é o judô, um sistema de autodefesa no qual se usa a oportunidade do oponente contra ele mesmo. Se o oponente avança, em vez de bater de frente contra ele, dá-se um passo para o lado, e usa-se a força do ataque dele para desequilibrá-lo. É possível fazer a mesma coisa com o medo: em vez de combatê-lo, e tentar evitá-lo, dá para usá-lo como motivação.

Al Neuharth gostava de instilar medo no local de trabalho, como uma maneira de cutucar o estímulo e o ímpeto criativo e produtivo das pessoas. Como as matérias do seu amado *USA Today*, ele não gastava tempo com palavras, mas ia direto ao cerne das questões. Um memorando sucinto e poderoso que escreveu, resume perfeitamente esse tom:

> "A Gannett é o *USA Today*, o *USA Today* é a Gannett. O *USA Today* não é Al Neuharth.
>
> O jornal *USA Today* colocou a Gannett entre as grandes empresas de comunicação. O *USA Today* pode manter a Gannett onde ela chegou, ou pode rebaixá-la para sempre.
>
> Vocês, com seus quarenta ou cinqüenta anos, devem pensar muito bem sobre isso. Profissionalmente, colherão os benefícios, o prestígio e o *status* do seu cargo, e se darão bem financeiramente, ou sofrerão as conseqüências.
>
> Neuharth e Jack Heselden, presidente da Gannett, já terão ido embora e, em algum momento, estarão bastante esquecidos, vencendo ou perdendo. Nós, com nossos sessenta anos, vamos nos aposentar e aproveitar a vida. Vocês, com seus quarenta ou cinqüenta anos, conviverão com seja lá o que for. Isso é o *USA Today*.
>
> Se o jornal tiver sucesso, vocês são estrelas que administram uma das maiores empresas de mídia do país, com uma nau capitânia, o *USA Today*, que todo mundo inveja. Se ele fracassar, vocês e a Gannett estarão destinados a ser um time de várzea... pelo resto das suas carreiras. Vocês têm uma grande oportunidade de vencer, de lucrar, ou de mandar tudo para o espaço."
>
> Al Neuharth

O espectro de um fracasso tão gigantesco poderia ter paralisado algumas pessoas, mas Neuharth conhecia muito bem os seus executivos. Quando ele nos ofereceu uma escolha "Lucrar ou explodir", nós *usamos o medo* como motivação. Ninguém queria fracassar, então batalhamos mais e com mais vigor para virar a sorte e o destino do jornal.

Ainda hoje, quando leio esse memorando, me dá uma vontade irrefreável de convocar publicitários para vender o *USA Today* novamente, para trabalhar feito uma maluca para superar todos os obstáculos que enfrentamos. Lançar o *USA Today* envolveu um esforço super concentrado, hercúleo, e num ambiente de trabalho extraordinário. Como a linha entre o sucesso e o fracasso era tão inconsútil, é possível que a capacidade, a habilidade e o talento da nossa equipe, para usar o medo como uma motivação, tenham contado.

Assim, não *tema* o seu medo. Use-o para se lançar para frente. Talvez ele se torne uma excelente motivação.

PREPARANDO-SE PARA O EMPREGO DOS SEUS SONHOS

Eu achava que já tinha visto de tudo, até o dia em que uma planta gigantesca apareceu na minha sala na revista *New York*. Parecia ter mais de um metro e meio.

"O que é isso?", perguntei à minha assistente. Respondeu que era de alguém que eu acabara de entrevistar para um emprego. Entregou-me o cartão, e eu li com espanto: "Adoraria trabalhar para você, e ajudar seu jardim a florescer" (ou coisa parecida), assinado pela esperançosa candidata.

Minha Nossa! Sem dúvida, chamava a atenção, ali no meio da sala. Mas era uma forma tão despropositada de conseguir a atenção de uma executiva ocupada, que eu mal podia acreditar na tal planta. Certamente, é muito importante, eu diria até mesmo indispensável, dar seguimento a uma entrevista, é claro — mas, uma planta gigante?

"Pode fazer alguma coisa com isso?", perguntei à minha assistente, marcando oficialmente o fim de qualquer "jardinagem" que pudéssemos fazer com aquela pessoa.

Comunicar-se bem com potenciais empregadores é um fator crítico para construir uma carreira de sucesso. Felizmente, aqui estão maneiras simples e diretas de fazê-lo da melhor maneira possível. Seguem cinco elementos-chave na busca pelo trabalho, pelo emprego, seja você uma iniciante no mundo profissional, ou esteja procurando melhorar suas perspectivas de trabalho, ou apenas querendo mudar de empresa.

Carta de apresentação

1. Mande uma carta.

Você não imagina quantas vezes eu recebi apenas um currículo, sem uma carta de apresentação — o que sempre me fez pensar: *Não me admira que essa pessoa esteja desempregada.* Talvez você ache que escrever uma carta não é necessário, já que todas as informações relevantes estão no seu cv. Mas sua carta cria uma primeira impressão crucial, permitindo realçar suas habilidades relevantes, e o interesse por aquela empresa, além de mostrar que é capaz de se comunicar bem.

2. Apenas os fatos, senhora, ou senhorita.

Escreva uma carta de apresentação breve e leve, não mais do que uma página. Não é hora de ser eloqüente, engrandecer sua filosofia pessoal, ou os seus sonhos de infância. Você não vai querer que seu potencial empregador fique impaciente ao percorrer montes de páginas, pois com certeza ele só quer um resumo.

3. Saiba o que dizer (e o que não dizer).

A melhor das cartas de apresentação expressa três coisas: porque você é boa no que faz, como ajudará a empresa, e seu entusiasmo pelo trabalho. Sempre tenha em mente essa questão: *O que o empregador precisa saber?* É muito mais importante mostrar a um empregador que você levará qualificações necessárias ao seu negócio, à sua empresa, do que explicar como o emprego é adequado ao grandioso esquema das suas ambições pessoais. Lembre, para os empregadores, não se trata de você. Trata-se do que você pode fazer pela empresa, *por eles.*

4. Imprima a carta (e o seu currículo) num papel de qualidade.

Talvez você ache que isso não faz diferença. Talvez não faça, para uns tantos empregadores. Porém, por que correr o risco com um papel barato, quando é tão fácil usar um papel mais pesado, e de melhor qualidade? A maneira como se apresenta é um indicador de como representará a empresa se for contratada, e os empregadores sabem disso. Assim garanta que apresentará um produto de qualidade.

5. Termine a carta dizendo que vai procurá-los — por telefone.

E então, telefone. Jamais termine uma carta com "Espero ouvir notícias suas em breve". Em vez disso, identifique o passo seguinte, e que seja um passo objetivo — algo que mande a bola para frente. É melhor dizer, "Telefonarei para o seu escritório no dia 26 próximo, para saber se poderá me dar alguma notícia sobre o trabalho", o que permite empurrar as coisas para frente, em vez de esperar por um telefonema que poderá não receber. Então, quando telefonar, tenha uma cópia da sua carta nas mãos, para referência: "Eu estou telefonando a respeito da minha carta do dia 17 de março, sobre o trabalho...".

Curriculum Vitae — Résumé

1. Não exagere.

Em matéria de currículo, surgiram uma porção de modas e tendências, como incluir fotografias, ou mesmo vídeos curtos (ou não tão curto, como no caso notório do estudante de Yale, Aleksey Vayner, que fez um vídeo de sete minutos, constrangedor de tão egocêntrico, que acabou no YouTube). É melhor fazer o básico. Seja breve — não mais do que duas páginas, ou apenas uma, se conseguir ser precisa. Seja simples — nada de gráficos malucos ou letras difíceis de ler. E seja objetiva, incluindo apenas a informação que mostrará suas relevantes qualificações e habilidades.

2. Peça a ajuda de alguém, para fazê-lo o melhor possível.

Preparar um grande currículo é uma arte, portanto, não se intimide e peça a ajuda de especialistas. Livros como *The Résumé Handbook* [O manual do currículo] e *Résumés for Dummies* [Currículos para bobos], oferecem ótimos palpites, ou contrate um serviço profissional. Seu currículo é um documento muito importante para o progresso da sua carreira, e assim vale a pena investir o tempo e o dinheiro necessários para fazê-lo da melhor maneira possível.

3. Revise a ortografia.

Não deixe passar nenhum erro de ortografia ou erro gramatical no seu currículo, nem na sua carta. Revise duas, três vezes, quantas vezes forem necessárias, os nomes (lembre, as Cathies do mundo realmente odeiam ver um "Kathy"), e o título dos cargos das pessoas, o nome da empresa. Leia cuidadosamente sua carta antes de enviá-la, em especial se estiver usando uma versão anterior, e apenas mudando o nome da empresa destinatária e do seu executivo. Recentemente, recebi a carta de uma candidata, que deixou claro ter usado um modelo antigo de correspondência. Como eu sei? A palavra "Hearst" aparecia várias vezes, mas tudo o mais na carta descrevia perfeitamente nossa concorrente, a Condé Nast, onde a nossa jovem também deve ter se candidatado. Definitivamente, ela jamais será chamada para uma entrevista.

4. Organize o seu currículo para o cargo e o trabalho do seu interesse.

É bom ter várias versões diferentes do seu currículo, adequadas para diferentes tipos de trabalho, contanto que a informação permaneça veraz e precisa, e que as diferenças sejam o que deseja enfatizar. Conseguir um bom trabalho é uma questão de combinar suas qualificações e habilidades com as necessidades do seu empregador.

5. Não exagere — e jamais minta.

Se estudou numa faculdade, mas jamais se formou, não diga — ou deixe subentendido — que o fez. Não diga que trabalhou num lugar durante sete anos, se foram apenas cinco anos e meio. Mesmo que ache que conseguirá burlar a verdade, resista a qualquer tentação de inchar suas credenciais. Não está certo, só isso. E provavelmente você não conseguirá levar isso adiante.

Preparando-se para a entrevista

1. Seja persistente.

Como escrevi no capítulo 1, a persistência dá resultados – se você estiver querendo uma entrevista, uma nova conta, um novo cliente, ou qualquer outra coisa. Então, pegue o telefone, e chame seu potencial empregador — a empresa! — para perguntar se eles estão contratando, e se existe alguma coisa que possa fazer para ajudar o processo. Você não quer ser insistente, digamos, mas é bom mostrar iniciativa. Do mesmo modo, se um cargo que você quer se tornar disponível no seu atual trabalho, não espere alguém perguntar se está interessada. Apresente-se e esclareça que está muito interessada — você será levada muito mais a sério como candidata.

2. Faça uma pesquisa sobre a empresa e a pessoa que vai entrevistá-la.

Recentemente, entrevistei uma candidata para ser nossa nova diretora de recursos humanos, e embora tivesse ficado impressionada com suas credenciais, ficou claro que ela não pesquisou nada sobre nós antes da entrevista. Não sabia muito de nossas revistas, ou da empresa — nem mesmo o básico, como o fato de eu estar na Hearst há dez anos, e ter passado oito anos no *USA Today*. Não estou dizendo que ela teria que fazer uma dissertação sobre a minha história profissional, mas, sobretudo nesta era do Google e da informação instantânea, demora somente uns poucos minutos para conseguir os fatos básicos sobre a empresa e o entrevistador, ou entrevistadora. Se alguém aparecer para uma entrevista comigo, e não souber nada sobre a Hearst, automaticamente eu o levo menos a sério como candidato. Afinal, se você não tem a iniciativa de passar dez minutos se preparando para mim, como vou saber se tem a iniciativa necessária para ser bem-sucedida no trabalho?

3. Pense nessas questões com antecedência.

Você pode estar certa de que um potencial empregador lhe fará alguma variação das seguintes perguntas:

- O que quer conseguir dessa posição, desse trabalho?
- Quais são os pontos fracos no seu currículo, e como pode descrevê-los de maneira imparcial e sucinta?
- Você já foi demitida? Por quê?
- Quais são as suas forças e as suas fraquezas?
- Aonde vai querer estar daqui a cinco anos?

A entrevista

1. Capriche na sua aparência

Como foi discutido na seção Preto & Branco — "Primeiras impressões", a boa aparência realmente conta. Não é preciso parecer com uma modelo, mas vista roupas apropriadas.

2. Leve um bloco e uma caneta.

Perdi a conta de quantas vezes entrevistados me pediram uma folha de papel, ou uma caneta, ou ambas, para anotar alguma coisa. Cada vez que isso acontece, fico assombrada. Esteja preparada para sua entrevista: invista numa pasta de couro que contenha um bloco de papel e canetas, e sempre leve duas ou três cópias do seu currículo, mesmo que já tenha enviado uma para o entrevistador. Se ele, ou ela não tiver a cópia em mãos, ofereça uma nova.

3. Chegue quinze minutos mais cedo.

Sempre dê uma folga de tempo para congestionamentos, problemas para estacionar o carro, e qualquer tempinho extra que precise para se identificar na portaria, se existir uma. Na Hearst, por exemplo, talvez você se depare com um bando de modelos na portaria, todas esperando para se identificar, o que pode levar quinze minutos para cada uma. Chegue cedo o bastante para achar o andar certo, usar o banheiro, lavar as mãos — seja lá para o que precise fazer para se apresentar da melhor maneira possível. Por outro lado, não chegue mais do que quinze minutos mais cedo; se ficar sentada na minha recepção durante meia hora, você ficará agitada, e eu vou perceber.

4. Consiga respostas para as suas perguntas.

Toda entrevista de trabalho é uma via de mão dupla. Não está apenas convencendo um empregador que eles querem e precisam de você — está também decidindo se a empresa, ou a organização é a melhor para você. Para isso, garanta que todas essas perguntas, abaixo relacionadas, sejam respondidas, e quaisquer outras que sejam importantes para a sua decisão:

- Qual é a perspectiva da empresa, ou da organização?
- Em que lugar você se adequará na empresa, ou na organização?
- Para quem você se reportará? Quem é seu superior imediato?
- Quem se reportará a você?

Lembra-se da minha história do Prólogo, quando Joe Welty me chocou ao dizer: "Eu não vou me reportar a você"? Não deixe que isso aconteça com você.

5. Não fale muito, e não fique mais tempo do que deve.

A chave é seguir as dicas do seu entrevistador. Se estiver sentada numa sala calma, é melhor ajustar o volume da sua voz, de acordo. (Não faz muito tempo, depois de entrevistar uma candidata com Ellen Levine e Eliot Kaplan, nosso diretor de talento editorial, eu tive que perguntar: "Ela era extremamente barulhenta, ou só eu achei isso?". Ambos sorriram, e responderam ao mesmo tempo, "Sim!") Fique atenta à deixa sobre a hora de partir, também. Se estiver com seu entrevistador mais de meia hora, pode dizer, "Não sei quanto tempo a mais você tem — não quero me prolongar, nem tomar o seu tempo", o que deixa o entrevistador saber que você está consciente do tempo que estão conversando.

6. Seja você mesma.

Eu estou sugerindo uma porção de *faça isso*, e de *não faça isso*, mas a coisa mais importante de lembrar é — seja você mesma.

Você tem uma porção de qualificações, habilidades e talentos para levar para um cargo, um trabalho — se não fosse isso, o empregador não a teria chamado para uma entrevista. Confie em você, e respire fundo. Você vai se sair bem.

O follow-up

1. Mande um bilhete de agradecimento.

Sempre, sempre, sempre mande um bilhete de agradecimento, ou uma carta de *follow up*. Você parecerá educada, interessada e atenta, qualidades que qualquer empregador procura para uma nova contratação. É uma boa idéia mandar bilhetes de agradecimento em outras ocasiões, também — quando ganhar um bônus, ou uma promoção, ou sempre que gostar e apreciar algo que o seu chefe fez, no trabalho, ou fora dele. Como uma longeva executiva, posso lhe dizer que todos os chefes gostam de bilhetes de agradecimento, e quanto mais alto na hierarquia, provavelmente menos os recebem. Somos todos gente também, e um bilhete sincero de agradecimento significa um bocado.

2. Escolha um cartão apropriado, se mandar um.

Recentemente, recebi um bilhete de agradecimento de uma jovem que me ouviu numa palestra. Ela o mandou para a Hearst — até aí, tudo bem — mas quando eu abri o envelope, não pude acreditar no que ela enviara. Era uma caricatura da revista *New Yorker*, mostrando duas pessoas numa cama, com uma piada *picante!* Não é o se deve enviar a uma executiva, quando se está tentando causar uma primeira boa impressão. Onde ela estava com a cabeça?

Pessoalmente, prefiro cartas datilografadas a cartões manuscritos, mas todo mundo é diferente, de modo que faça o que achar mais apropriado. Também prefiro bilhetes de agradecimento pelo correio, embora as pessoas venham, cada vez mais, enviando esse tipo de correspondência por e-mail.

A melhor solução é descobrir o que a destinatária do seu bilhete prefere, assim, pergunte à assistente dela, se ela tiver uma.

3. **Fique amiga da assistente-executiva. Ou da secretária.**

Quando fui ao meu médico num dia desses, reparei que o recepcionista estava bebendo café numa caneca da Hearst. "Oh", eu disse, "onde conseguiu a caneca?", pensando que teria sido através da promoção de uma das nossas revistas. "De sua assistente, Pamela", ele respondeu. Não deveria ter me surpreendido, Pamela é uma especialista em enxergar além da curva. Quando perguntei a ela sobre a caneca, ela disse: "Dou canecas o tempo inteiro, para pessoas que são difíceis de serem abordadas ou muito ocupadas". Assistentes são os porteiros da agenda do profissional, assim, vale a pena ser gentil com eles.

4. **Nada de vaso de plantas.**

Especialmente aquelas com mais de metro e meio de altura.

CAPÍTULO 5

PODER

Quando ouvimos a palavra *poder*, certas imagens provavelmente surgem na cabeça: aviões corporativos, escritórios imensos e carros com motoristas. Esses são os ornamentos para um determinado tipo de poder, é verdade. Ainda assim, o poder não é algo que está concentrado na mão de um punhado de executivos, advogados, ou políticos. É algo que você pode e deveria ser capaz de desenvolver para você mesma — não importa a posição do seu cargo no totem profissional da sua empresa.

Considere o poder não como um título que um emprego lhe confere, mas como algo que cria para você mesma. Mesmo que existam outros acima de você na hierarquia funcional, ainda assim pode fazer de si mesma um membro indispensável — e, conseqüentemente, poderoso — da sua equipe. As histórias neste capítulo mostrarão como desenvolver um poder próprio, como uma estagiária, uma gerente, uma *freelancer*, ou uma executiva. Vamos começar com umas poucas definições:

Poder = a manter o olhar no cenário geral da empresa. Ou da organização.

Depois de nove meses no *USA Today*, fui promovida a *publisher*, e Paul Flyn ocupou o meu cargo, como o novo presidente. Paul tinha muita experiência na distribuição de jornais, e ficou encarregado do departamento, muito embora eu desejasse ter essa responsabilidade sob o meu comando. Quatro meses depois, quando Paul saiu, achei que tinha uma oportunidade. O novo presidente, Lee Guittar, não era um executivo de distribuição — ainda assim, Neuharth deixou claro que Guittar responderia também pela distribuição. Essa evolução me pegou de surpresa e, francamente, me irritou. Eu não tinha nada contra Lee, que era um executivo especializado em jornais, muito competente e capaz, mas por que eu ficaria restrita à venda de anúncios?

Canalizei minha frustração em um memorando para John Curley, o presidente da Gannett, e deixei de lado as gentilezas para ir direto ao assunto:

> Diante da perspectiva de nomeação de um novo presidente, sinto-me compelida a lhe dizer como realmente estou me sentindo. Estou frustrada. E desencorajada. E em dúvida sobre o meu progresso de curto prazo na Gannett/*USA Today*.
>
> ... De certo modo, não percebo como exercer minha autoridade... Em nossa breve conversa, foi deixado claro que Lee viria como o número dois, abaixo de mim. Pelo menos, foi o que Al apresentou em Dallas. Mas, terá sido, de fato? No ano passado, eu vim para o *USA Today* com o título de presidente — acabei descobrindo que era um título sem autoridade nem responsabilidade...
>
> Vejo agora a mesma situação se repetir. O fato é que eu sou a *publisher* apenas no título. Na verdade, sou a

diretora de publicidade, com uma pequena promoção acrescida ao título.

Curley passou o memorando para Al Neuharth, que reagiu com raiva. Ele rabiscou comentários furiosos nas margens, e escreveu que meu memorando era uma "perda de tempo", e "cheio de erros e disparates". Observou também que o memorando tinha sido datilografado por uma assistente, muito embora o tivesse descrito como "altamente pessoal e confidencial". "Nada que uma secretária manipule é altamente pessoal e confidencial", ele escreveu. "Datilografe você mesma, ou converse em particular sobre o assunto."

Foram, porém, as minhas duas linhas finais que o enfureceram. "Talvez você ache tudo isso muita ousadia de minha parte", eu escrevera. "Mas se eu não lhe disser o que penso e como me sinto, só poderei culpar a mim mesma." Sua reação rabiscada na margem: "Audaciosa? Não. Cometendo um grave erro? Sim."

Ainda bem que nem Neuharth nem Curley jamais me mostraram o memorando comentado. De fato, não soube da sua existência, até que um livro de 1987, sobre os primeiros anos do *USA Today*, *McPaper* [McJornal], de Peter Prichard, o reproduziu integralmente. Além do fato de ter ficado chocada por Neuharth ter dado permissão ao autor para reproduzi-lo, fiquei surpresa pela veemência mordaz dos seus comentários. Li o trecho do livro uma vez, com raiva crescente. Depois, fechei o livro, e nunca mais o abri. Por quê? Àquela altura, o memorando era assunto morto e enterrado, e certamente não valia mais a pena nenhum esforço para lidar com essa questão.

Quase vinte anos mais tarde, quando comecei a escrever este livro, eu tive que passar os olhos pelo *McPaper* e pelo notório memorando, e fiquei surpresa com a minha reação. Em vez de ler os comentários de Neuharth e ficar espumando, compreendi que ele tinha alguns argumentos válidos (embora grosseiros). Para começar, *foi* um engano deixar que minha assistente datilografasse um memorando confidencial; se o conteúdo de um memorando for verdadeiramente confidencial, não se deve revelá-lo a *ninguém*, somente ao destinatário, porque é muito fácil, e muito tentador para aquela pessoa passá-lo adiante. Mais importante, eu escrevera um memorando repleto de razões pelas quais estava aborrecida sobre uma desconsideração, que somente eu sentira. Por que Al Neuharth deveria se preocupar com isso? Sua função não era agradar o meu ego, ou a mim — seu trabalho era agradar os analistas de Wall Street, e garantir que o *USA Today* sobrevivesse.

No meu memorando eu não oferecera nenhuma sugestão para melhorar o jornal, mas somente sugestões sobre como aplacar meu desejo de ampliar as minhas responsabilidades, e de ascender na empresa. Eu tinha perdido a empresa de perspectiva e, como resultado, não somente estava insatisfeita, mas meus superiores também estavam insatisfeitos comigo.

No livro *McPaper*, uma observação de Neuharth, depois do restolho do memorando, foi citada: "Quando Cathie resolveu se concentrar na publicidade do jornal, e deixou de querer dirigir o show inteiro, ela se tornou uma super profissional". Admito que ainda não gosto de ler essas palavras, mas minhas qualificações e meu talento para a venda de espaço publicitário foram elementos de crucial importância para tocar adiante o *USA Today*, e meu poder na empresa foi medido pelo sucesso que eu tive nessa tarefa. Em qualquer empresa, mas particularmente num lançamento tão audacioso e tão grande quanto o do *USA Today*, a experiência e os resultados são o que mais contam. Assim, ao mesmo tempo em que não é errado aspirar a cargos mais elevados, ou tentar aprender algo novo, não esqueça o lugar onde realmente reside o seu poder.

O que me faz lembrar de outra definição de poder:

> Poder = a compreensão do que você pode, e do que não pode controlar.

No capítulo 3, eu lhes contei sobre um colega que tinha o hábito de me rebater em público, e sobre como eu decidira me concentrar nos aspectos positivos do nosso relacionamento, que melhorou bastante. Naquele capítulo, a lição foi que não se deve tomar como pessoais coisas que não o são. A segunda lição, igualmente importante, é que você deve aprender o que não pode controlar — e, então, não perder tempo tentando controlá-lo. Aqui estão mais uns poucos exemplos, para mostrar o que quero dizer.

Uma vez, uma colega me ofereceu um conselho espontâneo, extremamente perspicaz, sobre Victor Ganzi, que se tornou meu chefe em 2002. "Eu vou lhe dizer uma coisa importante, Cathie", ela disse. "Nunca se esqueça: você não pode superar Vic. Ele trabalha sete dias por semana, e raramente tira férias."

Vic pode não trabalhar sete dias inteiros durante todas as semanas, mas ele realmente trabalha pelo menos seis, e geralmente seis dias e meio. Teria sido fácil para mim, sentir que eu deveria igualar meu horário funcional ao seu, para provar minha dedicação ao trabalho, mas não era necessário. Como as pessoas trabalham, e quanto elas trabalham faz parte do seu DNA. A única coisa que a gente pode controlar é o próprio esquema de horas trabalhadas, e o próprio padrão de produtividade. Assim, embora deva se esforçar para fazer eficientemente o seu trabalho, jamais sinta que deve trabalhar horas insanas apenas para mostrar o seu comprometimento.

Em qualquer ambiente de trabalho, existem muitos fatores que você não pode controlar — e ente eles, os mais complicados, freqüentemente, são os interpessoais. As pessoas se irritam umas com as outras, pisam no calo umas das outras, ambicionam cargos e, algumas vezes, no outro ponto do espectro, têm envolvimentos inadequados. Logo no começo da minha carreira, tive um chefe casado que estava tendo um caso com uma das suas subordinadas — uma situação desconfortável que complicou a vida de todo mundo, mas sobre a qual eu não podia fazer nada. Teria sido fácil me aborrecer, mas e daí? A única coisa que se pode fazer é aceitar o que não se pode mudar, e contornar a situação. É o único jeito de se ter algum controle em uma situação dessas.

Isso não significa, entretanto, que a gente deve aceitar todas as situações sem reclamar. Algumas vezes você deve botar o pescoço a prêmio para fazer mudanças positivas. O truque é descobrir quando iniciar essa batalha, porque

Poder = a escolha cuidadosa das suas batalhas.

A Hearst é uma empresa privada, com uma longa, rica história. Sete das nossas revistas — *Cosmopolitan, Town & Country, Good Housekeeping, Redbook, Popular Mechanics, House Beautiful*, e *Harper's Bazaar* — existem há mais de cem anos. Temos orgulho da nossa herança, mas também temos que atender às exigências do mercado sempre em mutação do século XXI.

O símbolo mais visível do impulso da Hearst em direção ao futuro é o nosso edifício, no meio de Manhattan. Projetado pelo renomado arquiteto Lord Norman Foster, e terminado em 2006, a Hearst Tower é, apropriadamente, um arranha-céu construído sobre as fundações do nosso marco histórico, o pequeno edifício de seis andares, no número 300 Oeste, da Rua 57. Foi o primeiro arranha-céu a ficar pronto em Nova York, depois dos ataques de 11 de setembro de 2001, e o primeiro prédio com selo "verde" da cidade, a cumprir os mais altos padrões ambientais do certificado Gold LEED. Com sua elegante fachada de vidro, seu café ao ar livre, academia de ginástica, e impecáveis elementos de design, é mesmo um edifício do futuro.

Durante a fase do projeto do prédio, todos os componentes possíveis foram considerados, discutidos e debatidos. Do tamanho dos escritórios à designação funcional dos andares, aos banheiros, todos os detalhes foram avaliados, incluindo, memoravelmente, a sala de jantar da revista *Good Housekeeping*, uma pedra angular do prédio original da Hearst.

A sala de jantar Good Housekeeping original, com sua sala de estar para recepcionar os convidados, era famosa. Decorada com móveis antigos, uma extraordinária coleção de rolos de massa de vidro do século XVIII, e primeiras edições de livros de culinária, era um monumento elegante e vívido da história. Ao longo dos anos, nomes importantes do mundo da mídia, da política, das artes, e do entretenimento compareceram a alguns dos seus grandes eventos, reuniões e festas, e sua aura foi sendo cultivada.

Por causa do projeto e da aparência futurista da nova torre, havia na Hearst quem achasse que não tinha sentido recriar as tradicionais salas de estar e de jantar da Good Housekeeping. E embora eu estivesse muito envolvida nos planos do prédio, não prestei muita atenção à disposição e ao projeto da sala de jantar — até que um dia, um grupo se reuniu para revisar os planos e fazer uma vistoria no andar do novo Good Housekeeping Research Institute, onde a sala de jantar ficaria localizada.

Meu chefe, Vic Ganzi, estava no grupo. Nós nos movimentamos lentamente pelo andar, em grupo, olhando os vários detalhes do design, e debatendo os pontos mais elegantes das cores do carpete. Quando chegamos à área onde a nova sala de jantar ficaria, senti que Vic começou a ficar tenso.

A bela sala de estar de madeira almofadada tinha sido substituída por um espaço aberto, e a própria sala de jantar seguiu a linha de aço e vidro que caracterizava o resto do edifício. O impecável estilo antigo, que fizera da original uma sala tão especial, desaparecera. Vic se virou para mim, e disse: "Bem, se é isso que você quer para a sala de jantar Good Housekeeping, tudo bem". Seu rosto estava rígido, como uma laje de pedra. "Mas eu não venho aqui."

Então, Frank Bennack, vice-presidente do conselho, e predecessor de Vic como CEO da Hearst, interrompeu a conversa. "Nos anos da nossa existência nesta empresa, todos os últimos presidentes americanos, com a exceção de Bill Clinton e George W. Bush, sentaram-se na sala de jantar Good Housekeeping", ele anunciou. "Ela é uma peça da nossa história. Mas se é *isso* o que todos vocês querem..."

Eu não estava encarregada dos projetos do edifício, mas ficou claro o que era preciso fazer. Recomendei à equipe de arquitetura de Lord Foster que repensasse o projeto, para restaurar o antigo design da sala de jantar. Talvez ficasse menos consistente arquitetonicamente. Talvez ela representasse um saudosismo incongruente, num edifício futurista. No entanto, era uma batalha que eu soube de imediato que nós não deveríamos travar. Simplesmente compreendi o que os meus superiores hierárquicos queriam, e fiz o melhor que pude para que assim fosse realizado. Naquele estágio avançado da obra, redesenhar o andar era uma proposta cara que exigiria tempo, mas valeria a pena.

Como você reage quando

- alguém no escritório expressa uma opinião com a qual você não concorda?
- você sente que seus colegas tomaram uma decisão que não ajudará a empresa?
- você acha que sua equipe tomou um rumo equivocado?
- seu superior hierárquico interfere para anular uma decisão que você tomou?

A resposta mais simples seria reagir a todas essas situações expressando o seu desacordo. Contudo, você ficará numa posição muito mais poderosa se parar, esperar para decidir quando deve reagir, e quando deve deixar algo passar. Pergunte a si mesma quais serão as conseqüências, e quais serão as suas probabilidades de sucesso, se tentar mudar a cabeça dos seus colegas. Sua energia e o seu tempo não seriam mais bem aproveitados se usá-los em assuntos mais importantes? Tem sentido economizar seu capital político para uma batalha mais importante? Considere e analise todas essas questões antes de tomar qualquer atitude, porque não vale a pena entrar em uma batalha apenas por causa da luta.

Como poderá perceber, em ambientes de trabalho, o poder com freqüência está amarrado muito próximo do controle. E não quero dizer controlar o que os outros fazem — quero dizer controlar o que você resolve fazer. Aqui está outro exemplo:

Poder = o controle do fluxo de informações.

No meu primeiro dia no *USA Today*, cheguei mais cedo para conhecer a minha sala, e me instalar com calma. Eu nunca tinha visto a minha sala, porque ficava na sede do jornal em Washington, e todas as minhas entrevistas tinham acontecido em Nova York, de modo que tive que perguntar a alguém como chegar até ela. Assim, fiquei muito surpresa quando entrei na recepção do prédio e encontrei ali um homem.

"Oi, Cathie", ele disse, levantando-se e estendendo-me a mão. Ele me disse o seu nome, me informou que era um analista de Wall Street, e disse: "Vou entrevistar Al Neuharth em uma hora. Será que poderia passar algum tempo comigo, antes disso? Eu adoraria lhe fazer algumas perguntas".

"Você está brincando?", eu disse. "Este é o meu primeiro dia de trabalho — não sei nada ainda. Se eu for tola o bastante para falar com um analista de Wall Street agora de manhã, serei demitida à tarde. Me desculpe!" Ele riu, e eu o deixei o mais rápido que pude.

Mais ou menos uma hora mais tarde, Al Neuharth me chamou pelo telefone. "Cathie" ele disse, "você não disse nada àquele analista de Wall Street, não é?" Eu o assegurei de que não tinha dito nada. Por que eu iria querer abrir a boca no meu primeiro dia, quando ainda estava aprendendo a canção da terra onde pousara? "Ótimo", ele disse, parecendo contente.

Em pouco tempo, entretanto, passei a ter mais confiança na minha percepção dos números, cifras, dados, reações dos anunciantes, e do negócio em geral. Assim, quando a equipe da administração da Gannett e do *USA Today* foi convidada para uma entrevista com os mesmos analistas de Wall Street, eu fui chamada para participar. Al Neuharth, sempre informado e bem humorado, iniciou sua fala vívida, temperada com piadas e uns poucos slides para mostrar o excepcional quadro financeiro da Gannett em muitos anos. Depois nós todos saímos do auditório para ir para a recepção de encerramento.

Quando saí no hall, fui repentinamente cercada por uma dúzia, pelo menos, dos que estavam na entrevista, todos me fazendo perguntas: "Quando o jornal vai ser rentável, Cathie?" "Como estão os seus números de publicidade?" E a clássica pergunta de Wall Street: "Como será o resultado do próximo trimestre?"

Neuharth me viu no meio do rolo, e veio imediatamente em meu socorro. Ele me pegou pelo cotovelo, e murmurou uma única sentença no meu ouvido. "Cathie, não lhes diga mais do que sabe."

Neuharth sabia muito bem que era instintivo querer mostrar que se tinha todas as respostas. Ainda assim, embora fosse um conselho simples, era o tipo de coisa que é muito fácil se esquecer em momentos assim. Logo que Neuharth murmurou aquelas palavras, fiz o melhor que pude para jamais ficar num apuro parecido — uma decisão que me protegeria de dizer algo e me arrepender, ou de fazer uma promessa infundada. Mais importante, eu protegeria a empresa da precipitação de qualquer coisa ingênua que pudesse estar inclinada a dizer.

Existe também um importante corolário à frase: "Não diga mais do que você sabe". E é este: "Não lhes diga mais do que eles pediram". Seja lidando com repórteres, analistas de bolsa, ou com um cliente potencial, não discorra sobre montes de tópicos diferentes se um deles lhe fez uma pergunta direta. Antes de mais nada, você pode se complicar. Já vi publicitários detonarem uma venda porque não conseguiram parar de falar sobre assuntos irrelevantes e secundários. Além disso, você pode acabar revelando uma informação relevante que é melhor guardar para si mesma. Portanto, boca fechada, e tenha sua informação sob controle.

Todas essas sugestões são úteis ao lidar com pessoas num ambiente de trabalho. Ainda assim, o poder não se refere apenas às suas relações com os outros. Refere-se também à relação que tem consigo mesma.

Já reparou como algumas pessoas mudam a energia de uma sala quando entram? Certas pessoas irradiam confiança e carisma, e todos na sala podem sentir isso. Não importa sua posição na hierarquia da empresa. Elas possuem o que parece ser um poder nato para exercer um efeito positivo sobre os outros.

De onde vem esse poder? É algo com que se nasce, ou algo que se pode desenvolver? Embora algumas pessoas afortunadas pareçam realmente ter nascido com carisma, acredito que é possível desenvolvê-lo, através de um simples processo de afiar a autoconfiança e o poder pessoal. E não é tão difícil quanto parece. Comece com esta idéia:

Poder = conhecimento de suas forças e fraquezas.

Há uns poucos meses, um estilista muito famoso e muito bem-sucedido — um homem que conquistou o mundo da moda — iria comparecer a um jantar formal em Manhattan. No dia do evento, ele pediu à sua assistente que ligasse para os organizadores. Um conhecido membro do antigo gabinete presidencial também iria ao jantar, e o estilista tinha um pedido especial: queria ter a certeza de que não se sentaria ao lado de tal pessoa. Como era natural, o mundo da política estava fora da sua zona de conforto, e ele não queria estar numa situação que pudesse constrangê-lo. O estilista sabia no que era bom e no que não era, e tomou um cuidado especial para se assegurar de que não exporia seu limitado espectro de tópicos de conversação num evento público, o que poderia danificar sua imagem.

Isso pode parecer um exemplo extremo de como mascarar estrategicamente as próprias deficiências; afinal, o estilista perdeu uma oportunidade de conhecer uma pessoa fascinante, e de ampliar seus horizontes, seus limites. Mas a lição ali subentendida ainda é valiosa. Conheça a si mesma, saiba com lucidez e segurança no que você é boa, e no que não é. E se for capaz de trabalhar suas fraquezas, e melhorar suas forças, os benefícios no trabalho e em sua vida serão enormes.

Pessoalmente, sempre fui interessada em marketing, vendas, e no lado criativo do negócio editorial. Também gosto de operações e de análises, mas muita informação, muitos dados, e muitos quadros com gráficos financeiros me confundem. Não sou um completo desastre nessa área; mas sou muito melhor em planejar a estratégia global do que em analisar quadros financeiros. Então, ao longo dos anos procurei melhorar essas deficiências — fiz cursos de administração financeira, pedi ajuda quando precisei, e nunca tive medo de deixar nas mãos do pessoal dos números o trabalho no qual eles são melhores. Para mim, não teria sentido fingir que sou um gênio financeiro, quando não sou. Tem sentido, porém, incrementar seus pontos fortes, e assegurar que sua equipe saiba em que aspectos você pode valorizar o trabalho de todos.

A maneira como os outros a vêem é um imenso componente no cálculo do poder, por causa disso não tenha medo de tentar influenciar a percepção das pessoas. Ainda assim, com isso em mente, lembre-se também do seguinte:

Poder = não se deixar dominar excessivamente pela idéia do poder.

Chegamos a essa lição no momento certo, pois muita conversa sobre poder me deixa pouco à vontade. Sempre hesito um pouco quando qualquer pessoa me pergunta sobre o meu "poder" na Hearst, ou no negócio editorial de revistas. Certamente, poder não é a razão pela qual faço o que faço e, para ser franca, nem sempre influencia o que faço.

Jeff Immelt, o presidente e CEO da General Electric, tem uma reação similar à idéia do poder. Ele a resume dessa maneira: "Nunca busquei o poder. Mas compreendo que tenho um trabalho poderoso". A distinção é crucial. Comprar a idéia que você é poderosa pessoalmente é a maneira mais rápida de perder a perspectiva. O poder pode ser um efeito colateral do seu sucesso, mas não deve ser o seu objetivo definitivo. Se buscar o poder pelo poder, você conseguirá ter sucesso apenas em se distanciar da sua administração, da sua equipe e dos seus objetivos. Mas se fizer muito bem o seu trabalho, se concentrar nos seus pontos fortes, e tentar melhorar suas deficiências, naturalmente acumulará poder com o correr do tempo. Lembre-se, porém, de manter uma perspectiva equilibrada.

Uma das minhas citações favoritas em relação à perspectiva é um comentário de Charles Overby, do *USA Today*. Nós estávamos em uma das numerosas festas generosas e animadas que acompanharam o lançamento do jornal, e ele estava circulando, para garantir que tudo estivesse correndo bem, sem maiores percalços. Fiz alguma observação sobre ele estar dando duro, e ele fez uma pausa, virando-se para mim com um ar teatral.

"Também reabasteci a bandeja dos camarões", entoou dramaticamente.

Eu ri, mas aquela frase ficou na minha cabeça todos esses anos. O que Charles estava realmente querendo dizer é que não existe trabalho muito importante, e não existe trabalho sem importância, independentemente da estatura do seu cargo na escala empresarial. Sinto a mesma coisa — fico contente em ajudar a preparar uma sala para uma reunião, ou um evento, e quando vejo xícaras de café vazias e guardanapos sujos numa sala de reunião, não chamo ninguém para retirá-los, eu mesma o faço. A idéia básica é esta: não deixe que um poder maior lhe suba à cabeça.

Na mesma linha, ajuda a lembrar que não deve, absolutamente, se levar muito a sério. Todo mundo está destinado a cometer erros — todos nós — e, acredite, você ganhará muito mais respeito da sua equipe se conseguir rir de si mesma, do que se ficar perturbada e carrancuda. Estar numa posição de poder não significa que não possa ser humana. De fato, quanto mais conseguir manter o pé no chão numa situação constrangedora ou difícil, tanto mais sua equipe se identificará com você, e ficará motivada a trabalhar com você.

Embora possa parecer estranho, exatamente quando estava escrevendo este capítulo, eu tive um momento inacreditavelmente constrangedor, numa reunião do comitê de compensação do conselho da Coca-Cola, que eu presido.

Quando estávamos encerrando a reunião de duas horas, minhas costas estavam doendo — então decidi tomar dois analgésicos. Procurei a caixinha de pílulas na minha bolsa, peguei dois comprimidos brancos, e os engoli na hora. Exatamente ao engolir, percebi que não eram analgésicos — eram um poderoso sonífero que sobraram de uma viagem ao exterior, e que geralmente uso para combater o jet-leg.

Céus! Olhei a sala, onde outros oito membros do conselho e alguns funcionários estavam reunidos. Sabia que tínhamos outra reunião, e depois um jantar agendado para aquela noite. Percebi que não poderia comparecer a ambos, porque estaria absolutamente adormecida em vinte minutos, e provavelmente não acordaria até a manhã seguinte.

Comecei a sentir sono, passei um bilhete para o CEO da Coca-Cola, Nevile Isdell, que rapidamente arranjou alguém para me acompanhar, e um carro para eu voltar ao hotel. Enquanto isso, fui até a sala de uma secretária, e telefonei para um médico, que me assegurou que eu ficaria bem, mas prostrada durante muitas horas. E foi exatamente o que aconteceu. Como se pode constatar, imprevistos podem desmontar qualquer idéia grandiosa que se possa ter sobre o exercício do poder! Daquela vez, bastaram dois comprimidos trocados para desmontar o meu. E a única coisa que me dominou foi o meu sono.

Poder = saber que não se deve criar situações explosivas.

Se você teve um superior hierárquico que

- Demitiu metade da equipe logo que foi empossado no cargo, só para demonstrar força.

- Remanejou os cargos dos funcionários, não porque tivesse sentido estrategicamente, mas porque queria deixar a sua marca.
- Se deu ao trabalho de culpar os subordinados quando seu projeto fracassou.

Algumas pessoas acreditam que o verdadeiro poder é expresso através do manejo de um chicote, freqüentemente em público. Eu diria que não. O verdadeiro poder é motivar uma equipe, e atingir seus objetivos sem ter que brandir o chicote. É ter confiança — autoconfiança, e confiança na sua equipe, ambas — para fazer as coisas acontecerem, sem precisar intimidar ninguém.

Logo que comecei a trabalhar na Hearst, eu já sabia que tínhamos que "sacudir e tirar o pó das cortinas". A empresa tinha uma reputação tão sólida quanto sóbria — apenas a um passo da complacência. Nós precisávamos de uma nova energia, e parte do motivo pelo qual eu fora contratada era, exatamente, provê-la. Ainda assim, não comecei a torpedear a estrutura que encontrei. A última coisa que eu queria era chegar e chacoalhar as coisas, apenas para chacoalhá-las, o que teria provocado uma sublevação, e a desconfiança da administração da empresa. Em vez disso, comecei a conhecer as pessoas, a fazer perguntas, a ouvir o que tinham a dizer, em vez de apressar a implementação da minha agenda. De fato, eu me movimentei de modo tão lento que notinhas maliciosas começaram a aparecer nos jornais de Nova York, questionando o que eu estava fazendo no meu novo cargo, e o que estaria esperando!

Não me incomodei com as estocadas naqueles primeiros meses, porque eu sabia que, em tempo, as mudanças que faríamos na Hearst seriam visíveis para todo mundo.

É claro que uma parte de mim quis responder aos meus críticos, mostrar-lhes que eu tinha a intenção de fazer o tipo de mudança que a empresa precisava. Mas o que é mais importante — fazer mudanças de acordo com os críticos, ou fazer mudanças de uma maneira mais benéfica e, portanto, mais eficiente para a empresa? Nesse sentido, não há discussão — não importa o desconforto temporário que se possa sentir.

Kate White, editora-chefe da *Cosmopolitan*, chama essa abordagem de "assar devagar". Em vez de apressar as coisas, e tomar decisões precipitadas que podem acabar sendo equivocadas, tenha calma, administre o tempo para avançar de maneira lenta, sólida, e consistente. E quando as coisas não acontecerem da maneira que você quer, lembre-se dessa nova lição.

Poder = saber como deixar as coisas acontecerem.

No começo deste livro, eu escrevi sobre transformar a sua vida numa "zona livre de ressentimentos", porque por mais que possa parecer natural e, algumas vezes, até mesmo necessário ter um ressentimento, no final, a única pessoa ferida será você mesma. Isso também vale para outro sentimento difuso: o arrependimento.

Quando comete um erro, você tem dificuldade de esquecê-lo? De deixá-lo de lado e seguir adiante? Já passou dias e dias, ou até mesmo semanas, se recriminando por ter feito uma bobagem? Se passou, junte-se a uma turma enorme — especialmente se é mulher. Enquanto os homens têm, com freqüência, a tendência de culpar fatores externos para projetos malsucedidos, as mulheres tendem a culpar a si mesmas. É claro que ninguém quer cometer erros, mas todos nós cometemos. Então, a chave é seguir em frente com rapidez, e não se afogar num arrependimento auto-depreciativo.

Já cometi todo tipo de erro no meu trabalho — alguns realmente idiotas. E trabalhei com muitos chefes que não tinham escrúpulo nenhum em me dizer exatamente o que eu fizera de errado, em termos vívidos e diretos. Se fosse preciso três dias para me recuperar de cada crítica, eu jamais teria feito nada na minha carreira. Além de ser uma perda de tempo e de energia, também dissimula a maneira como os outros percebem o seu erro — e, por extensão, como percebem você, como profissional e como pessoa. Se ficar dilacerada por causa de um erro, os outros vão achar que foi ainda pior. Mas se seguir em frente com rapidez, minimizando o dano, poderá controlar a percepção do erro pelos outros.

Quando a Condé Nast, uma das nossas concorrentes, lançou uma edição da revista *Glamour* no Reino Unido, eu acreditei que a nossa versão britânica da *Cosmopolitan*, durante décadas um enorme sucesso naquele mercado, manteria sua liderança. Num discurso durante um enorme encontro dos editores internacionais da *Cosmopolitan* (nós publicamos 57 edições internacionais, atualmente), eu fiz uma observação leviana ao dizer que a *Cosmopolitan* britânica esmagaria a *Glamour* britânica, como "um pequeno tatu na estrada". Sabia que meu comentário era desabrido e insolente mas o que não previ foi que vazaria para a imprensa. Definitivamente não era o tipo de coisa que eu queria ver impresso! Para piorar as coisas, a *Glamour* britânica se tornou um sucesso, e a observação foi citada, então, como um exemplo de prepotência da minha parte.

Não foi um dos meus melhores momentos. Subestimei nossa concorrência, e teria sido fácil me sentir mal. Ainda assim, em última análise, não ajuda ninguém ficar patinando nos próprios erros, ou se recriminando. Em vez disso, quando cometer um erro, observe o que poderia ter feito de diferente, e aprenda o que pode fazer para evitar cometê-lo novamente.

Embora você precise de uma margem de segurança para se recuperar de um erro, é ainda mais importante concedê-la aos outros. Se alguém na sua equipe cometer um erro, pode ser útil admoestar essa pessoa (como veremos no próximo capítulo). Mas, mais importante, deve insistir para que sua equipe faça a pergunta essencial: "O que podemos aprender com isso?" Por que não reagir a erros de uma maneira construtiva, em vez de destrutiva? Ajudará a moral da sua equipe, e tornará mais fácil para todos seguirem em frente. Faça do seu local de trabalho — e da sua vida — uma zona livre de arrependimentos.

Quanto mais avançar neste livro, mais descobrirá que essas lições podem ser usadas tanto na sua vida pessoal, quanto na sua vida profissional. Aprender como não se acabar por causa de erros é uma habilidade que a enriquecerá muito mais do que as horas que passa no trabalho. Terá efeitos sobre sentimentos em relação a si mesma, nos níveis mais fundamentais. Quanto mais abordar as próprias decisões e realizações com uma atitude positiva, mais feliz ficará, e tudo na vida depende disso.

Provavelmente você já escutou muitas vezes a admoestação de Theodore Roosevelt — "Fale com suavidade, mas carregue uma vara grande". Alguma vez pensou como ela poderia ser usada no local de trabalho? Como discuti nas histórias anteriores, é melhor exercer cuidadosamente o poder no escritório, tendo em perspectiva o aprimoramento do desempenho das pessoas da sua equipe, em vez de destratá-las, e de rebaixar seus cargos. Entretanto, não dá para ser gentil, sem primeiro estabelecer uma base de poder e de confiança. Senão, acabará em meio ao caos. Use seu poder sabiamente, mas

> Não tenha medo de repreender seu pessoal; não tenha medo de rebaixar o cargo de um funcionário.

Não faz muito tempo, uma editora esteve na minha sala, falando sobre sua revista, e os valores do seu negócio. Ela falou, falou, falou, descrevendo tendências, dados, pesquisa, produtividade, outras revistas — tudo que lhe passou pela cabeça. A discussão, se é que podemos dizer assim, não tinha foco, e foi uma perda não só do seu tempo, como também do meu.

"Pare!", finalmente a interrompi. "Ouça a si mesma! Você está falando sobre tudo que existe sob o sol, exceto sobre os leitores, que deveriam ser sua principal preocupação. Você precisa atentar para quem está escrevendo e editando esta revista — não em um monte de palavrório afetado e sem sentido sobre a tendência *du jour*!"

Ela me olhou fixamente por um momento, atordoada e muda. É óbvio que sentiu que a minha interjeição fora áspera, mas usei o tom intencionalmente. Precisava que ela percebesse que sua abordagem estava errada, e dizer-lhe gentilmente não teria tido o mesmo efeito Ainda que não tenha gostado, meu tom conseguiu o que nós precisávamos: ela parou de se esconder atrás das pesquisas de mercado, e começou a olhar para os leitores como pessoas.

Não uso tons ásperos com freqüência, em grande parte porque não preciso. As pessoas que trabalham comigo sabem que eu posso repreendê-las se for necessário — mas, elas também sabem que (1) que não o farei, a não ser que seja verdadeiramente fundamentado, (2) que não guardo a lembrança de erros, para usá-los contra elas depois, (3) quando elas cometem um erro, eu lhes digo na hora, em particular. Ao longo dos anos, descobri que manter esse equilíbrio é a melhor maneira, e a mais justa, de manter as pessoas nos trilhos e motivadas.

Al Neuharth, não é novidade, era mestre em deixar as pessoas pisando em ovos. Gostava de aparecer de surpresa, para se assegurar de que estávamos produzindo o que esperava de nós. Valerie Salembier conta uma história clássica, de quando Neuharth estava preparado para remanejá-la do seu cargo, e ela foi forçada a esperar ansiosamente para ver se ele iria fazê-lo.

Num esforço de aumentar a renda dos anúncios classificados do *USA Today*, o diretor de arte de Valerie redesenhara aquelas páginas para que figurasse, com destaque, um número de telefone discagem gratuita, que os leitores poderiam chamar para colocar anúncios. Durante uma reunião vespertina, Neuharth perguntou-lhe de improviso como a promoção do 0-800 estava funcionando. "Muito bem!" ela lhe disse. "As chamadas estão aumentando, está indo bem. Está funcionando."

"Está bem", ele disse, "mas vamos ver se funciona mesmo". E começou a discar o número no viva-voz, enquanto Valerie e dois outros membros da equipe ficaram congelados à mesa. O 0-800 estava funcionando bem, mas agora a opinião de Neuharth iria depender de uma pessoa aleatória de um call-center distante, que não tinha idéia de que era o presidente e CEO da empresa que estava do outro lado da linha. Valerie prendeu a respiração enquanto Neuharth esperou pacientemente. O telefone tocou... tocou... tocou. Ninguém atendeu.

"Acho que disquei o número errado", Neuharth disse, com uma leve aspereza na voz. "Nada de resposta, nem de gravação. Vou tentar de novo."

Naquela altura, Valerie começou a passar mal. Neuharth discou novamente, e no segundo sinal o operador atendeu, e respondeu numa voz educada e calorosa. E o resto de nós à mesa suspirou de alívio. Tiro desviado!

Todos nós, no *USA Today*, sabíamos que Al Neuharth poderia nos chamar, ou aparecer, a qualquer momento, nos sacudir e fazer pressão. Ele não era o tipo que simplesmente faria perguntas, ou acreditaria na resposta de alguém — ele tinha que ver com os próprios olhos. E é por isso que ia diretamente à pessoa responsável pelo que queria saber, sem se incomodar o mínimo com a hierarquia, ou com o protocolo. Certo, algumas vezes era de estraçalhar os nervos, mas também ajudava a nos manter trabalhando num nível altamente produtivo.

Tome as rédeas do poder em suas mãos.

Alguma vez já sentiu que você poderia administrar as coisas melhor do que os seus superiores? Ou que tem grandes idéias para melhorar o trabalho, se alguém quisesse ouvir? O que faz quando enxerga uma necessidade no escritório que não foi resolvida, e você tem como resolvê-la? Você não pode simplesmente passar por cima dos seus superiores e assumir as rédeas do trabalho, naturalmente. Mas existe um bocado de coisas que pode fazer, e que não envolvem passar a perna no seu chefe ou ultrapassar os seus limites. Ao tomar iniciativas para melhorar determinadas áreas do local de trabalho, você pode ser muito mais valiosa para a equipe.

Durante o meu primeiro ano no *USA Today*, reparei que havia uma distância real entre a equipe de publicidade, que eu chefiava, e o resto dos funcionários do jornal. Enquanto os membros da equipe de publicidade tinham vindo de lugares variados — outras revistas, outros jornais, agências de publicidade, e assim por diante — as pessoas das editorias e da circulação tinham vindo, em sua maioria, da empresa mãe, a Gannett. Assim, culturalmente, nós éramos os forasteiros.

Geralmente isso não seria grande coisa, mas tinha se tornado um aborrecimento durante as reuniões anuais da administração da Gannett. Todo ano, durante os primeiros dias de dezembro, os executivos da Gannett, da administração geral às divisões espalhadas pelo país, se reuniam para falar sobre o futuro da empresa. Sempre havia um programa de reuniões, jantares, e recepções, mas, por alguma razão, na noite de abertura não havia um jantar que incluísse os executivos de publicidade do *USA Today*. Assim, enquanto o resto do pessoal — incluindo aqueles gerentes do *USA Today,* que originalmente tinham vindo de outras empresas da Gannett — tinham para onde ir, a equipe de publicidade ficava a ver navios.

No meu primeiro ano, jantando com três colegas, eu pensei comigo mesma, *Isso é uma perda de recursos administrativos.* Sabia que tinha que haver uma alternativa melhor, e vi três opções. Eu poderia (1) não fazer nada, e apenas jantar com meus colegas novamente na reunião do ano seguinte, (2) reclamar com a Gannett sobre a omissão, ou (3) tomar o assunto em minhas mãos, e criar uma solução.

Escolhi a terceira opção. No ano seguinte, quando a reunião da administração estava acontecendo, eu convidei um grupo misturado de todos os "órfãos" dos eventos da Gannett para uma festa na minha casa. As pessoas ficaram contentes por ter um lugar para ir, e felizes de se sentir como parte de alguma coisa. Foi realmente uma noite adorável, e eu repeti o jantar e a festa no ano seguinte, convidando mais pessoas e mais grupos. Logo a festa se tornou um dos hits da semana de reuniões da administração — e não somente era divertida, mas aproximou as pessoas. Assim, embora o velho ditado possa ser "Se não conseguir vencê-los, junte-se a eles", a nova versão se tornou "Se não conseguir se juntar a eles — faça alguma coisa, e dê a sua festa".

Nem todo mundo vai gostar se você decidir enfrentar e resolver um assunto qualquer, mas se o que você estiver fazendo, em última análise, ajudar a empresa e/ou seus colegas de trabalho, não deixe que os céticos a intimidem. Apenas lembre-se de que quanto mais criativa e inovadora for, mais ferozes serão os seus críticos.

No final do meu primeiro ano na Hearst, eu disse para a chefe do nosso departamento de relações públicas, Deb Shriver: "Adoraria organizar um final de semana realmente ótimo para as nossas clientes de publicidade — algo com conteúdo intelectual, e uma programação animada. Não apenas um final de semana num spa, mas algo realmente estimulante". O modelo que eu tinha em mente era o Final de Semana Renaissance em Charleston, na Carolina do Sul, uma reunião anual quando centenas de líderes políticos e empresariais, pensadores, e pessoas criativas se encontravam para discutir idéias e fazer contatos.

Durante décadas, as corporações americanas ofereceram todo tipo de reuniões, de orientação masculina, fora das suas sedes. Finais de semana para jogos de golfe, viagens para caçadas, para o Super Bowl — pode listá-las, indefinidamente, todas já aconteceram. Imaginei a nossa em um lugar onde mulheres, bem posicionadas na escala hierárquica das suas empresas, pudessem ser mentalmente estimuladas por grandes conferencistas, enquanto compartilhavam os altos e baixos da vida do trabalho e da vida doméstica. Apesar dos ganhos que as mulheres conseguiram no mercado de trabalho nos últimos vinte e tantos anos, acredito que mesmo mulheres poderosas poderiam se beneficiar de uma reunião num lugar onde pudessem despir suas armaduras, e ser reanimadas espiritualmente.

Assim, juntas, Deb e eu organizamos uma conferência chamada Mente, Corpo e Alma — uma reunião de três dias com conferencistas, música e apresentações, numa atmosfera relaxante como um balneário, no Delano Hotel, em Miami Beach. Convidamos editoras e diretoras da Hearst, clientes publicitárias, porque queríamos que fosse não apenas pessoalmente rejuvenescedora, mas também um inteligente investimento empresarial. Durante anos, tivemos muitas mulheres inspiradoras participando dessas reuniões, incluindo as cantoras Melissa Etheridge e Pink, a dramaturga e ativista Eve Ensler, a escritora Naomi Wolf, e a consultora política Dee Dee Myers. Posso afirmar — já organizamos a reunião quatro vezes até hoje, e todas as vezes têm sido mágicas. Entregar a bagagem na portaria do hotel e se reunir desarmadamente com um grupo de mulheres, seus pares, é inacreditavelmente estimulante. Nossas executivas e clientes adoram.

Felizmente, a maioria dos homens na Hearst — especialmente os mais jovens — achou uma grande idéia. Mas uns dois executivos mais velhos realmente não gostaram da idéia de uma reunião só de mulheres. Por que excluir os homens? Afinal se as mulheres reclamam, com toda razão, das reuniões exclusivamente masculinas, como elas podem se safar e usufruir de um evento exclusivo?

É fácil duvidar de si mesma — se perguntar, *Eu realmente sei o que estou fazendo aqui, ou os rapazes estão certos?* Assim, como você se levanta e se coloca diante da maré contrária?

A resposta, como foi discutida no capítulo 2, é manter seu olhar no final do jogo. Pergunte a si mesma: o resultado da minha reunião, em última analise, ajudará a empresa? Nesse caso, sim. Enquanto a conferência Mente, Corpo e Alma pode ter irritado alguns colegas, seu resultado é indiscutível — todas as mulheres que participaram, funcionárias e clientes, acharam muito útil e estimulante. Em outro nível, nós estabelecemos relacionamentos com nossas clientes que foram significativos e produtivos, e que propiciaram novos negócios e novas contas para as nossas revistas. Também oferecemos algo que essas mulheres não poderiam experimentar por conta própria e, como resultado, se sentiram estimuladas, não somente em relação a sua vida, mas também em relação à Hearst.

Essa foi a posição que eu assumi nas discussões com os homens que reclamaram, e me recusei a ceder. Quando um deles insistiu mais do que devia, eu disse: "Veja, vocês atendem reuniões somente para homens, e essa não é diferente. Vamos concordar em discordar, e seguir adiante". Assim fizemos. Nunca mais discutimos o assunto. Se eu tivesse esperado pela sua permissão, ou aprovação, ainda estaria esperando.

Uma observação final sobre o poder: provavelmente você tem mais poder no seu trabalho do que, provavelmente, imagina. Quando você faz comentários sobre o desempenho, ou a idéia dos outros, suas palavras realmente têm peso. Ao longo dos anos, eu aprendi a

Respeitar o poder das palavras.

Faça essas perguntas a si mesma:

- Você alguma vez mandou um e-mail reclamando de algo, com raiva, para mais tarde pensar que deveria ter esperado um pouco, até a cabeça esfriar?
- Algum colega seu, num determinado momento, levou a sério um comentário que você fez como piada? Ou você disse uma piada levemente debochada que ofendeu os outros?
- Você alguma vez fez comentários irreverentes para colegas, que poderiam ser compreendidos como veículos para mensagens ocultas, causando confusão ou ressentimento?

Num jantar no começo deste ano, com executivos da Hearst e seus respectivos maridos e mulheres, eu fiz observações frívolas que incluíram um chiste inconveniente sobre o comportamento masculino. O chiste provocou algum riso, mas mais tarde, quando refleti, achei inadequado, particularmente num cenário com um grupo grande de pessoas.

Como você se expressa é a chave para a percepção dos outros — e isso está absolutamente sob o seu controle. Assim, tenha tempo e calma para considerar não somente o que quer dizer, mas como. E lembre-se de que as palavras têm o poder de injuriar, ferir, confundir e enraivecer — mesmo que não fosse a sua intenção.

ESTUDO DE CASO

A REVISTA *TALK*

Dia 2 de agosto de 1999, o sol estava acabando de se pôr sobre Manhattan, quando embarquei numa balsa, repleta de convidados para uma festa, prontos para um breve cruzeiro pelo porto de Nova York até a Liberty Island. Quando o nosso barco se aproximou da ilhota onde a Estátua da Liberdade guarda sentinela com sua tocha, eu pude ver que centenas de lanternas japonesas tinham sido acesas, e que lançavam um brilho caloroso em toda a área. Era mágico. Quando a balsa ancorou, fomos para a festa mais interessante e antecipada da década.

Era a festa de lançamento da *Talk*, a revista mais esperada da super editora Tina Brown — sua primeira aventura desde o seu imenso sucesso como editora das revistas *The New Yorker* e *Vanity Fair*, nos anos 1980 e 1990. Naquele tempo, Tina se estabelecera não somente como uma talentosa editora, mas como um míssil teleguiado, com uma queda incomum para criar eventos, expectativas, falatórios, notícias quentes. Ela — e por extensão, as revistas que editava —, transpiravam um ar de elegância, de inteligência, de verve. Ela sempre conseguiu atrair as estrelas mais brilhantes do dia para a sua órbita.

Perambulando pela ilha naquele ar morno de agosto, eu vi celebridades como Brad Pitt, Madonna, Demi Moore, Queen Latifah e Kate Moss, se misturando com personalidades como Tom Brokaw, Michael Eisner, Barry Diller, e Henry Kissinger. Era Hollywood encontrando Nova York — a perfeita combinação de estilo e substância. Hearst era sócia meio a meio da *Talk*, com a Disney e sua divisão de filmes Miramax, chefiada pelos magnatas do cinema,

Harvey e Bob Weinstein, e na véspera do lançamento da revista, nós todos tínhamos elevadas esperanças para o seu futuro. E na festa daquela noite, era fácil entendê-las.

Dois anos e meio mais tarde, com milhões de dólares perdidos pelo ralo, eu cheguei aos escritórios da *Talk*, para dar a notícia que todos os membros da equipe temiam ouvir: a revista ia fechar.

"Tentamos de tudo", eu disse ao grupo de editores, diretores de arte e funcionários administrativos, muitos dos quais estavam visivelmente chateados. "Mas não estamos conseguindo a tração que precisávamos. Os anúncios estão chegando, mas as vendas nas bancas são muito desapontadoras. E, infelizmente, os custos são exorbitantes." Fiz uma pequena pausa e, então, lancei a bomba. "Conversamos muito com nossos sócios da Miramax, e decidimos não investir mais. Eu sinto muito." É horrível dizer a pessoas trabalhadoras e talentosas que elas estão, repentinamente, desempregadas e, enquanto eu olhava os presentes, incluindo Tina (para quem já tínhamos antecipado a notícia), eu pude sentir a raiva e a decepção crepitando na sala.

O que aconteceu nos 28 meses entre o lançamento da revista e o seu fechamento? O que poderia ter sido feito de outra forma para salvar a *Talk*? Sobretudo, quais eram as lições que poderíamos tirar daquela experiência dolorosa, e muito pública? No rescaldo imediato do fechamento da revista, eu não me detive nessas questões, mas agora vale a pena olhar para trás e descobrir as respostas.

Desde o começo, a *Talk* não era parecida com nenhuma outra revista com a qual a Hearst estivera envolvida. Para começar, nós chegamos depois do começo do jogo, depois que Tina Brown e Harvey Weinstein já tinham tomado muitas das decisões preliminares, incluindo como seria a revista, quais eram os leitores alvo, e como certas transações comerciais seriam estruturadas. O papel da Hearst era tomar conta da administração da circulação, das assinaturas, da distribuição nas bancas — essencialmente, como fazer o trem circular na hora aprazada. Assim, desde o começo tivemos pouco a dizer sobre o real produto editorial. Primeira lição: não coloque a metade do dinheiro, se não tiver a metade dos direitos sobre a parte criativa.

Entramos no negócio com os olhos abertos, mas, numa percepção tardia, deveríamos ter reestruturado o contrato logo no início. Não ter as mãos no editorial contrariava as práticas habituais da Hearst. Por que quisemos fazer uma exceção para a *Talk*, quando não tínhamos feito para duas outras joint-ventures, a *Marie Claire* e a *Smart Money*? Francamente, a administração da Hearst sempre teve esperanças de contar com Tina, como uma das nossas mais famosas editoras, mas a oportunidade da revista perfeita jamais se apresentara até então. Assim, com a *Talk*, nós nos deixamos seduzir pelos holofotes que cercavam Tina, que tinha tirado ouro das páginas brilhantes das revistas que editara, durante tanto tempo.

Fomos aprisionados pelo brilho e pelo barulho que cercavam os Weinstein, também. A combinação da sua influência em Hollywood com o talento editorial de Tina prometia resultar, à primeira vista, numa revista fantástica. Mas, nós ignoramos a regra mais crucial do desenvolvimento de novos projetos:

Tenha discernimento, não deslumbramento.

Não importa que a idéia pareça muito atraente, não importa quantas celebridades estejam envolvidas, e não importa quanto a mídia possa adulá-la, nenhuma dessas coisas garante o seu sucesso definitivo. No mundo das revistas, somente três fatores determinam seu sucesso ou seu fracasso: crescimento da circulação, da venda de páginas de publicidade, e o controle dos custos. Esses são os aspectos menos atraentes e sedutores que se pode imaginar, mas são os únicos que contam, porque se um número suficiente de pessoas não comprar a revista, e muitas empresas não anunciarem na revista, jamais haverá dinheiro suficiente para sustentá-la. É simples.

Na Hearst, sempre que consideramos a possibilidade de lançar uma nova revista, temos que abordá-la de maneira completamente agnóstica. A questão jamais deve ser: *Nós gostamos da revista?* Deve ser sempre: *Essa é uma boa idéia? Pode ser bem-sucedida?* E, não menos importante: *Fazer sucesso quando? O mais cedo possível? Logo?*

Isso também é válido para a análise de projetos, objetivos, contratações potenciais — qualquer coisa, e todas as coisas que tenham conseqüências para o local de trabalho. Se você escolher a fama no lugar da substância — por exemplo, consultar um consultor famoso apenas pelo seu nome e reputação, no lugar de um menos famoso, mas com uma proposta melhor — você se arrependerá no final. Tomar decisões baseadas na fama e na exposição na mídia, em vez do que chamamos de "trabalho de casa", resulta em perda de tempo, de esforço e de energia.

Mas quero ser clara: nem sempre o *hype*, a fama e a alta exposição na mídia são ruins. Ter um ar de entusiasmo, euforia, curiosidade e muito falatório em torno do seu projeto pode ser imensamente útil — falatório significa atenção, e atenção significa aumento de vendas. Porém não permita que a canção da sereia da fama desvie a atenção dos fundamentos do seu negócio.

Com tudo isso em mente, o que deu errado na *Talk*? Por quê? Aparentemente, todos os fatores apontavam para o sucesso. Mas, aprofundando o olhar, a revista enfrentava obstáculos reais desde o começo — obstáculos que poderíamos ter enxergado com clareza se não tivéssemos sido seduzidos pelo resto. Para começar, a *Talk* tinha uma sensibilidade Nova York-Hollywood pronunciada, talvez exacerbada, muito embora tivéssemos que vendê-la em mercados do país inteiro. Tina estava tão enredada no mundo das festas elegantes e exclusivas, do teatro, e dos círculos da mídia de Nova York, que ela exorbitou, perdeu o foco, achando que os leitores queriam a mesma coisa também. O melhor exemplo disso foi no mês que, no último minuto, ela tomou, de estalo, a decisão de colocar o mega sucesso da Broadway, a peça *Os produtores*, na capa. Era uma capa que certamente tinha apelo para os nova-iorquinos e para os fãs de teatro, mas, dificilmente, o resto do país já teria ouvido falar da peça. Como descobrimos da maneira mais difícil, o que faz sucesso em Manhattan, necessariamente não vende em Memphis.

Outro problema foi que a parceria com Harvey Weinstein e a Miramax na *Talk*, que era vista e considerada como "sinergia" pela turma da revista, era olhada com suspeita pelos de fora. A idéia era que o conteúdo poderia fluir das páginas da *Talk* para criar filmes, enquanto a *Talk* poderia fazer matérias sobre os filmes da Miramax e sobre a indústria do cinema, de uma perspectiva interna. Mas a relação provocou críticas desde o início: Tina teria permissão para dar à *Talk* uma voz editorial independente, ou a revista seria porta-voz da Miramax?

Além disso, mesmo com Tina e sua equipe trabalhando duro para manter os custos equilibrados, a *Talk* era uma revista de produção muito cara. Por causa do nível estratosférico da fama, da elegância, da euforia, da curiosidade, da sedução, digamos — superestimado por uma espantosa entrevista do primeiro número, na qual Hillary Clinton falou sobre as infidelidades do seu marido, pela primeira vez — criou-se uma expectativa de que nada menos do que números espetaculares satisfariam os seus leitores. A pressão se instalou, e o custo de responder a essas expectativas permaneceu elevado, mês após mês, mesmo quando as vendas nas bancas e o número das assinaturas estavam começando a cair.

No sexto mês depois do lançamento, nós podíamos dizer que a *Talk* não estava funcionando. Depois do primeiro número, que foi um sucesso estrondoso, o crescimento da circulação começou a atolar e, depois, a afundar. As vendas nas bancas estavam caindo. O padrão da reação ao cartão-resposta — aqueles pequenos cartões para assinaturas, prontos para serem preenchidos e colocados no correio, inseridos entre as páginas da revista – caiu rapidamente, e esses cartões são um barômetro da resposta dos leitores a uma revista. Até então, as páginas de publicidade estavam aumentando, mas nós precisávamos desesperadamente de mais leitores.

Pelo menos uma pessoa na Hearst, Mark Miller, o vice-presidente executivo e gerente-geral das revistas da empresa, começou a tocar o alarme de imediato. Mark é o perfeito homem dos números, que se dá ao imenso trabalho de olhar os indicadores econômicos de um ângulo analítico e jamais emocional. Ele fala a língua das *benchmarks*, e do seu ponto de vista, a *Talk* não estava chegando perto das suas referências, e provavelmente jamais chegaria. Nossa experiência ensina que poucas revistas que começam lentamente encontram a tração necessária para ter sucesso.

Ainda assim, Tina Brown tinha uma história de virar a sorte e o destino de revistas complicadas. A *Vanity Fair* da Condé Nast era um exemplo perfeito: com um desempenho perpetuamente medíocre, se tornou, com o passar do tempo, a revista mais vendida nas bancas, com uma sólida circulação, e toneladas de anúncios depois que Tina assumiu. Se a Condé Nast tivesse desligado a tomada da *Vanity Fair*, antes que Tina tivesse feito a sua mágica, teria perdido lucros extraordinários.

Então, quando você sabe que está na hora de desligar a tomada de um projeto que você adora? Se o fizer muito cedo, pode perder a possibilidade de uma grande virada. Se o fizer tarde demais, acabará perdendo dinheiro. É uma pergunta complicada, do tipo que não tem uma única resposta correta. Mas, existe uma regra na qual aprendi a confiar:

Em decisões difíceis, antes cedo, do que tarde demais.

Tomar decisões que afetam a vida das pessoas não é fácil. Como pode imaginar, a parte do meu trabalho da qual gosto menos é ter que demitir pessoas e fechar revistas inteiras. Mas eu sempre tenho em mente a reação de um alto executivo, quando lhe perguntaram se ele se arrependia de uma decisão dura que tomara. "A única coisa que eu lamento", ele disse, "é que não a tomei antes." Se uma decisão difícil parece inevitável, é melhor para todo mundo que não seja adiada desnecessariamente.

Nesses anos, desde que fechamos a *Talk*, Tina Brown tem sido citada publicamente, dizendo que ela acreditava que a Hearst, e a Disney/Miramax desligaram a tomada cedo demais. Compreendo que ela se sinta dessa maneira, já que deu absolutamente tudo que tinha à revista, e estava corretamente orgulhosa do seu produto editorial. Mas eu acredito que demos à revista *Talk* o tempo que pudemos, e podíamos, dados os números que estávamos vendo — e a tinta vermelha. E depois dos ataques terroristas de 11 de setembro de 2001, quando o mercado publicitário sofreu uma imensa queda, era ainda mais difícil enxergar um futuro mais brilhante para a revista.

Nós tivemos algumas reuniões privadas sobre a *Talk*, incluindo algumas com Harvey. Mais para o final de janeiro, quando finalmente decidimos fechar a revista, a equipe estava a meio caminho do número do mês seguinte. Nos escritórios da revista, enquanto dava a notícia a uma equipe chorosa, compreensivelmente eles perguntaram se poderiam terminar mais um número, pelo menos.

Foi muito duro, mas eu tive que dizer não. Mais duas semanas de trabalho significavam mais duas semanas de custos e, além disso, alguns funcionários na sala já estavam falando pelos celulares com os amigos (e provavelmente com jornalistas), e nós sabíamos que a notícia do fechamento se espalharia rapidamente. A última coisa que nós queríamos era permitir que a mídia tivesse uma festa pública mais longa do que o devido — do primeiro anúncio do fechamento até o último número — sobre o desaparecimento de uma revista tão promissora. A equipe me odiou naquele dia? E odiou a Hearst, Harvey, e a Disney? Provavelmente. Lamentavelmente, a vida de uma executiva consiste em tomar decisões duras e difíceis, não em ser popular. Nós precisávamos dar as más notícias, e encerrar o assunto.

Eu aprendi muitas lições importantes com o episódio da *Talk*. Por um lado, é fundamental estabelecer, com antecedência, rigorosas *benchmarks* — as tais referências para o sucesso do produto, e depois avaliá-las sem emoção enquanto o tempo vai passando. Por outro, jurei que nós jamais nos envolveríamos novamente com uma revista sobre a qual tivéssemos tão pouco controle editorial. Não interessa quanta fé e confiança tínhamos em Tina, precisávamos ter tido alguma margem de interferência sobre o material que sairia na revista, em vez de sermos apenas seu banqueiro. E, mais uma vez, nunca mais entraríamos tão tarde nos estágios de desenvolvimento de uma nova revista, sem reestruturar um acordo que fosse justo para todas as partes.

Finalmente, a fama, o charme, a elegância, as festas, o falatório, a presença constante na mídia que nos seduziram acabaram atrapalhando. Como a própria Tina Brown disse, numa entrevista em 2003: "O falatório pode ser prejudicial. E certamente o foi, no caso da *Talk*. Nós demos uma festa de lançamento insana de tão grande, que realmente comprova a teoria do produtor de cinema e teatro, David Brown: 'Nunca dê uma festa que seja melhor do que o filme'". Eu tenho certeza de que nenhum de nós esquecerá a festa estonteante de lançamento — mas, mais importante, devemos nos certificar de que jamais esqueceremos sua lição.

O DIABO ESTÁ NOS DETALHES

A experiência com a revista *Talk* nos ensinou que a atenção aos detalhes em geral distingue o sucesso do fracasso. E isso é válido não apenas para o planejamento e a execução de grandes projetos, mas também para as facetas da vida profissional.

A primeira vez que recebi o convite para participar do conselho de uma organização não lucrativa, fiquei encantada. Ser convidada para participar de um conselho é um sinal de respeito pelas suas qualificações e pelas suas idéias. Aceitei prontamente, e quando chegou o dia da minha primeira reunião, eu entrei na sala com um grande sorriso e muita energia. Na pauta da reunião, incluí o que me parecia ser uma grande idéia. Para minha surpresa, as fisionomias em volta da mesa pareceram desinteressadas. Seguiu-se uma breve discussão, nada entusiasmada, e minha idéia foi rapidamente derrotada. Não fiquei arrasada, mais foi, certamente, uma decepção.

Na manhã seguinte, um dos membros do conselho que eu encontrara, mas não conhecia direito, me telefonou e me convidou para o café-da-manhã. Depois que trocamos as amabilidades de praxe, ela se inclinou na mesa e perguntou: "Cathie, você já fez parte de algum conselho antes?".

"Não", respondi alegremente. "É a primeira vez".

"Bem", ela disse. "Vou lhe dizer como conselhos funcionam".

Não entendi bem o que ela queria dizer. Eu sabia, em geral, o que se esperava de um membro de conselho: ajudar a orientar a organização, supervisionar as finanças, ser responsável, esse tipo de coisa. O que mais eu precisava saber?

"A idéia que você apresentou era ótima", ela me disse. "Mas antes você deveria ter construído o apoio necessário. Você precisa telefonar para os outros membros, pedir a opinião deles, e garantir alguns do seu lado, antes da reunião começar. Dessa maneira, quando apresentar uma idéia, você já terá cevado o apoio coletivo."

Assim que ela pronunciou tais palavras, tudo ficou muito óbvio. Ainda assim, não tinha me ocorrido, anteriormente, que *cevar uma reunião* fosse uma estratégia necessária. Como compreendi rapidamente, é uma estratégia que se aplica não somente a reuniões de conselho, mas a qualquer reunião na qual você planeja apresentar uma idéia, ou uma proposta. Se está tentando conseguir apoio, porque não se conceder um começo decisivo?

Cevar uma reunião é uma das muitas estratégias de atenção aos detalhes que, usada com sabedoria, pode fazer do seu mais do que um bom trabalho — um ótimo trabalho. Vamos avaliar esses temas com mais calma:

Reuniões

1. **Devem ser em pequenos grupos, e poucas.**

   Já reparou que quanto mais pessoas participam de uma reunião, menos se consegue realizar? Quando você tem que lidar com a opinião, a interjeição, e a postura de oito pessoas, o número de interrupções inúteis cresce exponencialmente. Faça reuniões pequenas — com não mais do que três ou quatro das pessoas mais essenciais. E somente convoque uma reunião quando realmente precisar de uma. Não caia na armadilha da reuniãozite, a doença na qual qualquer decisãozinha se torna uma ocasião para reservar a sala de conferência, e esquentar as cafeteiras.

2. **Faça reuniões breves, e termine-as na hora marcada.**

Todas as vezes que as pessoas entram em reuniões, parecem nunca mais querer sair delas. Tente começar na hora — talvez até mesmo alguns minutos mais cedo — e terminar na hora estipulada. Além disso, sempre vá para as reuniões com uma idéia clara do motivo para estar nela, e uma vez que o propósito da reunião tenha sido atendido, encerre-a. Caso contrário, é muito fácil se enredar numa teia de conversa irrelevante e de digressões desnecessárias.

3. **Concentre-se no objetivo, não no processo.**

A primeira coisa a fazer em qualquer reunião é perguntar: "O que queremos realizar aqui? Que decisões devem ser tomadas?". Reuniões podem ser para discussões ou para decisões — certifique-se de que identificou o objetivo, logo no começo. É comum as pessoas se enamorarem do processo, esperando debater todos os detalhes, e explorar todos os caminhos, ainda que o objetivo da reunião não se cumpra. Não se deixe enredar pelo processo, à custa do *progresso.* É uma boa idéia organizar uma pauta e atentar para ela, colocando os principais itens de discussão no começo da lista, porque serão inevitavelmente os que mais vão consumir o seu tempo.

4. **Identifique os próximos passos antes de a reunião acabar.**

É uma imensa perda de tempo para as pessoas sair de uma reunião e depois se ocupar com múltiplos e-mails e telefonemas para compreender o que precisa ser feito em seguida. Assim, no final de cada encontro, decida ali mesmo, enquanto estão todos juntos, quais são os próximos passos. Então, designe uma pessoa para enviar e-mails para todos, com um breve resumo da reunião, das decisões que foram tomadas, e das ações seguintes. Dessa maneira existe um registro escrito, e quaisquer possíveis incompreensões serão resolvidas rapidamente.

Sentar e distribuir lugares à mesa

1. **Pense antes de sentar.**

Quando entrar numa sala de reunião, de almoço, ou qualquer outro ambiente de trabalho, pense duas vezes antes de desabar na cadeira mais próxima. Primeiro, considere o que poderá ganhar de um lugar escolhido estrategicamente, e qual será a opinião dos demais sobre você, dependendo de onde se sentar. Se eu entrar numa sala de reuniões, e me deparar com duas executivas juntas, numa ponta da mesa, por exemplo, sento em outro lugar: senão pode parecer que as mulheres presentes estão se amontoando. E, se for uma dessas mesas compridas, sempre evito sentar no "buraco negro" dos cantos, onde não se pode ver nem ser visto pelos outros participantes.

2. **Planeje cuidadosamente o seu jantar.**

Nas primeiras vezes que fui a conferências, não planejei muito bem os meus jantares, e acabei jantando com colegas de trabalho, ou com concorrentes — e até mesmo, uma ou duas vezes, desisti e pedi meu jantar no quarto do hotel, o que, antes de mais nada, é absolutamente antiético diante do motivo pelo qual se vai a conferências. Em geral, faço questão de identificar um cliente, ou um cliente em potencial para convidá-lo para jantar, e planejo com antecedência. Por que não usar o seu tempo livre para tratar de negócios, ou de futuros negócios, ainda que seja num ambiente mais informal?

3. **Não dê sorte para o azar quando distribuir os lugares à mesa.**

Se estiver encarregada de um evento, de uma reunião, ou de um jantar, pense seriamente na distribuição dos lugares. Al Neuharth sempre o fazia, religiosamente: ele sabia quem queria ao seu lado, e quem queria relegar à Sibéria. Assim como, quando estiver encarregada do arranjo de lugares de um evento, não pense onde as pessoas *gostariam* de se sentar; pense na distribuição de lugares mais produtiva possível. Para um evento maior, com freqüência perco horas só para planejar a distribuição dos lugares, e sempre dá bons resultados.

Festas e recepções

1. **Evite os seus amigos.**

Sempre que eu vou a uma recepção, ou a uma festa de negócios, não perco tempo me misturando com os meus amigos, ou com os colegas mais íntimos. Ao contrário, procuro conhecer pessoas novas, ou me aproximo das que ainda não conheço muito bem. De fato, eu realmente antecipo com prazer essas oportunidades para encontrar e me misturar com esses profissionais num ambiente descontraído, porque é uma maneira conveniente e divertida de conhecer gente.

2. **Saiba quem são as pessoas — e permita que saibam quem você é.**

Antes de uma recepção, ou de uma reunião externa, faça questão de saber quem vai estar lá, e quais são os seus títulos profissionais. As pessoas gostam de ser chamadas pelo nome, e ficam lisonjeadas quando percebem que você sabe quem são antes mesmo de lhes dizer. Também não se esqueça de levar cartões de apresentação, e de se apresentar pelo seu primeiro nome, e pelo sobrenome. Se organizar um evento, não esqueça as plaquinhas de identificação com o nome dos participantes.

3. Abra seu espaço.

Faz alguns anos, ao levar minha filha adolescente e uma amiga à estréia de um filme, ela disse que gostaria de conhecer o ator principal. Percebi que estava um pouco tímida, e assim disse-lhe que precisava ser um pouco mais atirada, e chegar perto do grupo de pessoas que, inevitavelmente, cercariam o astro. Isso também é válido para o caso de existir alguém que você quer conhecer — famoso, ou não — numa recepção. Mesmo se aquela pessoa estiver cercada de gente o tempo inteiro, arranje um momento! Chegue perto, se apresente, porque se decidir esperar por um momento mais calmo, ele pode jamais acontecer. Assim — vá em frente, vá em frente.

4. Rápido follow-up.

Se você acabou de conhecer alguém num evento ou numa recepção, especialmente se for alguém muito conhecido, ou poderoso, a verdade é que provavelmente eles não lembrarão de você por muito tempo. Assim, faça o seu follow-up imediatamente — dentro de vinte e quatro horas é sempre melhor — com uma rápida mensagem de e-mail, um bilhete ou um telefonema. Não espere até que quiser efetivamente abordá-los sobre algo específico; quanto mais esperar, maior será a chance de que poderão tê-la esquecido completamente. Pergunte se poderão se encontrar como um follow-up, e seja persistente — pode demorar meses para conseguir uma brecha de horário na agenda de executivos muito ocupados.

Apresentações

1. **Cheque uma, duas, vezes todos os equipamentos da sua apresentação.**

   Bastante básico, não é? Ainda assim, você não acreditaria no número de apresentações que assisti em que o PowerPoint do apresentador travou, ou a conexão com a Internet não funcionou, ou o microfone emudeceu — qualquer contratempo que puder imaginar, eu já vi. Juro, não é nada agradável. Sempre e todas as vezes que tiver que fazer uma apresentação, chegue mais cedo, antes que outras pessoas estejam na sala, e cheque duas, três vezes, todos os equipamentos audiovisuais. Certifique-se de saber o nome da pessoa que poderá chamar quando, e se, o problema surgir — tenha à mão, com antecedência, o número do seu ramal ou do celular.

2. **Segure o seu material, pastas, etceteras.**

   Sempre que levar material, pastas etc. para reuniões, lembre-se de não entregá-los até que esteja pronta para que as pessoas os vejam. Tão logo estiverem nas mãos da sua audiência, as pessoas vão parar de prestar atenção a qualquer coisa que você estiver dizendo, e vão folhear seu material como se contivessem mensagens secretas do céu. Controle a atenção da sua audiência — segure seu material.

3. **Deixe sua turma em casa.**

   Quando começamos a planejar a idéia da revista para a equipe de Oprah Winfrey, uma das primeiras decisões que tomamos foi sobre quem iria a Chicago para a grande reunião. Ellen Levine era uma escolha óbvia, porque ela já tinha um relacionamento amigável com Oprah.

E, como presidente da Hearst Magazines, eu fui encarregada de fazer a apresentação. Depois de muitas considerações, decidi que nós duas seríamos suficientes — não tinha sentido invadir os escritórios da Harpo com um contingente enorme. Era uma reunião, não uma guerra, e assim não havia necessidade de mostrar força no número de pessoas. Assim, quando for convidada para fazer uma apresentação a um cliente potencial, não apareça com uma penca de pessoas — duas ou três são suficientes. Exatamente como nas reuniões internas da empresa, um grupo pequeno evita complicações.

Festas no escritório.

1. Cumprimente as pessoas à porta.

Ficar na entrada é um ótimo lugar para se estar numa festa, especialmente se você é a anfitriã, ou o chefe. Por quê? Porque é o lugar onde você tem absoluta certeza de ver todo mundo. Misturar-se às pessoas é divertido, mas a porta é o lugar certo para permanecer, pelo menos no começo, especialmente se é importante que veja todos os convidados. Na nossa festa anual de fim de ano, eu fico na entrada durante quinze minutos antes que comece, e fico ali até que tenha apertado a mão de 1.200 pessoas. Elas gostam do toque pessoal, e eu também.

2. Vá embora da festa, antes que ela vire bagunça.

Rupert Murdoch, ninguém menos que ele, me deu este conselho: não fique muito tempo na festa. Se você for o chefe, este conselho se aplica especialmente — porque a verdade é que os seus funcionários serão capazes de relaxar, e de se divertir muito mais depois que você for embora.

E mesmo que não seja o chefe, não existe benefício algum em ficar para apagar as luzes e fechar o bar. Não importa a sua posição na empresa, é melhor não testemunhar nada que acontece quando os últimos festeiros estiverem no salão ou no bar. Vá embora enquanto a festa estiver divertida — jamais se arrependerá.

3. **Não beba em excesso, não se embriague.**
   Os anais das festas de empresas estão repletos de histórias horríves e constrangedoras. Não contarei nenhuma aqui, em nome do bom gosto. Tenho certeza de que já ouviu alguma clássica — não se torne personagem de uma delas.

Viagem

1. **Fique pelo menos dois quartos adiante no corredor.**
   No capítulo 3, contei como aprendi que colegas de trabalho realmente não devem dividir um quarto de hotel, a menos que seja impossível. Aqui está um corolário: quando você reserva quartos separados, tente fazê-los separados, separados mesmo, com pelo menos um outro quarto entre eles. A verdade é que você não sabe o que os seus colegas vão fazer durante o tempo livre deles, nas viagens de trabalho. E, algumas vezes, você não *quer* saber.

2. **Seja cautelosa.**
   Sendo uma mulher viajando sozinha, vale a pena ser cautelosa, mesmo num ambiente profissional. Se o hotel lhe reservar um quarto no final de um longo corredor, por exemplo, peça outro quarto para não ficar numa área isolada. E se um colega de trabalho se oferecer para acompanhá-la até a porta do seu quarto, recuse e agradeça delicadamente,

pois mesmo que a maioria dessas gentilezas seja bastante inocente, evite a dor de cabeça de ter que lidar com as poucas que não forem. No começo da minha carreira, cometi o erro de aceitar o que eu achei que fosse uma oferta cavalheiresca de uma caminhada amigável até o meu quarto. Embora nada de horrível tenha acontecido, jamais esquecerei a imagem do colega com o pé na minha porta, para mantê-la aberta, enquanto eu tentava fechá-la sem quebrar o seu pé. Foi uma situação estranha e constrangedora — fiz de tudo para que nunca mais isso acontecesse.

3. **Faça seu registro no hotel cedo, antes de ir para o evento.**

Recentemente, meu colega Michael Clinton e eu voamos para Chicago, para reuniões de trabalho. Nós reservamos nossos quartos no Ritz Carlton com muita antecedência, mas como nosso programa estava apertado, fomos direto para o nosso jantar, em vez de nos registrar primeiro no hotel. Errado! Quando chegamos ao hotel às dez e meia da noite, depois de uma recepção e de um jantar, nos disseram que nossos "quartos reservados" tinham sido ocupados. Fizemos um rebuliço, mas os funcionários do hotel disseram que o hotel estava lotado, e que tudo que poderiam fazer por nós seria procurar quartos em outros hotéis da cidade. Assim, lá fomos nós com nossas malas perambulando pela noite, cansados e frustrados, quando já poderíamos estar dormindo a sono solto.

Contratar

1. **Não se "apaixone" pelo seu candidato.**

Quando for entrevistar alguém, saiba com antecedência quais informações precisa conseguir sobre ele, ou ela, porque alguns candidatos poderão empolgá-la. É fácil ser enredado pelo charme de uma pessoa, mas charme não produz, necessariamente, resultados. Assim, enfrente a entrevista com uma lista rigorosa de questões pertinentes e difíceis, e certifique-se de receber todas as respostas devidas.

2. Siga a regra dos "três encontros".

Para contratações realmente importantes, tente encontrar o candidato três vezes, e uma das vezes, pelo menos, durante uma refeição. No primeiro encontro, ambos estão, digamos, se vendendo, o que torna difícil descobrir o que realmente precisa saber. No segundo, você pode avaliar fatores importantes, como — "Essa pessoa sabe, e pode manter uma conversa? Ela é interessante? Inteligente? Agradável?" Na terceira vez, a conversa é mais verdadeira, e finalmente poderá avaliar se a pessoa tem as qualificações, os atributos e a experiência para o trabalho.

3. Misture e combine.

A sabedoria convencional diz que você deveria escolher o candidato com as melhores habilidades, e a personalidade mais compatível com a sua. Porém, trata-se apenas da metade do pacote. Em vez de contratar a pessoa de quem gostar mais, pense em como ela irá combinar com o resto da equipe. Se a sua equipe atual é forte em mentes analíticas, talvez possa ser incrementada e estimulada se acrescentar uma mente mais criativa à mistura. E tem mais: contratar uma equipe inteira de versões mais jovens de você mesma pode parecer cômodo, mas não será uma boa contratação de equipe. Contrate para contrabalançar suas fraquezas funcionais, não o contrário.

4. **Siga a sua intuição.**

O tempo mais importante de qualquer entrevista são os primeiros cinco minutos. Durante esses minutos, consigo dizer muitas coisas sobre um candidato. Como ele se comporta? Olha direto no olho quando fala comigo? Expressa-se com confiança? Você quer um bom currículo, naturalmente, mas você deveria também confiar no seu instinto. Se começar a se sentir insegura, ou incomodada com alguém, mas não sabe por que, acredite em mim — mais cedo ou mais tarde, saberá. É melhor confiar no seu instinto desde o começo.

Demitir

1. **Seja rápido!**

A primeira vez que demiti alguém foi na revista *Ms.* Valerie Salembier e eu fomos juntas realizar a tarefa, e a funcionária ficou chocada e aborrecida. Ela começou uma longa explicação do motivo pelo qual nós deveríamos lhe dar uma segunda oportunidade e, lamentavelmente, nós a ouvimos e respondemos. Ficamos quase uma hora nessa troca de argumentos, até que Valerie e eu percebemos que ela nos manteria naquele vaivém até que lhe déssemos outra oportunidade, ou que cortássemos a conversa de vez. No final, Valerie e eu ficamos em frangalhos — e à toa, porque, afinal, se tivéssemos efetivado rapidamente a demissão o resultado seria o mesmo. Daquele momento em diante, eu soube que sempre que demitisse alguém, teria que fazê-lo rapidamente, e não entrar em nenhum debate. A verdade é que, uma vez que as palavras "Estamos dispensando você", são pronunciadas, ninguém ouve mais nada.

2. Escolha um lugar neutro, e leve outra pessoa com você.

Quando demitir alguém, faça-o em uma sala de reunião, ou outro lugar neutro. É tentador fazê-lo em sua sala, mas não poderá se levantar e sair quando a conversa terminar, e demitidos podem tentar estender a conversa, e enredá-la nela durante algum tempo. Sempre tenha outra pessoa na sala, como testemunha. Nesses tempos litigiosos, é melhor se proteger de qualquer situação de disse-me-disse.

3. Trate as pessoas com justiça.

Quando demitir pessoas, elas vão se sentir muito mal, de modo que não existe razão para enfatizar os motivos, por exemplo. Mesmo que a pessoa tenha feito algo muito errado, e tenha que ser escoltada para fora do prédio, mesmo que tenha passado os últimos seis meses levando-a às raias da loucura, e você não vê a hora de se livrar dela, dê a notícia da demissão de maneira firme, direta, mas justa. Nós já recebemos bilhetes de pessoas que foram demitidas, dizendo: "Muito obrigado por ter sido tão justa e direta em relação a minha demissão". Nesses casos, crises colaterais jamais aparecem, quando se escolhe agir com justiça e correção.

4. Se for você a demitida, procure aceitar a notícia com a maior calma possível.

Explodir, ou ficar aborrecida e perturbada não ajudará em nada, e pode queimar pontes que, mais tarde, poderá precisar. Sinta-se livre para fazer perguntas, mas não tente mudar a decisão do seu empregador, porque ela foi tomada com antecedência e, em geral, com critério. Mais importante, tente aprender o que puder da situação, para evitar que ela se repita.

5. Não tenha medo de mudar o roteiro.

Assim como todas as coisas no ambiente de trabalho, contratações, demissões, e outros assuntos pessoais não preciam seguir sempre o mesmo roteiro. Martha Nelson, editora durante muito tempo, e atual diretora editorial da revista *People*, uma vez me contou sua estratégia para tirar alguém de um cargo, sem realmente demiti-la. "Eu nunca demiti ninguém", ela disse. "O que sempre fiz foi contratar alguém exatamente com o mesmo título. Conseqüentemente, a pessoa encarregada do trabalho compreendia que estava sendo substituída, e seguia seu caminho."

E Pat Carbine, em sua maneira inimitável, conta a história de como conseguiu manter na empresa uma pessoa que queria ir embora. Uma funcionária da sua equipe cometeu um erro, e ficou constrangida e desanimada. Não queria apenar sair do emprego, da empresa, queria deixar Nova York e voltar para casa.

Segundo Pat: "Eu a ouvia com muita atenção e, repentinamente, tive uma manifestação divina. Disse a ela, 'Ouça, existe uma coisa interessante em pedidos de demissão. Por razões que parecem absolutamente corretas e razoáveis, um indivíduo pode decidir que quer pedir demissão. Mas isso é só uma parte da questão. A outra é que a pessoa do outro lado da escrivaninha tem que aceitá-la. E não vou fazer isso hoje. Não estou convencida de que você está pedindo demissão pelos motivos corretos'". A funcionária ficou assombrada, mas escutou as observações de Pat com profunda atenção. Ela acabou permanecendo na *Ms.*, o que foi bom para ela e bom para a revista. Mas se Pat tivesse seguido o roteiro normal, essa funcionária teria ido embora.

Existe outra coisa muito interessante sobre essa história. Ela é um exemplo perfeito da capacidade inata de Pat para sentir e avaliar as motivações e as necessidades das pessoas — uma qualidade valiosa que a torna uma chefe excepcional. Compreender as paixões das pessoas é uma chave indispensável para ser um grande líder. E, como veremos no próximo capítulo, compreender as suas paixões é a chave para viver uma existência produtiva, satisfatória, repleta de realizações, tanto dentro quanto fora do ambiente de trabalho.

CAPÍTULO 6

PAIXÃO

Se existe um "gene de vendas", ou um gene comercial, definitivamente eu nasci com ele. Desde que eu era uma menininha em Chicago, adorava persuadir as pessoas a comprar o que eu tinha para vender. Primeiro foi limonada. Depois, para o que deve ter sido a contrariedade da minha vizinhança inteira, quando tinha oito anos eu comecei a mascatear um pequeno jornal católico, de porta em porta. Eu era tão entusiasmada e tão persistente que consegui até vender assinaturas para uns dois dos nossos vizinhos protestantes, antes que meus pais me enquadrassem.

Meu pai trabalhava na indústria alimentícia, e minha mãe era uma tradicional mulher do lar, criando minha irmã, meu irmão e eu. A empresa de papai tinha uma fábrica a uma hora e meia ao sul de Chicago, na qual produziam mostardas, maioneses, e molhos para salada, e aonde eu adorava ir sempre que ele me levava. A maionese pode não ser o produto mais fascinante do mundo, mas todo o processo de criar um negócio em torno dela parecia mágico para mim. Quando eu o via indo e voltando de viagens de trabalho, mala na mão, eu sonhava com as aventuras que ele devia viver nas estradas.

Graças ao sucesso do meu pai no trabalho, nossa família usufruía uma vida confortável de classe média. Eu não precisava trabalhar no verão durante o meu curso secundário, mas eu trabalhava assim mesmo, porque queria. Gostava de me vestir, pegar o trem para ir ao centro de Chicago, e entrar num prédio de escritórios, ou numa loja de departamentos. Nunca senti como se fosse *trabalho*, para mim; eu simplesmente achava que era a maneira mais legal e mais divertida de passar o verão. Além disso, eu também gostava de ganhar o meu dinheiro.

Meu pai era trabalhador, e continuou trabalhando mesmo depois que uma doença degenerativa dos olhos começou a roubar-lhe a visão, quando eu era adolescente. Ele fez vários transplantes de córnea, nenhum dos quais foi bem-sucedido, mas jamais perdeu as esperanças. Mesmo depois de ficar inteiramente cego, nos seus cinqüenta e poucos anos, ele jamais usou uma bengala, e se recusava a diminuir o ritmo. Usava óculos escuros, contratou um motorista para levá-lo aonde precisasse ir, e um assistente para ler para ele, e continuou fazendo quase tudo que fazia antes.

Gosto de me ver como meu pai em alguns aspectos — nossa mesma paixão pelos negócios, nossa garra para o sucesso e a nossa persistência. Se algum dia tiver que enfrentar o tipo de adversidade que ele enfrentou, gostaria de reagir com a mesma dedicação para superá-la. Meu pai foi, verdadeiramente, uma inspiração para mim, de muitas maneiras.

Estou contando isso, porque se fui bem-sucedida no trabalho e na vida pessoal, são essas as raízes. Quando penso em minha infância, os anos escolares e os anos de faculdade, é impressionante como consigo traçar com clareza os interesses e as inclinações que mais tarde moldaram a minha vida profissional. Das primeiras experiências vendendo jornais até o entusiasmo pelo meu primeiro emprego como caixa e responsável pelos embrulhos de presente na loja de departamentos Marshall Fields, eu sabia o que me dava energia, e o que gostava de fazer.

Se você planeja trabalhar semanas de 48 horas, dos vinte aos 65 anos, passará cerca de 90 mil horas da sua vida no trabalho. Apenas por essa razão, é preciso que você saiba muito bem o que realmente gosta de fazer. E, além disso, se estiver fazendo uma coisa que realmente gosta, a fará melhor. Por que passar a vida profissional sofrendo em tarefas que detesta, quando existem tantas opções para explorar? E se estiver apenas começando agora, ganhando experiência, ou pensando numa mudança de carreira na sua meia-idade, é melhor parar e examinar o que está fazendo, e por quê. Isso pode parecer muito básico, mas algumas vezes é difícil avaliar honestamente os sentimentos em relação à vida profissional. Você já

- se perguntou se suas qualificações poderiam ser mais úteis em outra linha de trabalho?
- acordou de manhã aterrorizada com o começo do seu dia de trabalho?
- flagrou-se perambulando por cenários do tipo, "o que aconteceria se", e se perguntando como sua vida poderia ter sido diferente, se tivesse escolhido outro caminho?
- suspeitou que poderia ser mais feliz em outro lugar, mas ignora o sentimento, simplesmente porque seria muito difícil "começar de novo"?

Certamente se isso aconteceu, você não está sozinha. Tampouco está atrelada, amarrada, impedida, porque é possível reavaliar a vida a qualquer momento. De fato, use este capítulo para fazê-lo, imediatamente. Um ponto essencial para começar é

Seja quem você é no que estiver fazendo.

Quem foi seu professor favorito na escola? Se você é como a maioria das pessoas, a lembrança desse professor traz um sorriso imediato ao seu rosto, quando relembra os momentos significativos na sua sala de aula. É bastante comum acontecer de nossos professores favoritos serem aqueles que nos conduziram pelas matérias que, em última análise, mais nos interessaram.

Agora, pare por um momento para pensar nos seus professores menos favoritos. Não sei de você, mas no meu caso eles foram os que pareciam trabalhar no piloto automático, ensinando por causa de um sentimento de dever, em vez de alegria, e apenas contando os meses ou os anos até a aposentadoria. Esses professores não tinham autenticidade no seu trabalho, o que não era justo com seus alunos, nem com eles mesmos.

Como acha que essa autenticidade está funcionando em você? É vital para conhecer a si mesma, e para agir de acordo com esse conhecimento. Aqui estão algumas perguntas básicas para começar:

1. Você é uma pessoa introvertida ou extrovertida?
2. Você se sente mais atraída pelo mundo corporativo, pelo mundo das organizações não lucrativas, como

fundações, institutos, pelo mundo acadêmico, ou por outro inteiramente diferente?
3. Você seria mais feliz numa grande empresa já estabelecida ou começando um novo negócio do zero?
4. Acha que deveria fazer um MBA? Ou que é melhor se concentrar em ganhar mais experiência no mundo profissional?

Vamos analisar cada uma delas:

1. **Você é uma pessoa introvertida ou extrovertida?**
Há algum tempo, fiz um curso de treinamento sobre diversidade, ministrado por uma instrutora fabulosa. Ela fazia um bocado de observações simples, mas extraordinárias, uma dos quais ficou em minha cabeça. "Algumas pessoas recarregam suas baterias ficando sozinhas, quietas e pensativas", ela disse, "enquanto outras o fazem estando ao lado de outras pessoas. Essa é a diferença entre introvertidos e extrovertidos."
E como já leu mais da metade deste livro, pode adivinhar que tipo de pessoa eu sou? Não há dúvida — eu sou extrovertida de cabo a rabo. Adoro estar com gente, o que torna o mundo das vendas uma escolha natural para mim. Jamais conseguiria fazer um bom trabalho, num emprego que exigisse que eu trabalhasse sozinha, e não posso me imaginar feliz dessa maneira. Por outro lado, para aqueles de vocês que tiram energia da solidão, meu emprego, meu trabalho provavelmente soa como uma tortura. Descobrir qual a sua resposta a essa pergunta é um passo importante para descobrir que tipo de trabalho será mais satisfatório para você.

Um aparte: é ótimo fazer o teste do Myers-Briggs Type Indicator, uma ferramenta para avaliar os traços da sua personalidade. O teste, que é essencialmente um questionário, oferece um resumo rápido sobre o tipo da sua personalidade — por exemplo, se você tende a tomar decisões baseada na lógica ou no sentimento. Muitas empresas e organizações usam esse teste quando contratam no nível executivo, o melhor para escolher equipes cujas habilidades e qualificações sejam complementares. A primeira vez que fiz o teste, ele revelou facetas profundas da minha personalidade que eu jamais considerara anteriormente. Assim, navegue na Internet para obter maiores informações, e tente. Poderá aprender algo novo e valioso sobre si mesma.

2. **Você se sente mais atraída pelo mundo corporativo, pelo das organizações não lucrativas, pelo acadêmico, ou por outro inteiramente diferente?** Para certas pessoas, é fácil responder a essa questão. Se você sempre quis ser um *chef* de cozinha, por exemplo, jamais será feliz num escritório. No entanto, às vezes as preferências não são tão claras. Trabalhar numa organização não lucrativa — um museu, um instituto benemerente ou uma fundação — pode ser extremamente compensador, mas pode não oferecer todas as compensações de um trabalho corporativo, particularmente em termos financeiros. Trabalhar numa empresa, ao contrário, pode ser desafiante e remunerar bem, mas talvez não ofereça plena satisfação profissional.

   Além disso, existem nuances entre essas opções. Ao longo da minha carreira, me ofereceram algumas oportunidades de trabalhar fora do mundo da mídia impressa. Mas, mesmo lisonjeada e intrigada pelas ofertas, sempre voltei às mesmas perguntas: Combina comigo? Serei feliz? Terei sucesso? Uma vez, durante o estouro dos anos 1990, me ofereceram um trabalho importante numa nova empresa de Internet no Vale do Silício, na Califórnia. Teria sido um novo campo estimulante e potencialmente lucrativo para mim, mas, enquanto perambulava pelos escritórios da empresa, olhando filas e filas de pessoas usando silenciosamente seus computadores, eu ficava pensando, "Aqui sou um peixe fora d'água. O que eu poderia trazer a esse grupo de pessoas?".

Compare isso com o meu primeiro dia na Hearst, quando o então CEO me apresentou a vinte ou trinta executivos na sala do conselho. Reconheci quase todo mundo na sala, tendo trabalhado com as pessoas ou não, porque já trabalhava havia muito tempo nesse ramo. Eu sabia que queria tudo o que o emprego tinha para oferecer: dirigir uma grande divisão corporativa, voltar para Nova York, ser parte de uma importante empresa de mídia. Lançando um olhar pela sala, eu tinha um grande sorriso no rosto, porque parecia estar em casa, um lugar onde eu poderia dar uma contribuição significativa. É um sentimento ótimo — um sentimento que você merece ter na sua vida profissional também.

Assim, como saber onde trabalhar e ficar mais satisfeita? Primeiro, pesquise. Toda empresa tem um site, então entre nele, e estude sua história, sua missão, seus propósitos, seus produtos e seus serviços. Muitas empresas também anunciam cargos vagos em seus sites, volte sempre à Internet se tiver alguma empresa pela qual está particularmente interessada. E se quiser realmente descobrir como é trabalhar num dado lugar, o mais fácil é perguntar a alguém que já trabalha lá. Usando os seus contatos, pergunte aos seus amigos e conhecidos, até encontrar alguém que possa responder às suas perguntas. A maioria das pessoas gosta de falar sobre o seu trabalho e a sua empresa, não tenha medo de fazer essa conexão.

Segundo, se quiser ter uma experiência mais substantiva num campo que a interessa — especialmente se for num setor não lucrativo — talvez possa se apresentar para ser voluntária ou estagiária, uma maneira objetiva de colocar o pé na área. Se estiver interessada em rádio, apresente-se como voluntária em uma afiliada local. Se gostar de artes plásticas, pode trabalhar como professor ou guia do museu da sua cidade. É comum esse tipo de organização ter poucos funcionários, e acolher com muito gosto qualquer ajuda voluntária inteligente e motivada. E, algumas vezes, os estágios se transformam em cargos permanentes.

Terceiro, pense seriamente sobre quanta intensidade você quer, ou pode agüentar no trabalho. Diferentes indústrias funcionam com programas diferentes, então se informe antes de escolher. Se estiver interessada em bancos de investimento, consultoria financeira, ou trabalhar como associada numa grande firma de advocacia, acha que está pronta para as horas infernais e os prazos exigentes? Ou poderia preferir um ambiente de trabalho de perfil mais ameno, onde poderá encerrar o trabalho por volta das cinco ou das seis horas da tarde todo dia? Toda escolha tem suas vantagens e suas desvantagens, a chave é compreender seus desejos pessoais e suas motivações, e fazer sua escolha de acordo com eles.

Finalmente, confie no seu instinto quando analisar e considerar o tipo de carreira que gostaria de fazer. Em geral, seu instinto lhe dirá quando estiver dando um passo em falso, mesmo que o seu cérebro esteja lhe dizendo outra coisa. Isso é especialmente proveitoso se estiver sendo pressionada pelos seus pais, ou pelo seu marido, ou por colegas a seguir um determinado caminho profissional. Não abandone a lógica — mas preste atenção ao que seu instinto está lhe dizendo.

3. Você seria mais feliz numa grande empresa já estabelecida, ou começando um novo negócio do zero?

Adoro novidades. Adoro o choque de adrenalina de uma nova aventura arriscada, a sensação aberta e ampla de estar criando as regras na medida em que seguimos em frente. Adoro o fato de que, num negócio novo, sempre se pode tomar parte nas decisões e nos projetos que definirão seu futuro, em vez de ser jogada numa área específica na hierarquia rígida de uma empresa estabelecida.

Isto posto, também é preciso dizer que existem dificuldades reais em trabalhar num novo negócio. A incerteza é uma delas — você nunca saberá se sua empresa sobreviverá, e muito menos se será bem-sucedida. Talvez seja frustrante não saber qual o assunto novo que vai ter que enfrentar todo dia quando chegar ao trabalho. E você não tem o apoio que teria numa grande empresa; não existe o Departamento de X, Y, ou Z para chegar e ajudá-la com as tarefas problemáticas que tiver pela frente. Assim novas empresas não servem para todo mundo.

Freqüentemente me pedem para fazer palestras para estudantes e estagiários, e muitas vezes alguém pergunta se eu recomendo trabalhar numa nova empresa. A resposta é um sim condicional. Eu trabalhei em quatro novos negócios diferentes na minha carreira, e não trocaria a experiência por nada. Se você tiver um espírito pioneiro, e puder agüentar o ritmo, a pressão, e a incerteza, então vá em frente. Você aprenderá como nunca, em nenhum outro lugar. Porém, se você precisa de um trabalho mais estruturado, então não tem sentido ficar se sentindo péssima num trabalho só para ganhar experiência.

4. Acha que deveria fazer um MBA? Ou que é melhor ganhar mais experiência no mundo profissional?

Ah, a eterna questão! Você precisa de um MBA? E, se precisar, quando deveria fazê-lo? Tem sentido interromper este momento da sua carreira para voltar a estudar? Enfrentei essas questões muito cedo na minha carreira, e felizmente tive alguém para me orientar através de um sistema infalível para tomar minha decisão. Isso aconteceu quando a nova revista de Francis Ford Coppola, pela qual eu me mudara para San Francisco, foi fechada por insolvência. Aos trinta anos, me vi desempregada, fora do mundo editorial das revistas de Nova York, e insegura sobre qual deveria ser o passo seguinte. Como detalhei em capítulos anteriores, eu tinha consciência dos meus pontos fracos que poderiam atrapalhar, ou impedir o meu progresso como uma executiva de revistas. Queria ter uma maior compreensão do lado financeiro do negócio, e uma percepção melhor de cifras e dados. Além disso, ter a credencial de um diploma de MBA me ajudaria a conseguir empregos melhores para progredir profissionalmente, sobretudo porque meu diploma era de uma pequena faculdade. Seria a hora certa para fazer o MBA? Eu hesitei muito, tentando tomar uma decisão. Por fim, resolvi perguntar a um amigo, que era um consultor em Nova York no ramo de revistas.

"Existem duas razões para se fazer um MBA no meio de uma carreira", ele me disse. "A primeira, se quiser mudar de carreira — como deixar o mundo editorial e mudar para o financeiro — então é muito importante." Eu não queria sair do mundo editorial, então essa razão não existia. "A outra razão", ele continuou, "é se você atingiu o limite da sua compensação, em geral financeira. Se ainda não, é melhor continuar a trabalhar, por causa da renda que perderá, e do custo do MBA." Para mim, a segunda razão tampouco existia, e assim, em última análise, decidi não fazê-lo. Tenho sido grata ao meu amigo desde então, porque ele me ofereceu uma forma objetiva de tomar uma decisão.

E se estiver apenas começando, e ainda não estabeleceu uma carreira? Posso lhe dizer que se eu tivesse acabado de sair da faculdade, certamente faria um MBA. Sim, talvez você se saia bem sem um, mas você começará com os dois pés direitos à frente com um desses diplomas. A base do conhecimento que

> receberá — incluindo a instrução especializada para os seus pontos mais fracos — será muito útil. Ter um MBA no seu currículo automaticamente conferirá mais valor a você, quando se candidatar para qualquer trabalho mais importante. E certamente você se sentirá mais segura por ter essa formação acadêmica, que é uma ajuda tremenda.

Quando fui para Nova York, e comecei a ser entrevistada para empregos aos quais me candidatei, fiquei atordoada com as possibilidades. Além daquele momento estranho no elevador do prédio da Condé Nast, onde me senti uma caipira na minha roupa conservadora do Meio-Oeste, sempre adorei ir a novos escritórios, conhecer pessoas novas, e explorar o mundo da mídia de Nova York. Pensando bem, devia parecer um cachorrinho atarantado aos olhos dos executivos que me entrevistaram.

Na verdade, aquela energia toda trabalhou a meu favor, pelo menos uma vez. Depois de ser entrevistada na revista *Holiday*, eu me dirigi para o hall dos elevadores, onde um homem bonitão e mais velho (provavelmente ele teria pouco mais de quarenta anos, mas me pareceu velho na época) estava esperando pelo elevador. "Oi", ele disse. "Não a reconheci, você é nova aqui?"

"Não trabalho aqui", respondo, "fui entrevistada para um trabalho por Phyllis Tillinghast. A entrevista foi realmente boa! Ela parece ótima e naturalmente eu adoro a revista..." e lá fui eu, falando animada, para diversão do sujeito. Depois de sairmos do elevador, ele foi para um lado, eu, para o outro, e não pensei mais naquela conversa — até depois que me ofereceram o emprego. Então, minha nova chefe, Phyllis, me disse que o Sujeito do Elevador a chamara no dia seguinte para dizer, "Não sei quem é a garota, mas é melhor contratá-la, porque ela está muito entusiasmada com esse trabalho". Acontece que ele era o diretor da revista.

Essa história nos leva direto para o nosso próximo método.

Descubra algo estimulante.

Todo trabalho envolve coisas que a gente preferiria não fazer. Ainda assim, você precisa encontrar uma profissão que a faça feliz no seu nível mais básico e, mais importante, que lhe dê satisfação. Caso contrário, estará não só se enganando, como estará enganando o seu empregador também, com certeza.

Uma vez me perguntaram: "Você alguma vez quis se afastar do ramo de revistas por algum tempo? Quando sai de férias, você passa voando pelas bancas de revistas, só para não pensar nelas?". A pergunta me pareceu engraçada de cara, porque eu absolutamente adoro revistas, e quase nunca vou a lugar nenhum sem uma sacola cheia delas — tanto as nossas quanto as da concorrência. Ainda assim, quanto mais pensava na pergunta, mais compreendia que nem todas as pessoas são afortunadas, ou persistentes o bastante, para ter encontrado profissões que elas amem tanto quanto eu. Ou ainda, talvez saibam o que adoram fazer, mas ainda não encontraram uma maneira de fazer disso uma profissão.

O que me leva de novo a Atoosa Rubenstein. Comecei o capítulo 1 com uma história sobre Atoosa que, aos 26 anos, me impressionou com sua garra e seu desejo de criar uma grande revista para meninas adolescentes. Ela tinha uma visão do que queria fazer, e acreditava nela completamente. A idéia para a revista *CosmoGirl* era muito boa, mas o melhor mesmo era a paixão de Atoosa pelo projeto. Ela sabia que era boa no que fazia, e que, com a nossa ajuda, canalizaria aquela energia num produto real e factível.

Atoosa trabalhou como a primeira editora da *CosmoGirl* nos seus primeiros cinco anos, e depois que a Hearst comprou a revista *Seventeen*, nós a transferimos para ser a sua nova editora-chefe, posição que ela mantinha quando comecei a escrever este livro. Agora, enquanto escrevo estas linhas, Atoosa decidiu sair da Hearst, para seguir um novo sonho. Ela quer criar um negócio de plataformas múltiplas, centrado em mulheres jovens através de uma variedade de mídias.

Atoosa transpirava energia e criatividade na Hearst e, naturalmente, sentiremos falta dela. Dito isto, estou feliz por ela estar em busca de um sonho novo. Afinal, nós lhe demos sua primeira grande oportunidade, e ela cresceu profissionalmente enquanto permaneceu conosco, de modo que é gratificante vê-la acreditando o bastante em si mesma para correr esse grande risco.

Neste exato momento é provável que você esteja pensando: *Claro, Cathie, é fácil seguir um sonho se você o conhece.* Mas, o que acontece se estiver com problemas para identificar o que realmente quer do seu trabalho e da sua vida? Talvez ajude bastante se tentar compreender o que você não quer.

Não existe problema em dizer "Não, obrigada".

Há alguns anos, eu almocei com o chefe de uma grande empresa de cosméticos. Eu já o conhecia havia muitos anos, e almoçávamos regularmente, mas fiquei um pouco surpresa quando, de repente, ele mudou o tom da conversa. "Cathie", disse abruptamente, "quero lhe perguntar uma coisa."

Ele fez uma pausa, e eu fiquei imaginando o que estaria por vir. "Como se sentiria sendo presidente da minha empresa?"

Existe um bocado de coisas que se pode dizer a uma proposta como essa, mas lamentavelmente a única coisa que saiu da minha boca foi "O quê?!" Eu fiquei absolutamente perturbada — nunca isso me passara pela cabeça, e mal conseguia acreditar no que ouvi. Ele apenas sorriu, esperando que eu respondesse de uma maneira mais coerente, coisa que finalmente consegui fazer.

"Eu sou uma executiva da mídia", eu lhe disse, "não uma executiva de cosméticos."

"Bem, pense no assunto", ele disse. "E depois vamos conversar mais, quando tiver digerido a idéia".

Digerir a idéia, eu digeri. Era uma empresa muito bem conhecida, imensamente bem-sucedida, e a oferta era, ao mesmo tempo, lisonjeira e instigante. Ainda assim, quanto mais pensava nela, mais pude compreender que revistas, e não cosméticos, faziam meu coração vibrar. Então, quando o encontrei de novo, eu lhe disse: "É difícil de dizer, mas você precisa de alguém que viva e respire cosméticos — que acorde no meio da noite e diz, 'É púrpura! Essa vai ser a nova cor da primavera!' Honestamente, eu não sou essa pessoa".

Nós conversamos ainda mais um pouco, e não tenho certeza se consegui convencê-lo das minhas razões, mas ele foi muito elegante. A verdade é que, se tivesse aceitado a oferta, provavelmente teria apreciado muitos aspectos do trabalho. Mesmo assim, nunca me arrependi dessa decisão. Para mim, ter a oportunidade de ser uma das líderes num ramo que eu adoro, pesa sobre quase todas as outras considerações.

Então, agora que eu passei a maior parte deste capítulo exortando-a a seguir o seu sonho, e a dizer não quando o seu coração não estiver comprometido — seja lá com o que for! — deixe-me fazer uma curva aqui. Existe uma seqüência muito importante do conselho anterior:

Não existe problema em dizer sim, por razões estratégicas.

Depois de passar mais de oito anos no *USA Today*, a maior parte deles como diretora do jornal, eu estava pronta para uma mudança. Minha gestão tinha sido profundamente satisfatória, mas também exaustiva, e não parecia haver quaisquer cargos na Gannett, a matriz do jornal, aos quais eu pudesse aspirar. Para onde eu iria depois?

Eu tinha dois objetivos estratégicos: deixar dignamente o *USA Today*, e conseguir um trabalho como presidente, ou CEO de uma grande divisão de uma empresa ou organização de mídia. Embora eu tivesse passado a maior parte da minha carreira em revistas, dessa vez eu estava longe delas havia quase uma década. Não havia nenhum passo cristalino que eu pudesse dar, e assim eu passei algum tempo pensando sobre as minhas opções — até o dia que uma dupla de sujeitos da Booz Allen, a firma de consultoria administrativa, veio ao meu escritório.

Eles estavam fazendo um estudo para duas associações da indústria de jornais, e queriam me fazer algumas perguntas. Durante a nossa conversa, eu soube que as duas associações, que representavam mais de mil jornais em todo o país, provavelmente iriam se unir, e que estavam procurando por um CEO para chefiar o negócio inteiro. "O que a nova associação vai precisar", um dos consultores me disse, "é de um CEO para ajudar a posicionar os jornais no mundo da mídia que se transforma a cada dia. Eles precisarão de um CEO com muito mais visibilidade do que os que tradicionalmente comandam essas associações."

Imediatamente, as arruelas da minha cabeça começaram a se mexer. Eles queriam alguém que se sentisse à vontade para representar jornais numa variedade de estágios, de discursos a entrevistas, a aparições diante de membros do Congresso. E eles precisavam de alguém que tivesse intimidade com os meandros do negócio. Até aí, tudo bem. Mesmo pressupondo que eu pudesse conseguir esse emprego, eu já sabia que não era um trabalho que eu gostaria que durasse para sempre. Era muito diferente do que eu vinha fazendo, e não tinha certeza se iria gostar — ou nem mesmo se seria competente — de fazer lobby no Congresso, que consumiria a maior parte do meu tempo no trabalho. O que eu realmente queria era a oportunidade de comandar uma empresa ou de chefiar uma grande e importante associação não lucrativa, que pudesse me colocar num estágio mais perto da minha primeira opção.

Não era o emprego dos meus sonhos — mas seria um grande passo na direção do que eu realmente queria. Então, decidi aceitá-lo.

Logo que fui nomeada CEO da American Newspaper Publishers Association — mais tarde chamada Newspaper Association of America, ou NAA — enfrentei de imediato repórteres que se perguntavam qual seria a razão de uma executiva de operações como eu ter escolhido chefiar uma associação de classe. Eu respondia a essa pergunta do modo mais astucioso que podia, rindo, e dizendo: "É um grande desafio pensar sobre o futuro de uma indústria inteira, especialmente diante do advento das novas tecnologias" — um desafio que a indústria ainda enfrenta atualmente. Depois eu me organizei para fazer o melhor trabalho que pudesse. Passei quase cinco anos na NAA, e aprendi uma quantidade tremenda de coisas novas. Não foi o emprego mais atraente ou palpitante da minha carreira, mas foi muito satisfatório. Também me ajudou a me tornar uma executiva mais completa, e solidificou minha reputação como alguém que pode comandar uma grande organização. Além disso, eu consegui conhecer muito bem o presidente do conselho da NAA, marcando o começo de uma maravilhosa e produtiva relação de trabalho, que permanece até hoje. O nome desse presidente? Frank Bennack que era, então, CEO da Hearst, e que continua a ser vice-presidente do conselho da Hearst. Eu não consegui meu emprego na Hearst somente porque trabalhei com Frank na NAA, mas isso certamente não atrapalhou.

Assim, não tenha medo de dar passos novos na sua carreira, que sirvam estritamente para propósitos estratégicos. Sim, você quer realizar seus sonhos, mas às vezes a trilha para os seus sonhos envolve um desvio cuidadosamente planejado. Na mesma tecla, aqui está um conselho que poderá surpreendê-la ao ouvir de mim:

Não tenha medo de sair de uma vez, se é isso mesmo que deseja.

No outono de 2006, Ruth Diem, a diretora de recursos humanos da Hearst, me disse que estava planejando uma aposentadoria antecipada, e que sairia da empresa no final do ano. Eu não podia com a idéia de ficar sem a Ruth — ela era uma talentosa e dedicada executiva de RH, dona de uma extraordinária empatia.

Ainda assim, preocupada como fiquei sobre como a saída de Ruth afetaria a Hearst, não pude deixar de ficar feliz por ela.

Aos 55 anos, ela era jovem e energética e, ao se aposentar tão cedo, teria muitos anos para viajar, buscar outros interesses, aproveitar mais sua família — qualquer coisa que escolhesse e decidisse fazer. Ruth sempre trabalhou muito, de modo que essa não era uma decisão fácil para ela. É preciso coragem para sair de um emprego no qual se é bem-sucedida, e do qual se gosta. Embora eu quisesse que ela permanecesse por razões egoístas, aplaudi a decisão que tomou sobre a sua vida, e sua coragem em implementá-la.

Também minha sobrinha, Anne, tomou a decisão de mudar o rumo da sua carreira. Ela trabalhava numa grande agência de publicidade, e então decidiu fazer um MBA. Logo em seguida foi trabalhar numa empresa da Internet — mas, depois de um ano, e de todo o trabalho para chegar onde estava, Anne decidiu que não era o que queria. Ela queria mais satisfação na sua vida profissional, e deu uma volta de 180º para o mundo das organizações não lucrativas. Há quatro anos Anne está trabalhando no Museu Americano de História Natural, e embora tenha deixado para trás uma carreira publicitária mais lucrativa e mais estimulante, ela não sentiu falta nenhuma.

Como eu sou uma pessoa que tira muita satisfação do trabalho, você poderia pensar que minha mensagem seria: "Siga um caminho duro, mas fique firme em sua carreira, a despeito de qualquer coisa". Não é.

É claro, eu quero que as pessoas encontrem satisfação no trabalho — e acho que este livro irá ajudá-las. Mas se você priorizar o mundo profissional, com o melhor que tiver em si mesma e, em última análise, determinar que a sua verdadeira felicidade se encontra em outro lugar, é muito mais importante ir buscar a sua felicidade, do que ficar se sentindo infeliz e insatisfeita por causa de uma carreira. Talvez isso seja válido para sempre (desde que você tenha alguma outra fonte de renda, e não fique destituída financeiramente ou falida), ou apenas temporariamente. Se tirar um tempo para constituir uma família, viajar, aprender a surfar, ou seja lá o que for, é vital buscar satisfação em todos os aspectos da sua vida, não apenas no trabalho.

E com isso, chegamos talvez à mensagem mais importante deste livro: a idéia de cultivar o que eu chamo de uma Vida de 360°. Continue lendo para descobrir o que isso significa.

ESTUDO DE CASO

A VIDA DE 360°

No meu segundo ano no Trinity College, hoje Trinity University, em Washington, eu soube da opção de passar o penúltimo ano da faculdade no exterior. Mal pude acreditar no que ouvira — seria realmente possível? E se fosse, por que todos os alunos não aproveitavam? Imediatamente comecei a conversar com os meus pais, nenhum dos quais jamais estivera na Europa, sobre passar meu penúltimo ano na Itália.

Trinity era uma escola muito boa, mas era uma instituição católica pequena, só para mulheres, e eu estava ansiosa por maiores aventuras. (Lembro que disse ao meu pai, num momento petulante, "Estou cansada de CDFS, de freiras e de meninas!") Repentinamente, eu queria passar um ano na Europa, mais do que jamais quisera qualquer outra coisa na vida. A principal exigência do meu pai foi que eu pudesse utilizar integralmente o crédito do ano no exterior, de modo que procurei e encontrei um programa que permitiria transferir os meus créditos para o Trinity. Uns poucos meses depois, eu estava a bordo de um avião a caminho de Roma. Parecia um sonho.

Quando olho para trás, vejo que tive experiências verdadeiramente memoráveis, e períodos estimulantes. Mas nada se compara àquele ano na Itália. Mesmo agora, pensando e escrevendo sobre isso, não consigo deixar de sorrir — tudo era uma aventura, uma emoção nova esperando para ser descoberta.

Fiz amigos rapidamente, e viajávamos todo final de semana, empilhados em carros, ou até mesmo pedindo carona, para as cidades vizinhas. Nas férias íamos mais longe: para Paris e Londres, no feriado de Ação de Graças, para o Oriente Médio, no Natal, para a Espanha, na Páscoa. No Ano Novo, bebi champanhe e dancei uma espécie de conga, chamada *bunny hop*, no Hotel Hilton do Cairo; depois visitei os famosos cedros do Líbano, e andei a cavalo ao lado das grandes pirâmides do Egito, ao amanhecer. E no verão, depois do final do ano letivo, viajei de carona de Roma até a Irlanda do Norte, com minha amiga Eugenia, uma garota divertida e animada de Mobile, Alabama — algo que se podia fazer com segurança naquela época, embora nenhuma de nós jamais tivesse contado aos nossos pais. Até hoje somos grandes amigas.

Aquele ano mudou a minha vida. Daquela época em diante, decidi aproveitar tudo que pudesse, para vivenciar e experimentar o mundo da maneira mais intensa possível.

Uns poucos anos mais tarde, depois que me formei no Trinity, e estava morando no meu primeiro apartamento em Nova York, tive uma conversa difícil com minha mãe, em uma das suas visitas. Ela sempre vivera uma vida muito tradicional, como dona de casa e mãe em tempo integral, e estava preocupada com as decisões que eu estava tomando. "Meu bem", ela disse, "você não quer casar? Não quer se estabelecer, constituir uma família?"

"Mamãe", eu disse a ela, "ainda não sei exatamente o que eu quero, mas quero ver e experimentar tudo o que eu puder — não quero ficar num único lugar, e fazer as mesmas coisas todos os dias. Não sei o que vai resultar disso, só quero um tipo diferente de vida."

Ela me olhou como se eu a tivesse esbofeteado no rosto. Não tive a intenção de que as minhas palavras parecessem como uma censura, mas elas obviamente a atingiram. Era como se eu estivesse rejeitando os seus valores mais preciosos — muito embora eu também *quisesse* as coisas que ela tinha e, eventualmente, as teria: um marido, filhos, e minha família amorosa. Mas estava muito animada diante de todas as possibilidades de uma carreira estimulante, para querer essas coisas no mesmo esquema dela.

Existe uma frase que andou na moda tempos atrás: *ter tudo*. Durante cerca de dois anos, as revistas, os jornais, e a televisão estavam repletos de histórias sobre super mulheres que estavam fazendo de tudo: trabalhando em empregos de tempo integral, criando filhos perfeitos, sendo voluntárias nas escolas dos filhos, e recebendo para jantares festivos no seu tempo livre. Essas mulheres deveriam servir como uma inspiração, mas, em vez disso, acabaram fazendo todas as outras se sentirem inadequadas e incompetentes — e provavelmente tendo crises nervosas em poucos anos.

Como alguém que freqüentemente é vista como uma mulher que "tem tudo", quero deixar bem claro: detesto esta frase. Ela sugere que todas as pessoas querem exatamente a mesma coisa, o que é completamente incorreto. Ninguém precisa casar com um advogado, ou um médico, ganhar o U.S. Open de tênis, e se tornar uma CEO, tudo no mesmo ano, para se sair bem e ser feliz. Ter o que eu chamo de uma Vida de 360° não é chegar ao topo de tudo, é encontrar um equilíbrio. Significa uma existência de harmonia, realização, de satisfação na vida pessoal, profissional, e familiar.

Nos capítulos anteriores, eu lhes dei muitos conselhos, mas estamos chegando de fato ao cerne da questão. Se houver algo que você possa extrair deste livro, espero que seja isto: lutar cegamente para ter tudo não é a resposta. Ninguém deve trabalhar para ter o *tudo* de Cathie Black, ou o *tudo* dos seus colegas e amigos, nem mesmo o *tudo* da sua mãe. Ninguém pode definir sucesso e satisfação pessoal para você, exceto você mesma.

Tenha o seu tudo — não o tudo do resto das pessoas.

Aqui vai uma confissão: nos meus vinte anos, eu era maníaca por trabalho. Não queria apenas conseguir o que queria — eu queria conseguir mais e mais — seguir mais rápido, e fazer muito mais do que os outros. Seja lá o que fosse que pudesse deslanchar a minha carreira, era onde e como eu passava o meu tempo. Fui realmente feliz naqueles anos, e honestamente não tenho nenhum arrependimento de todo aquele trabalho duro.

Ainda assim, atualmente, com um marido há vinte e cinco anos, dois filhos adolescentes, e um Labrador preto de orelhas caídas, aprecio todos os prazeres que a vida fora do trabalho pode me trazer de um modo mais profundo. Ainda trabalho muito, viajo constantemente, mas quando estou longe do trabalho, fico realmente longe. Mesmo que seja ambiciosa, não é nenhum crime sair do trabalho às cinco e meia da tarde em alguns dias. Porque a realidade é que você será uma funcionária melhor, e mais eficiente se tiver uma vida pessoal satisfatória.

Então, como define o sucesso para si mesma? Como determina, não somente o que quer da sua vida, mas o que realisticamente pode realizar? Uma maneira é encarar essas questões de um ângulo um pouco diferente: talvez possa ter todas as coisas que quer, mas não ao mesmo tempo. No meu caso, isso significou me concentrar principalmente no trabalho dos meus vinte até o final dos meus trinta anos, e me tornar mãe aos quarenta. Essa escolha não serviria para todo mundo, especialmente quando se considera as potenciais complicações relacionadas a ficar grávida depois dos quarenta anos, mas funcionou muito bem para mim. O que funcionaria melhor para você? Vamos explorar essa questão em detalhes na próxima seção, quando chegarmos ao momento corajoso, mas cheio de arestas, de fazer as suas escolhas pessoais.

Antes disso, existem dois pensamentos para ajudá-la a se orientar. O primeiro é uma antiga metáfora de parque de diversão: não basta querer a argola — é preciso aproveitar o carrossel também.* O segundo é da autoria de Oprah Winfrey, e é um dos meus favoritos entre todos, porque é um conselho maravilhoso:

* No século XIX, nos parques de diversão americanos, quem conseguisse pegar uma argola de uma caixa, enquanto rodava no carrossel, ganhava uma volta gratuita. (N. do E.)

Viva a sua melhor vida. Não necessariamente a mais bem-sucedida, e não necessariamente a de outra pessoa — mas *a sua melhor vida.*

Vamos aos detalhes práticos sobre como exatamente poderá fazer isso. A primeira grande regra para descobrir como conseguir viver a sua Vida de 360º é essa:

Enfrente suas escolhas honesta e diretamente.

Considere estas questões:

- Na sua vida, há espaço para um marido, ou um companheiro, ou é mais provável que conseguirá ir em frente com os seus planos, se ficar solteira, e trabalhar mais? Se você tem um namorado, ele apóia os seus planos profissionais? Acha que suas expectativas mudarão se vocês casarem?
- Ter filhos *versus* ter uma carreira — um *ou* outro ou um e outro?
- O trabalho de meio expediente lhe parece uma opção, ou as duas rendas do casal trabalhando em tempo integral é a única que lhe permitiria atingir o padrão de vida que você quer?
- Se escolher tirar uns dois anos para cuidar dos seus filhos pequenos, pode lidar com o fato de que, quando regressar, alguns colegas terão ultrapassado você na hierarquia da empresa?

Quando começar a fazer grandes escolhas sobre a vida e a carreira, deverá ser absolutamente honesta ao responder essas questões — caso contrário, apenas criará mais problemas para você mesma, mais adiante. Deixe-me lhe dar alguns exemplos.

Casei-me com meu primeiro marido pouco antes de ir trabalhar na revista *Ms.* Nós nos dávamos muito bem, mas quando eu comecei a mudar — ficando mais ligada ao movimento feminista e mais confiante no trabalho — nossa relação começou a sofrer. Ele trabalhava no bastião masculino de Wall Street, e vinha de uma linda família irlandesa, o mais moço de cinco filhos. Não demorou, começamos a nos distanciar demais. Depois do divórcio, lembro-me de pensar que não precisava de um marido para me sair bem na minha carreira, podia muito bem seguir adiante sozinha.

Entretanto, no fundo havia outra verdade: eu realmente queria ter alguém na minha vida, alguém com quem pudesse dividir alegrias e frustrações. Certamente eu poderia ter sido feliz sozinha. Contudo, não há dúvida de que desde que conheci, e casei com Tom Harvey, fiquei muito mais feliz do que quando era solteira. Isso significa que todos devem casar? Claro que não. Muitas mulheres serão mais felizes se permanecerem solteiras. Só para ter certeza, seja honesta consigo mesma sobre o que quer.

A pergunta que sempre me fazem é como equilibrar trabalho e família. Muitos anos atrás, uma colega me perguntou sobre voltar a trabalhar quando os meus filhos eram pequenos. Tom e eu adotamos nosso primeiro filho, Duffy, em 1987, quando eu estava trabalhando no *USA Today*, e eu voltei ao trabalho quatro semanas mais tarde. Nós contratamos uma babá em tempo integral, que me permitiu voltar logo ao trabalho. Será que eu deveria ter tirado mais tempo, para me ajustar à maternidade? É claro. Mas, naquele momento, na loucura dos primeiros anos do jornal, e antes que as leis trabalhistas permitissem que as mães tirassem doze semanas de licença, nenhuma mulher podia ficar fora do trabalho durante três meses — nunca se soube de um caso, e talvez fosse até mesmo impossível. As mulheres não faziam isso.

"Como você decidiu voltar ao trabalho?", essa colega me perguntou. "Não a incomodou deixar seu bebê com uma babá?" Seus olhos começaram a ficar úmidos e percebi, repentinamente, que ela não estava preocupada com a minha situação, mas com a dela.

"Também quero ter filhos", ela me disse, "mas a idéia de voltar ao trabalho, e deixá-los com outra pessoa acaba comigo."

"Bem", eu disse gentilmente, "se vai ficar tão mal assim, então já tomou sua decisão. Se pode ficar sem trabalhar, então vá aonde o seu coração estiver."

Algumas mulheres não querem nada além de ficar em casa com os filhos, e algumas ficam morrendo de vontade de voltar ao trabalho. A maioria de nós fica em algum lugar do meio. A chave é tomar as decisões que parecem corretas para você — não importa o que os outros pensem.

Então, vamos dizer que tomou a decisão de ter uma família e uma carreira. Como conciliar os dois?

Resolva a equação filhos + trabalho.

Como mencionei acima, voltei a trabalhar em quatro semanas depois de termos adotado nosso filho Duffy (adotamos nossa filha Alison, quatro anos depois). Tom e eu estávamos satisfeitos com a decisão de eu voltar ao trabalho em tempo integral. Eu levava Duffy comigo para algumas reuniões do *USA Today* fora da sede, com a babá, ou com minha sogra, e para seu crédito, Al Neuharth — que tinhas idéias muito progressistas sobre família e horas de trabalho — encorajava os pais a levarem seus filhos para o trabalho de vez em quando. Mesmo com essas vantagens, lembro que foi um ato conjunto de esforço, criar nossos filhos, trabalhar muitas horas, e viajar tanto a trabalho, tudo ao mesmo tempo.

Uma grande parte da solução da equação filhos + trabalho reside em expectativas administráveis. A vida de muita gente é afetada quando se decide ter filhos. Seus colegas farão trabalho extra durante a sua licença-maternidade (ou paternidade), seus clientes precisarão lidar com pessoas diferentes enquanto estiver fora da empresa, seu chefe precisará descobrir como administrar uma equipe sem uma pessoa-chave. E você, naturalmente, terá que enfrentar o fato de que sua ausência pode afetar a sua posição na empresa.

O primeiro passo crítico para fazer com que essas transições funcionem mais suavemente é definir expectativas claras para todos. Quanto tempo ficará fora do trabalho? Seus colegas poderão telefonar para sua casa, se surgir algum problema? Você poderá trabalhar algumas horas por dia, alguns dias por semana, ou não? Você estará disponível para ir ao escritório, no caso de uma emergência?

Outro dia eu conversava com uma colega que me disse: "Quando tive meu primeiro filho, cometi o erro de dizer a todos, 'Claro, liguem a qualquer hora'. Nossa, eles ligaram!". O telefone não parava de tocar, então, no seu segundo filho a mensagem foi diferente. "Eu lhes disse: 'Estou disponível pelo telefone das 8 às 9 horas da manhã, e das 4 às 5 horas da tarde'. E pronto." Todos — inclusive os clientes fora do escritório — sabiam exatamente quando podiam telefonar, e quando ela planejava voltar ao trabalho. E eles sabiam o que podiam esperar dela até a volta, de modo que não houve malentendido.

Quando voltar ao trabalho, garanta que as regras básicas ficaram claras para todo mundo. Se seu filho ficar doente, você espera poder ir para casa? Você poderá alterar seu esquema funcional, para acomodar as necessidades dos seus filhos? Quem assume seus deveres na sua ausência? Também muito importante: existe algum mecanismo para garantir que os seus colegas solteiros, ou sem filhos, não sintam que estão sendo injustamente forçados a pegar mais pesado? Todas essas considerações precisam ser analisadas e discutidas cuidadosamente, com antecedência, para que todas as pessoas da equipe saibam como as coisas ficaram decididas. Se sua empresa, ou organização for grande o bastante para ter um departamento de recursos humanos, consulte-o para descobrir se existe um conjunto de regras. Se não, tenha uma conversa franca com o seu chefe.

Existem estratégias úteis para lidar com situações no trabalho. O que fazer para lidar com situações em casa, especialmente se você não puder pagar uma empregada em tempo integral? É muito interessante observar que durante a última década, mais ou menos, a própria noção de família vem mudando. Parece haver mais exigências do que nunca sobre as mulheres jovens no ambiente de trabalho, e uma maior necessidade financeira para o casal trabalhar fora, o que, por sua vez, provocou arranjos mais flexíveis no cuidado com os filhos.

Não faz muito tempo eu estava numa recepção em Detroit, falando com uma cliente que era mãe de uma criança pequena. "Deixe-me apresentar uma pessoa a você", ela me disse, apontando uma amiga. "Essa é a outra mãe da minha filha." As duas mulheres não estavam vivendo uma relação afetiva; a segunda mulher era uma vizinha que freqüentemente tomava conta da filha da minha cliente. De fato, ela fazia a mesma coisa para uma porção de crianças da vizinhança — sem pagamento algum, só para ajudar.

Sua descrição da "outra mãe" me lembrou do título do primeiro livro de Hillary Clinton, *It Takes a Village* [Basta uma aldeia]. A frase é, na verdade, um provérbio africano, mas ressoa mais do que nunca na acelerada sociedade americana do século XXI. Se emocionalmente você conseguir aceitar a presença de outras pessoas no seu círculo íntimo — amigos, avós, sogros, vizinhos e outros — vai perceber que será muito mais fácil lidar com as questões de família e de trabalho.

Felizmente, para mulheres mais jovens, o papel dos homens em casa e com os filhos mudou dramaticamente nas duas últimas décadas. Antes o homem ficava muito ausente dessas responsabilidades, mas atualmente muitos homens estão participando mais. Recentemente, no restaurante da Hearst, vi dois colegas muito concentrados numa conversa. Quando cheguei mais perto, ouvi o que conversavam. "Sim, ela acordou por volta das três da manhã, mas eu lhe dei a mamadeira, e ela voltou a dormir imediatamente", um deles disse. "Oh, o meu filho agora dorme a noite inteira", disse o outro. Dei risada — era o tipo de conversa que a gente não ouvia nem a cinco anos atrás.

O que nos leva a outra consideração sobre a Vida de 360°. Para as solteiras, que estão procurando um companheiro, vale a pena pensar sobre o tipo de pessoa que, em última análise, querem em sua vida. Desde o começo da minha relação com Tom, ficou claro que ele apoiava e encorajava integramente o meu trabalho, e que assumiria a sua cota de deveres em casa. De fato, logo que minha mãe soube que eu estava namorando um advogado católico que era um grande cozinheiro, ela me disse: "Arraste esse para o altar!". E eu sempre fiquei feliz por tê-lo arrastado, pois minha vida tem sido muito mais completa — não apenas como pessoa, mas profissionalmente também — graças a esse relacionamento.

Assim, não tenha medo de aspirar a tudo o que você quer. É possível ter uma família e uma carreira, embora tempo e energia sejam ambos finitos, de modo que terá que fazer escolhas e, algumas vezes, sacrifícios. Sinta-se livre para explorar quaisquer soluções para a equação família + trabalho — sejam tradicionais, ou não tradicionais — que possam funcionar para você. E lembre-se, a vida não consiste em fazer tudo, mas sim em estar feliz com o que estiver fazendo.

CAPÍTULO 7

ATITUDE

Nas semanas seguintes ao fechamento da revista de Francis Ford Coppola, o diretor da revista *New York*, Jack Thomas, me fez uma visita em São Francisco. Eu trabalhara na revista por uns dois anos antes de vir para a Costa Oeste, Jack me conhecia, a mim e a minha história profissional. Convidou-me para um jantar muito agradável, e num determinado momento, disse: "Cathie, você gostaria de voltar e trabalhar conosco novamente, como nossa diretora-associada?".

Fiz uma pausa, me perguntando se deveria dizer o que realmente estava pensando. Enquanto Jack me lançava um olhar esperançoso do outro lado da mesa, decidi que deveria.

"Bem, Jack", disse-lhe, "talvez soe arrogante, e você não goste de ouvir. — mas o único trabalho que eu quero na *New York* é o seu. Quero ser a diretora."

Ele parou de mastigar e largou o garfo. "Interessante", disse. Depois de um momento, ele se recompôs, e nós continuamos o nosso jantar, embora eu não tenha a certeza se ele recuperou o apetite. Não me tornei diretora da *New York* naquela época, isso só ocorreu dois anos depois. De fato, eu fui a primeira mulher a ser diretora de uma importante revista semanal.

Ao ver o capítulo deste livro — "Atitude" —, talvez alguém tenha esperado dicas sobre como se comportar apropriadamente (ou mesmo sobre como *não* ter "atitude") no trabalho. Este capítulo, porém, é sobre algo mais profundo, e muito mais importante. É sobre como desenvolver uma atitude de expectativas saudáveis para si mesma: como acreditar que merece o tipo de trabalho, de emprego, de responsabilidade, de salário, de benefícios — de fato, o tipo de vida — que realmente merece.

Muita gente — especialmente mulheres — trabalha muito, e tem grandes habilidades e qualificações, mas não acredita, ou não tem fé no próprio valor. Alguma vez você

- reagiu com efusiva gratidão diante de uma apreciação positiva do seu desempenho, muito embora tivesse trabalhado muito, e merecesse os elogios?
- reagiu a um elogio, insistindo que não fizera nada de especial?
- ficou de lado, enquanto outra pessoa da sua equipe levava o crédito pelo seu trabalho, porque se sentiu insegura e estranha de se colocar no seu devido lugar?

Essas reações podem parecer perfeitamente naturais quando ocorrem, mas prejudicarão o progresso no mundo profissional. A humildade e a modéstia são qualidades pessoais valiosas, certamente, mas não ajudarão ninguém na hora de melhorar a posição no trabalho. Se a primeira reação a um elogio é diminuí-lo, é preciso se perguntar o motivo. Uma das habilidades mais importantes que se pode aprender é

Valorizar-se pelas suas aspirações, não pelas suas limitações.

Eu não comecei a trabalhar pensando que queria ser presidente de uma empresa de revistas. Durante a primeira parte da minha carreira, jamais pensei realmente como estaria a minha vida profissional tantos anos depois. Como muitas mulheres, enxergava a minha ascensão na escala corporativa seqüencialmente, um trabalho ou emprego depois do outro — não como uma grandiosa campanha pré-planejada.

Entretanto, sempre, mesmo no começo da carreira, eu queria e esperava que o emprego seguinte fosse o melhor naquele momento. Vejamos o meu primeiro emprego na revista *Holiday*. Fui entrevistada para vários cargos de começo de carreira, em empresas como a Doubleday, Curtis Publishing, Time Inc. e Condé Nast, mas uma das coisas que me atraiu para a *Holiday* foi o fato de que o título do meu cargo seria 'assistente de vendas', e não de secretária. As responsabilidades do trabalho e o salário podem ter sido exatamente os mesmos, mas eu imaginei que poderia conseguir um emprego ainda melhor numa próxima vez, se tivesse um título que soasse mais impressionante, para começo de conversa.

Teria sido fácil para mim, pensar: *Ora, realmente não tenho qualificações especiais que me diferenciem muito de uma secretária, talvez seja melhor ficar satisfeita com isso*. Graças a uns poucos empregos de verão em escritórios, eu sabia datilografar, atender ao telefone, arquivar, e isso era tudo. Mas, em vez de concordar em me definir de acordo com as minhas *limitações*, preferi me valorizar de acordo com as minhas *aspirações*. Essa é uma distinção crucial, porque fundamenta o bloco mais básico da construção do eventual sucesso na vida profissional.

Existe apenas uma única pessoa que pode limitá-la no trabalho de verdade, e essa pessoa é você mesma. Claro, pode haver quem tente levar o crédito pelo seu trabalho, frustrar ou impedir seus esforços, ou então prejudicá-la de modo insidioso, mas se você se recusar a ser intimidada — isto é, se mantiver uma confiança essencial no próprio talento, e na sua contribuição para a empresa — tudo não passará de obstáculos temporários. De fato, ter confiança em quaisquer qualificações que você tenha, em geral é mais importante do que ter qualificações realmente excepcionais. Deixe-me explicar o que isso significa.

Uma noite, ao jantar, quando eu tinha cerca de sete anos, eu anunciei aos meus pais: "Eu quero começar a andar a cavalo". Ninguém na minha família ligava para cavalos, mas eu já tinha ido várias vezes num estábulo da vizinhança, e tinha ficado hipnotizada pelos cavalos, pelo cheiro, pelos instrutores com suas botas — pela atmosfera toda. Assim, comecei a ter lições de equitação, e embora jamais tenha sido muito boa, fiz o melhor esforço possível, e realmente gostei muito do que fazia.

Nunca me ocorreu que eu poderia não ser tão boa quanto as outras meninas que já praticavam equitação há mais tempo do que eu, ou que eram mais competentes tecnicamente. Muitos anos mais tarde, uma amiga que montava muito bem, me disse, "Cathie, eu sou muito melhor cavaleira do que você, mas diante de um juiz num show de equitação ou quando monta em volta de um picadeiro, você tem um jeito de agir como se estivesse no topo do mundo". Eu nunca antes tinha pensado sobre isso, mas ela estava certa. Geralmente eu parecia melhor cavaleira do que era de fato, por causa da minha postura. E com o tempo, comecei a observar que as pessoas tendem a se encaixar em uma das quatro categorias, no que se refere à sua atitude sobre as próprias habilidades e qualificações:

- Elas são *boas* no que fazem, e *sabem* disso.
- Elas são *boas* no que fazem, mas *não sabem*, ou *não acreditam*.
- Elas *não são muito boas* no que fazem, e elas *sabem*.
- Elas *não são muito boas* no que fazem, mas *acham que são* — ou pelo menos, se apresentam como se fossem.

Na minha experiência, um número maior de mulheres do que de homens se encaixa na segunda categoria. Elas são boas no que fazem, e são inacreditavelmente valiosas para suas equipes no trabalho, mas, por alguma razão, sempre se desvalorizam. Das quatro categorias, essa não é apenas a mais autodepreciativa, mas uma das mais comuns. (A propósito, muito mais homens do que mulheres parecem se enquadrar na última categoria.) Assim, não cometa o erro de se desvalorizar, e aos seus esforços — a única coisa que conseguirá é impedir o seu progresso profissional.

Enquanto estou escrevendo este capítulo, uma matéria no *New York Times*, intitulada, *Gender Pay Gap, Once Narrowing, Is Stuck in Place* [A diferença salarial entre sexos, antes diminuindo, está de volta] está causando uma sensação. De acordo com o artigo, os níveis salariais das mulheres, que sempre foram mais baixos do que os dos homens em trabalhos similares, começaram a ser igualados nos anos 1980 e 1990. Desde então, as mulheres com superior completo vêm assistindo ao aumento da diferença entre os seus salários e os dos seus correspondentes masculinos. Trata-se de um grande passo para trás na noção da igualdade de sexos no trabalho.

Sob a luz dessa informação, e desses dados, é lamentável que um empregador não ofereça um salário compatível com seu valor profissional. Felizmente, é possível assegurar-se de que não aceitará menos do que merece. Então

Defenda seus direitos com todas as suas armas.

Desde a primeira vez que pressionei um empregador por um salário maior (logo no começo, na revista *Holiday*, como descrevi no capítulo 2), nunca fui tímida para pedir o tipo de compensação financeira que eu achava que merecia. Você também pode fazer isso — mesmo que pareça estranho ou agressivo. É só uma questão de aprender a se valorizar apropriadamente.

A primeira e melhor regra para lembrar é esta: seu poder de negociação é mais forte antes de aceitar o emprego, então negocie com mais firmeza na hora, quando o empregador quer lhe fazer uma oferta. O fato é que, quanto mais se valorizar, sem exagerar, naturalmente, mais respeito conseguirá dos seus potenciais empregadores. Se você se apresentar sabendo o que merece — tendo uma expectativa de compensação financeira adequada às suas qualificações, habilidades e responsabilidades — suas chances serão beneficiadas. É uma simples questão de causa-e-efeito: quando você mostra que se respeita, os outros a respeitarão mais.

Convenhamos, nem sempre esta trilha é fácil de ser desbravada. Pode-se ser rejeitada pela pessoa que está fazendo a contratação ou, eventualmente, por outros na empresa, se ficar irredutível e pedir o que acredita merecer. Descobri isso da maneira mais difícil, quando aceitei o cargo na ANPA, depois NAA, como contei no capítulo 6. Essa não só foi desconcertante, como também surrealista. Era um emprego importante, de alta visibilidade, e o conselho da organização estava ansioso para contratar alguém bem conhecido no ramo. Frank Bennack, que era o presidente do comitê da procura e da contratação desse profissional, me perguntou: "Você está interessada no emprego?". Eu lhe disse, "Sim, desde que a compensação financeira seja igual à que tenho no *USA Today*, Não quero ganhar menos".

Assim, negociei meu contrato, baseada nos fatores habituais: o salário comparável a de outros presidentes de grandes associações de classe, meu nível de experiência, e o montante que eu queria receber (fundamentado no meu salário no *USA Today*). Como estava saindo de uma empresa negociada na bolsa de valores (Gannett), para uma associação de classe, eles precisariam aumentar o meu salário na época, para compensar a opção acionária que eu iria perder. Concordamos logo com os termos, e comecei a trabalhar animada pelo desafio de por mãos à obra numa nova posição.

Poucos meses mais tarde, uma influente revista local, chamada *Washingtonian,* publicou uma matéria com uma fotografia minha. E um título provocativo, que questionava se eu realmente valeria o salário que estava recebendo. Bem, vamos admitir que, naquela época, uma porção de gente em Washington não recebia salários comparáveis ao meu, mas outros chefes de grandes associações — homens como o finado Jack Valenti, que durante muito tempo chefiou a Motion Picture Association of America [Associação da Indústria do Cinema dos Estados Unidos], certamente ganhavam, e ninguém os estava questionando. Meu marido, Tom, se aborreceu pelo que enxergou como um inerente sexismo na questão. (Ele também teve que aturar um bocado de zombaria dos seus colegas na Administração de Veteranos. "Todo mundo está mandando a matéria por fax para todo mundo, dizendo 'Já soube quanto a mulher do Tom ganha?'", me contou, com um sorriso. Uma das muitas coisas que eu amo em Tom é como não se importa de meu salário ser maior que o dele.)

Como eu poderia não me sentir mal com uma matéria com aquele título? Senti-me invadida e constrangida — e, mais uma vez, nunca achei que a matéria tivesse razão. Segundo qualquer critério razoável e objetivo, meu salário não era excessivo. Se parecia para os outros, bem, era problema deles. No entanto, não me senti bem de ver a matéria na revista. Além disso, era estranho saber que as pessoas, no meu trabalho, estavam falando disso pelas minhas costas.

Então, fique firme nas suas convicções, mas prepare-se para se defender. Lembre também que existe uma razão pela qual determinados cargos pagam realmente bem, ou até mesmo acima do mercado — em geral, existem dores de cabeça diabólicas, na forma de horas insanas, tarefas hercúleas, chefes tipo pesadelo, e por aí afora. No momento certo, chegue disposta, e negocie o salário que a deixará satisfeita. Por que, mais uma vez, como em tantas coisas na vida, se não o fizer, quem o fará?

Não menos importante do que negociar um bom salário é negociar — e tirar vantagem — dos seus benefícios. Isso significa:

Tire o tempo de férias que você merece.

No meu segundo ano no *USA Today*, quando o jornal estava lutando para sobreviver, e a equipe inteira estava trabalhando de segunda a segunda, decidi que tinha que tirar mais do que uma semana de férias. Estava exausta. Tom alugara um apartamento no sul da França para nós dois, por duas semanas em agosto, e embora eu tivesse direito a férias, tive que tomar coragem para dizer a Al Neuharth que planejava tirar aquele tempo todo. Ninguém na Gannett jamais parecia tirar férias, então eu sabia que ele não ia gostar nada da notícia, mas tinha que ficar firme para me certificar de que ele não me intimidaria. Eu resolvi lhe dar a notícia com um bocado de antecedência, no começo de junho.

Numa manhã, Neuharth estava ao lado de Charles Overby, seu assistente executivo, perto da sua sala, quando resolvi dar o primeiro passo. "Al, acabo de lhe mandar um memorando, mas quero lhe dizer pessoalmente. Estarei de férias na França, nas duas últimas semanas de agosto."

Ele se virou, claramente surpreso. "Você vai, o quê?", resmungou. "Você vai para a França? Por duas semanas?" Ele não gritou "Cathie, você é louca?", mas definitivamente foi esse o sentimento que deixou no ar.

Eu sabia que jamais teria as férias que merecia se não ficasse firme diante de Neuharth naquele momento. "Sim", eu disse. "Duas semanas na França".

Ele me avaliou por um momento, deu de ombros, e disse: "Está bem. Mas certifique-se de manter contato com o escritório." Depois ele se virou para Charles Overby. E isso foi tudo.

Mais tarde, Charles Overby veio me ver, e disse: "Cathie, não acredito no que fez! Eu jamais teria coragem de pedir *duas semanas* de férias! Você viu a cara dele?". Charles riu, e continuou: "Bem, isso quebrou o gelo. Também vou pedir alguns dias em agosto".

Seus benefícios, férias inclusive, são tão importantes quanto o seu salário e o título do seu cargo, de modo que não tema pressionar pelo que precisa e pelo que quer. Se uma doença exigir que tenha um plano mais abrangente de saúde, peça o que precisa ao seu empregador. E se quiser três semanas de férias, em vez de duas, então peça (mas dê a notícia com muita antecedência ao seu chefe, é claro). O pior que pode acontecer é ele negar.

Você quer trabalhar para quem valorize as suas qualificações, as suas habilidades, então encare o assunto dessa maneira: se um empregador potencial negar pedidos razoáveis, talvez você não queira trabalhar nessa empresa, porque talvez esse tipo de atitude prevaleça na empresa inteira. Ou ainda, talvez ela simplesmente não possa oferecer o que você quer. Uma empresa nova, por exemplo, provavelmente não poderá lhe dar as quatro semanas de férias que deseja. É você quem decide ceder, se quiser muito determinado emprego.

E, pelo amor de Deus, aproveite as férias que você mereceu. Muita gente fica acumulando tempo de férias e jamais o utiliza, a menos que esteja a beira de perdê-lo. Embora muito ocupada, sempre arranjei tempo para sair de férias com a família — num rancho, numa praia, num safári, ou na Disneylândia. É o tempo necessário para descansar, para se refazer, e ficar com sua família. Esse é outro componente importante para uma Vida de 360°.

Em geral, a satisfação no trabalho depende simplesmente de criar as condições necessárias. Quando negociar o salário que merece, ou quando se conceder um ou dois dias de folga para recarregar suas baterias, estará se dando as ferramentas para uma vida mais satisfatória e, conseqüentemente, mais produtiva. Um bom empregador reconhecerá isso.

Aqui está outra maneira de se dar as ferramentas para ter sucesso:

Saia da sua vidinha, e crie uma rede de relações pessoais .

Conhecer gente, criar uma rede de relações pessoais — *networking* — é uma dessas palavras — como *tutoria* e *poder* — que jamais gostei muito, em parte porque acho que foram usadas em excesso. Ainda assim, a idéia de conhecer pessoas novas, de apresentá-las aos seus velhos amigos e conhecidos, criando uma rede de gente conhecida é bastante construtiva. Sempre que tiver oportunidade de expandir o seu círculo de amigos e colegas, deveria aproveitá-la — e existem numerosas organizações, conferências e encontros que podem ajudar.

Ao longo dos anos, estive em todo tipo de conferência, de pequenas reuniões informais a eventos obrigatórios, como a reunião anual da revista *Fortune*, as "Mulheres Mais Poderosas", ou a estrelada conferência de mídia da Allen&Co., em Sun Valley.

No começo da minha carreira, fui a conferências com dois objetivos específicos. Primeiro, queria conhecer o máximo de gente possível, para o meu crescimento pessoal e profissional. Segundo, queria fazer contatos úteis de trabalho — conhecer clientes potenciais, e até mesmo empregadores potenciais. Não se trata apenas de criar laços com outros profissionais, é também a oportunidade de negócio.

Parece calculista? Não deveria. Claro, para nós mulheres profissionais, é bom ter um lugar para conhecer e se relacionar com outras mulheres — essa é uma das razões pela qual eu comecei a organizar a conferência Mente, Corpo, e Alma, na Hearst. Porém, não há razão para não se dedicar a tarefas múltiplas — outra palavra em inglês, *multitask,* usada em excesso —, e aproveitar essas oportunidades para tratar de negócios.

Então, por onde começar? Se fizer uma pesquisa no Google, nas palavras *negócios* e *mulheres,* e o nome da sua cidade, encontrará vários *links* úteis. A seção de negócios dos jornais locais também deve noticiar os eventos e as organizações na cidade ou se informar na sua câmara de comércio local. Um tutor pode orientá-la para um grupo que corresponda às suas necessidades ou você mesma pode iniciar um novo grupo. É bastante fácil organizar pequenas rodas de discussão com outras profissionais, por e-mail, ou através de avisos em outras empresas.

Qualquer tipo de mecanismo para conhecer pessoas e criar redes de relações pessoais pode ser particularmente valioso, porque nem sempre é possível penetrar nas redes masculinas existentes. A chamada rede de relações pessoais dos rapazes, digamos, não é mais tão blindada e fechada como já foi, mas ainda está viva, saltitante e fagueira. Apesar do progresso das mulheres nas últimas duas décadas, são homens a grande maioria de CEOs de empresas, e os membros dos conselhos das empresas. De acordo com números anunciados por uma organização não lucrativa, a Catalyst, as mulheres chefiam apenas nove das quinhentas empresas da lista da revista *Fortune 500*. E apenas 16% de todos os executivos corporativos dessas empresas são mulheres.

Um artigo de dezembro de 2006, no *New York Times*, ofereceu observações surpreendentes sobre o quão longe as mulheres ainda precisam chegar para serem aceitas como pares pelos homens, mesmo que já tenham escalado a hierarquia corporativa. O artigo descreveu a experiência de Carol Bartz, uma antiga e bem-sucedida CEO da indústria técnica. Aqui está um trecho do artigo:

> Apesar da reputação de uma astuta mulher de negócios, depois de muitos anos de trabalho sério e competente, a senhorita Bartz ainda se viu ignorada durante uma recente reunião de empresários e políticos em Washington. A razão foi que os homens à mesa acharam que ela era uma assistente funcional, e não uma colega executiva.

"Isso acontece toda hora", disse Bartz secamente, relembrando o incidente. "Algumas vezes eu enfrento. Outras, simplesmente ignoro."

Tenho sorte de trabalhar num ramo com uma porcentagem maior de mulheres em cargos executivos, e assim nunca tive que enfrentar o tipo de atitude que outras executivas enfrentam. Contudo, se estiver interessada em áreas mais dominadas pelos homens — por exemplo, bancos de investimento, e determinados campos tecnológicos — precisa estar pronta para enfrentar possíveis preconceitos no trabalho. Vamos então analisar como poderá fazer.

Tenha cuidado para não ficar com um chip no seu ombro.

É fácil adquirir um chip no ombro relativo ao comportamento alheio, mas esse chip desmerece você e atrapalha. Eis um exemplo do que quero dizer.

Um dos meus primeiros chefes foi uma mulher muito exigente. Ela tinha um jeito próprio de fazer as coisas, e esperava que todos nós no escritório fizéssemos o mesmo, não importa o quão inconseqüentes ou bobas fossem as suas exigências. Ela insistia que jamais usássemos clipes nas pastas de arquivo, que usássemos o grampeador num determinado ângulo, que mantivéssemos as coisas sobre as nossas mesas numa certa ordem. Era obsessiva, e ainda hoje não consigo ver um clipe numa pasta de arquivo sem retirá-lo.

Quando chegávamos do trabalho, minhas companheiras de apartamento e eu conversávamos, e eu contava das últimas exigências da minha chefe. Meses depois, quando ela mudou de emprego, uma das minhas parceiras de apartamento observou: "Você deve estar muito aliviada! Ela devia ser uma pessoa horrível no trabalho!".

"É mesmo?" Muito embora minha chefe sempre fizesse exigências peculiares a todos nós, ela certamente não era horrível — de fato, eu gostava bastante dela. Peculiaridades como as dela fazem parte do território profissional. Talvez ela fosse mesmo um pouco dura, mas isso não me preocupava, o que me ajudou muito no meu trabalho, porque eu não gastava energia com esse tipo de coisa.

Embora não seja um caso relacionado a preconceitos de gênero, ele ilustra a melhor maneira de lidar com qualquer pequena atitude dessa área, que possa encontrar no trabalho. Como a maior parte das questões será, de fato, desimportante, a maneira de reagir a elas será, em última análise, mais importante do que as próprias questões. Nem todo comentário feito por um homem subentende uma intenção ofensiva de molestar ou de importunar, e nem toda desfeita teve essa intenção. Então, escolha suas batalhas com cuidado; com bom senso e sensibilidade, em geral é não fazer de problemas menores, problemas maiores. Se, entretanto, estiver enfrentando uma hostilidade real ou se deparar com atos, gestos ou palavras de ofensiva conotação sexual, você tem todo o direito de protestar. Peça a ajuda e o conselho do departamento de recursos humanos, para saber qual é a melhor e mais efetiva maneira de lidar com o problema.

Pode ser que sinta confiança de que não encontrará discriminação contra mulheres no seu ambiente de trabalho. Nos últimos anos, já fiz palestras para dúzias de jovens mulheres na Hearst, outras jovens mulheres de negócios, e estudantes universitárias, e observei que um número menor de mulheres percebe o preconceito sexual como uma questão importante e prioritária. A maioria diz que seus colegas as tratam como iguais, e não acham que as relações de trabalho entre homens e mulheres sejam um problema.

A diretora da revista *Harper's Bazaar*, Valerie Salembier, também reparou nessa tendência. "As mulheres nos seus vinte e trinta anos acreditam que podem fazer tudo", ela me disse recentemente. "Elas jamais serão gratas pelos empregos. Passei anos agradecendo pelos empregos que consegui!"

Suas observações me fizeram pensar no palavreado bombástico de Gloria Steinem: "As mulheres têm um caso terminal de gratidão!", ela disse. "Se nos dão a metade de um pão, nós dizemos, 'Oh, muito obrigada!' Nunca nos ocorre dizer, 'O quê? Só a metade do pão?'" Ainda assim, a "gratidão terminal" que Gloria observou parece estar desaparecendo e, com alguma sorte, os telhados de vidro e os velhos clubes do Bolinha eventualmente terão o mesmo fim.

Isto posto, outro comentário que ouço freqüentemente de mulheres jovens deixa claro que nem toda questão delicada já tenha sido resolvida: "Como posso me comunicar diretamente sem parecer agressiva, antipática ou ofensiva?". Elas se perguntam se uma mulher forte é considerada inevitavelmente como uma mulher difícil, e se as mulheres devem se comunicar diferentemente dos homens para conseguir chegar ao mesmo resultado. Eu quero assegurá-las de que

Você pode ser forte sem ser ofensiva.

Recentemente uma jovem me contou como costumava ficar dando voltas antes de dizer o que realmente queria, num esforço para não parecer muito exigente. Ela tinha começado bem de baixo no trabalho, e na medida em que foi sendo promovida, e as pessoas começaram a se reportar a ela, compreendeu que não sabia como se comunicar com elas. Ela não queria que pensassem que o poder tinha lhe subido à cabeça, de modo que dava ordens numa linguagem suave e apologética: "Espero que não se incomode se eu pedir...", ou "Seria muito bom se você pudesse fazer...".

"Em certos momentos", ela disse com frustração, "a gente precisaria dizer: *'Preciso disto, agora!'* ". Mas, por alguma razão ela — e muitas outras como ela, aparentemente — achava que dizer qualquer coisa de forma direta, pareceria agressivo e antipático.

Como relatei em capítulos anteriores, eu costumava parecer mais agressiva, um traço que alguns funcionários da revista *Ms.*, em particular, acharam difícil. Depois de fazer um esforço consciente para lidar com sensibilidades maiores e mais aguçadas — um esforço que faço até hoje — eu suavizei meu estilo. Mas não sou uma pessoa amena no trabalho. Sou muito direta com funcionários, e não tenho dificuldade alguma em deixar claro quando algo não me agradou, ou me aborreceu, ou quando quero algo feito de uma outra maneira. E embora aprecie uma conversa fiada (e alguma fofoca), tanto quanto qualquer pessoa, não tenho muito tempo para isso no trabalho, e sou rápida em mudar o rumo da conversa para os assuntos em pauta na agenda, para que as questões importantes sejam atendidas e resolvidas. Essas não são características tidas como "simpáticas", mas não tiveram nenhum impacto negativo na minha reputação de executiva.

Moral da história: é possível ser direta sem ser autoritária. Eis algumas sugestões simples e objetivas:

1. **Concentre-se em ser respeitada, em vez de ser querida.**

É natural querer que gostem de você, e é muito bom profissionalmente quando as pessoas com quem trabalha gostam de você. Ainda assim, é muito mais importante ser respeitada, porque essa é a qualidade que funciona num ambiente de trabalho. Pense sobre o engraçadinho do escritório, que sempre perde prazos, e compreenderá exatamente o que quero dizer. Todos podem adorá-lo, mas, sem respeito, ele jamais chegará a lugar algum.

Entenda bem a diferença crucial entre ser respeitada e ser querida: uma está sob o seu controle, a outra não. Algumas pessoas não gostarão de você, não importa o que faça para conquistá-las: trata-se apenas de química. Mas se você se comportar de uma maneira que exija respeito, as pessoas reagirão de acordo, mesmo de má vontade. E, claro, o interessante é que quanto menos se preocupar com o fato de gostarem ou não de você, a tendência é de que gostem.

2. **Tenha cuidado com a fina linha entre o humor e o sarcasmo.**

Uma das coisas que eu tive que prestar atenção e melhorar ao longo do tempo foi reconhecer a diferença entre uma observação engraçada, que é apenas engraçada, e uma que é sarcástica. O humor é um trunfo inacreditavelmente valioso — uma boa risada tem um efeito positivo num escritório — mas basta uma observação inadequada para deixar alguém chateado, e enterrar uma boa relação profissional. Se acha que tem inclinação para fazer observações sarcásticas, provavelmente existe alguma razão profunda por trás, e seus colegas e funcionários perceberão. Além disso, é melhor ser direta sobre questões ou problemas que tenha com as pessoas, e deixar o humor para tópicos mais leves.

3. Não tente se comunicar através de insinuações, alusões, ou duplos significados.

Um dos exercícios mais frustrantes para qualquer funcionário é tentar discernir o que o chefe está tentando dizer pelo tom, significados ocultos ou de alusões e insinuações. Aqui existe uma questão, um problema, digamos, de controle. Quando você faz as pessoas terem mais trabalho para compreender realmente o que está dizendo, você as desestabiliza injustamente. Ao longo dos anos, colegas me elogiaram pelo fato de que, quando falo com eles, o que eles ouvem é exatamente o que eu quero dizer. Sempre tento me comunicar com as pessoas da maneira mais simples, franca e direta possível. Demonstra respeito pelas pessoas com as quais está falando, provoca menos incompreensões e melhora o moral do escritório.

4. Confie que os seus comentários serão recebidos no espírito que foram expressos.

Algumas páginas atrás, eu descrevi uma jovem que tinha medo de parecer antipática ou agressiva se dissesse "Preciso disto, agora!", de maneira abrupta e sem preâmbulos. "Bem", perguntei a ela, "isso é o que você sente quando as pessoas falam dessa maneira com você?"

"Não", ela respondeu. "Mas aí é diferente."

O engano dessa jovem era antecipar a reação das pessoas; ela tinha que dizer o que desejava, com confiança, e esperar que a mensagem fosse compreendida.

> Em geral, quando ficar nervosa ao dizer alguma coisa, o interlocutor irá pressupor que você tem alguma razão para estar nervosa. Se, enquanto você falar, estiver pensando, *Espero que isso não pareça grosseiro*, é provável que pareça. Se for comunicar alguma coisa de maneira efetiva, e receber em troca o respeito dos seus funcionários e colegas, deve aprender a confiar que os comentários serão recebidos como você os expressou. Esse tipo de atitude lhe trará bons êxitos mais rápido do que imagina.

Uma vez, quando Al Neuharth era um executivo da cadeia de jornais Knight, ele marcou uma reunião às 13 horas, no escritório do seu chefe, Jack Knight. Exatamente na hora em que a reunião estava começando, Knight recebeu um telefonema. Era o presidente da Gannett, Paul Miller, telefonando para informá-lo de que Neuharth, que estava sentado a pouca distância, estava deixando a Knight para ir trabalhar na Gannett.

É claro, Jack Knight ficou estarrecido. Provavelmente ficaria ainda mais estarrecido se soubesse que Neuharth arranjara esse momento, de modo que estivesse ao lado de Knight quando Miller lhe desse a notícia. Como Neuharth explicou mais tarde, ele queria que Knight soubesse que Miller fora atrás dele, e não o contrário. Conhecendo Neuharth, suspeito de alguma outra razão. Fazendo o presidente da Gannett telefonar para informar de sua contratação, ele seria visto como uma força a ser considerada.

Adoro essa história, porque é o exemplo perfeito da coragem, da ousadia e da determinação de Neuharth. Ele jamais pensou duas vezes antes de tirar alguma vantagem, mesmo que tivesse que inventar e alimentar uma artimanha, aqui e ali, para consegui-la. Podemos aprender uma ou duas coisas com Neuharth, sobre como

Orquestrar (e esperar) seu próprio sucesso.

A história de Neuharth pode ser um exemplo extremo, mas a lição por trás dela é muito boa. Jamais se sinta desconfortável ou relutante ao criar vantagens para si mesma. E se estiver trabalhando muito, e dando resultados, tem todo o direito de esperar o reconhecimento, os bônus, ou as promoções que virão pelo seu caminho.

Mais uma vez, esse é um talento, uma habilidade que os homens parecem ter em proporção maior do que as mulheres. A história que sempre me lembra esse fato envolve um homem na Hearst, que um dia me disse: "Trabalho aqui há uma década, e *nunca* fui nomeado diretor de uma revista!". Ele parecia se sentir desconsiderado, quando existem, naturalmente, numerosas outras considerações — não apenas a longevidade no emprego — que levam alguém a ser nomeado diretor de uma revista. Trata-se de uma posição tremendamente desejada, a mais alta numa revista, e ainda assim esse homem parecia surpreso que o cargo não tivesse sido oferecido a ele. É difícil imaginar mulheres fazendo tal declaração.

Uma das razões pelas quais as mulheres têm a tendência de ter expectativas menores para si mesmas pode ser encontrada nesse comentário de uma jovem na Hearst: "Se eu sugerir uma idéia, e nove pessoas disserem, 'A idéia é boa!', e apenas uma não gostar dela, eu realmente me prendo àquele voto dissidente". É freqüente as mulheres desejarem 100% de aprovação —

a certeza absoluta de que estão certas, que são merecedoras ou preparadas — antes de se meter em apuros. Isso não apenas é irrealista, mas, sobretudo, autodepreciativo. Se tentar agradar a todo mundo, sua mensagem ficará tão confusa que acabará não agradando a ninguém.

Por fim, ter atitude não é apenas uma questão de aprender como ter sucesso. Trata-se também de como reagir ao sucesso:

Aceite o crédito, quando for seu.

Quando fui nomeada presidente do *USA Today*, comecei a receber um bocado de atenção e, quando as coisas caminharam bem, de louvores na imprensa. Havia poucas mulheres em posição comparável à minha, e isso apenas aumentava os holofotes sobre as histórias. Num determinado momento, eu disse ao meu marido, Tom: "Sabe, estou levando um bocado do crédito. Mas eu tenho uma grande equipe, e ela é um imenso fator no sucesso que estamos conseguindo. Não me parece justo".

"Cathie", ele disse, "aceite o crédito que é seu — porque certamente eles transformarão sua vida num inferno, se fracassar." E como o título "Cathie Black pode salvar o *USA Today*?" mostrou, Tom estava certo; era a minha cabeça que estaria a prêmio se nós fracassássemos. Então, eu decidi seguir o conselho de Tom, e aceitei o crédito quando o mereci. Você pode aceitar o crédito com humildade, mas no fim das contas, aceite-o. Você o mereceu.

ESTUDO DE CASO

A REVISTA *COSMOPOLITAN*

Sentada à mesa de reunião na sala de Frank Bennack, CEO da Hearst na época, eu pensei, *Oh, Deus, Frank vai ter um ataque cardíaco.* Seu rosto estava vermelho vivo, as veias do seu pescoço pulavam. Desde que o conhecia, nunca o tinha visto levantar a voz, mas, naquela reunião com a nova editora da *Cosmopolitan*, Bonnie Fuller, ele parecia a ponto de estourar.

Frank tinha pedido à Bonnie para apresentar suas idéias para a *Cosmopolitan*, a revista que tinha sido editada nos últimos trinta anos pela lendária Helen Gurley Brown. Helen transformara a *Cosmopolitan* num objeto de devoção, quase triplicando sua circulação, de 900 mil para pouco menos de 2,5 milhões de exemplares. A *Cosmo* era a revista para mulheres jovens mais vendida, e Helen — uma força coroada e embandeirada da natureza — era a cara dela. Despejara uma energia inacreditável na revista, aparecendo em eventos em toda Nova York, ronronando sua marca registrada, "Oi, gatinho!", para quem encontrasse.

A *Cosmopolitan* era a revista mais lucrativa da Hearst, uma máquina de fazer dinheiro, e era compreensível a boataria em todos os andares da Hearst sobre quem assumiu as rédeas — mesmo sendo um comprovado talento, como Bonnie Fuller, que dirigira com muito sucesso a *Marie Claire* por dois anos, antes de ir para a *Cosmo.*

Tendo isso em mente, era de se esperar que Bonnie caminhasse com cuidado quando assumisse a direção da revista. Ela decidiu revisar e revigorar a aparência da revista, e levou sua equipe para fazê-lo. Bonnie tinha ficado dois meses acantonada com sua equipe numas salas no subsolo, repensando e redesenhando a revista, enquanto Helen trabalhava nos seus últimos números nas salas da *Cosmopolitan*. Diante da proximidade da data do primeiro número editado por Bonnie, essa reunião tinha sido marcada para que ela pudesse mostrar a nova cara da revista a Frank.

Enquanto uma confiante Bonnie lhe mostrava a capa e as primeiras trinta páginas da revista, o rosto de Frank ia ficando encrespado de tensão. Eu já tinha visto o boneco da revista, e era muito diferente da revista da época, com fotografia melhor, artes gráficas mais fortes e mais cor. "Bonnie, o que você fez?" ele perguntou, num tom de voz mais alto. "Quem fez isso? Quem na sua equipe de criação?" Bonnie listou diversos nomes, inclusive o do seu novo diretor de criação, Donald Robertson.

Os olhos de Frank se arregalaram. "Bem", ele disse, "o que aconteceu com a turma de Helen?"

"Todos estão indo embora", Bonnie respondeu. "Ou já foram."

Frank parecia atordoado. "Está me dizendo que aquela gente que produziu essa revista inacreditavelmente bem-sucedida durante décadas, que resultou em milhões de dólares ao longo dos anos, que toda essa gente foi embora?", exclamou, áspero, o rosto avermelhado. "Você não acha que essa gente sabia fazer uma revista que vende?"

Olhei para Bonnie. Para meu espanto, ela não se abalou, ficou fria, com cara de jogador de pôquer, esperando Frank terminar. A explosão não pareceu desconcertá-la nem um pouco. Ele continuou por mais uns dois minutos. Quando então pareceu que ele esperava uma resposta, ela falou.

"Frank, esta é a decisão certa", ela lhe disse com calma. "Esta é uma geração muito visual, e precisamos que a revista reflita isso. É a coisa certa para a *Cosmopolitan*. Não se preocupe — vai dar certo. A revista vai ficar ótima."

Não sei se Frank se sentiu mais apaziguado pelas palavras de Bonnie, mas ela levou seu plano adiante, redesenhando a revista por inteiro. E exatamente como havia dito, foi a coisa certa a fazer pela revista. Helen tinha feito um trabalho absolutamente fantástico, mas ela era uma pessoa de palavras numa era progressivamente visual, e por mais infalível que a fórmula da revista parecesse ser, ela precisava ser modernizada para a nova geração. Os instintos de Bonnie para empurrar a *Cosmo* para uma nova e diferente era estavam certos, e antenados com o seu sucesso editorial e financeiro.

Existe uma excelente lição nesse fato, uma lição que desde então já se repetiu na *Cosmo*, com a sucessora de Bonnie, Kate White. Não importa quão bem-sucedido o seu produto ou o seu projeto possa ser, é importante

Renová-lo, refrescá-lo, reinventá-lo.

Diante do sucesso da *Cosmopolitan* sob a direção de Helen Gurley Brown, deixá-la como estava — numa abordagem "se não está quebrada, não conserte" — seria natural. Ainda assim, Bonnie compreendeu que a hora de levar a revista para o futuro era aquela, não mais tarde, quando pareceria antiquada. Bem-sucedida como era a *Cosmo*, Bonnie queria fazê-la mais ainda. Ela queria jogar para ganhar, em vez de jogar para não perder.

Eu não era fã de tudo o que Bonnie fez. Para começar, como escrevi no capítulo 5, não advogo a tese de começar um novo emprego jogando bombas à esquerda e à direita, demitindo a equipe antiga e deixando os sobreviventes em estado de choque. Houve um bocado disso nos primeiros meses de Bonnie. Ainda assim, o período de Bonnie como editora teve um saldo positivo por muitas razões, inclusive o crescimento das vendas nas bancas, o completo visual, e uma frase maravilhosa que virou o mote da *Cosmopolitan*: "Fun, Fearless Female" [Mulher Divertida, Destemida]. Os melhores slogans são aqueles que se aplicam apenas a uma revista, e esse resume a *Cosmopolitan*, e apenas a *Cosmo* — com perfeição.

Chegamos assim ao centro de qualquer estratégia para renovar e reinventar: mesmo quando se atualiza e se melhora um produto, deve-se tomar cuidado para preservar seu caráter essencial — aquilo que sempre cativou as pessoas. No caso da *Cosmo*, existem determinados elementos básicos que não mudaram em anos, e provavelmente não mudarão nos próximos cem anos. Mulheres jovens sempre irão buscar conselhos sobre relacionamentos, sexo, beleza, empregos, compras, moda, saúde, e auto-estima — todos os temas que as mulheres têm na cabeça por gerações.

A empresa Coca-Cola, de cujo conselho faço parte, deu ao mundo consumidor um exemplo de quanto se pode ir longe demais ao mudar um produto adorado. Em 1985, a empresa lançou a New Coke, substituindo a fórmula original da bebida, que atravessara décadas incontáveis. Os testes da bebida mostraram que as pessoas gostaram mais da nova bebida — mas os consumidores reagiram veementemente. Eles bombardearam a empresa com cartas e telefonemas raivosos, implorando a volta da antiga bebida. Setenta e sete dias depois de apresentar a New Coke, foi exatamente isso o que fez a empresa. Foi um erro caro e constrangedor, mas foi corrigido prontamente.

Então, o jeito é ficar antenado com o passar do tempo — explorar novos aperfeiçoamentos do produto, sabendo quais as fronteiras que devem ficar intactas. Uma editora que fez isso muito bem é a sucessora de Bonnie Fuller na *Cosmopolitan*, Kate White. Ela mostrou um instinto afiado ao

Pensar grande e de forma mais abrangente, do ponto de vista da marca.

Quando Bonnie Fuller saiu da *Cosmopolitan* dois anos depois (para se tornar a editora da revista *Glamour*, onde permaneceu apenas um pouquinho mais), precisávamos encontrar rapidamente uma grande editora para substituí-la. Logo pensei em Kate White, que era, então, editora da *Redbook*, e para quem telefonei num sábado, pedindo para me encontrar no domingo à tarde. "Você não está me demitindo, está?", ela perguntou. "Claro que não. Me encontre no escritório às cinco. Quero conversar com você sobre um assunto importante."

Kate chegou na hora, e depois de algumas amenidades, eu fui direto ao assunto. "Você gostaria de ser a editora da *Cosmo*?"

Achei que ela fosse cair da cadeira. "Você deve estar brincando!", ela disse. "Oh, isso é fantástico!" Depois ela me disse que não tinha noção do assunto que eu queria tratar, mas assim que as palavras saíram da minha boca, eu pude ver as engrenagens do seu cérebro se movimentando. Seria uma oportunidade de ela realmente mostar seu talento e sua qualificação na nossa marca mais importante. Desde então, nove anos depois, aquelas engrenagens nunca pararam de se movimentar — nem os lucros.

Kate tem sido uma força verdadeira na expansão da marca *Cosmopolitan*, incluindo a criação de uma divisão de livros, a Cosmo Books, que lançou títulos de sucesso inacreditável, como o *Cosmo Kama Sutra*, com mais de 400 mil cópias vendidas. Ela também tomou a iniciativa de fazer uma sociedade, a rádio satélite Sirius, criando um canal especializado, chamado Cosmo Radio. A revista agora também tem a Cosmo Mobile, onde os leitores podem se inscrever para ouvir o horóscopo, e as notícias do dia via telefones sem fio, e também um site. Kate também fez muito mais do que editar muito bem a revista: ela e sua diretora, Donna Kalagian Lagani, a transformaram numa marca de influência, o que é muito mais difícil de fazer do que parece.

Helen, Bonnie, e Kate, cada uma colocou seu carimbo na *Cosmopolitan*. Elas são tipos diferentes de editoras, com diferentes qualidades, talentos, qualificações e habilidades, e se qualquer uma delas tivesse tentado ser como as outras não teriam aperfeiçoado a revista. Existe uma grande lição na história recente da *Cosmopolitan*:

ter a coragem de enxergar adiante, fazendo e tornando o seu produto, a sua empresa e a sua organização melhores. E ter confiança na sua maneira exclusiva de fazê-lo, porque você pode oferecer algo que ninguém mais pode.

CAPÍTULO 8

LIDERANÇA

O que vem à sua cabeça quando ouve a palavra *líder*? Se você é como a maioria das pessoas, deve imaginar um general conduzindo soldados para uma batalha, ou um político incitando uma multidão. Geralmente a palavra *liderança* traz à mente uma ação proativa e vigorosa. Ainda assim, existem aspectos mais sutis de ser um grande líder. E, embora possam ser menos óbvios, eles são muito importantes, em especial para quem não tem o poder natural e o carisma de um "líder nato". Levei minha carreira inteira para aprender esses segredos da grande liderança, de modo que quero lhe dar uma vantagem na largada, destacando os essenciais. Primeiro:

Lidere com afeição (mas não use esse termo no trabalho).

Na conferência "Mente, Corpo, e Alma", há alguns anos, uma executiva de publicidade chamada Mary contou uma história sobre o seu chefe. Mary ascendera de modo constante e progressivo na hierarquia corporativa, trabalhando longas horas, se estimulando de maneira implacável num esforço para ir galgando os níveis seguintes. Quando chegou ao topo da hierarquia, como presidente de uma agência de publicidade, ela começou a desmoronar.

Descobriu que, como alta executiva, não estava fazendo o mesmo tipo de trabalho que fizera ao longo da sua carreira — trabalho que adorava e que fazia muito bem. Não se reunia mais com clientes, quase não buscava novos negócios; em vez disso, administrava pessoas que faziam o trabalho. Também passava mais tempo com tarefas administrativas, como orçamentos, assuntos do pessoal e análises financeiras. De repente, percebeu que não era boa nessas novas tarefas. Mary foi ficando insatisfeita com o seu trabalho, e além de dormir menos começou a beber mais copos de vinho do que de hábito. Então dirigiu-se ao presidente da sua matriz, e disse: "Preciso tirar uma licença. Quero quatro semanas".

Se você fosse o presidente, o que faria numa situação como essa? Ele tinha várias opções disponíveis:

- Deixar Mary tirar as quatro semanas de licença — ela vinha trabalhando muito, e precisava se recompor.
- Deixar Mary tirar as quatro semanas de licença, mas pedir a ela para estar disponível para reuniões ou telefonemas importantes. Afinal, como o mercado interpretaria a ausência da presidente da agência?
- Pedir a Mary para tirar um período menor de licença, e depois avaliar se ela precisava de mais tempo.
- Demitir Mary. Se ela não agüenta a pressão, não deveria ser presidente da agência.

Ele não escolheu nenhuma dessas opções. Em vez disso, disse a ela: "Mary, quatro semanas não são suficientes. Você realmente precisa pensar sobre a sua vida e analisar as suas prioridades. Tire um tempo maior, tire dois meses de licença".

Mary ficou atordoada. Ela jamais imaginara que ele fosse tão compreensivo. Sentindo-se culpada, ela disse: "Bem, é claro que virei para a próxima reunião de negócios na quinta-feira — e posso vir para apresentações realmente importantes durante a minha licença". Mas, o presidente disse: "Não. Uma licença é uma licença. Não quero nem um telefonema seu durante os próximos dois meses. Quando for embora esta noite, acabou. Deixe o seu celular e o seu BlackBerry na agência".

Parece mentira, não é? Enquanto Mary contava sua história, nós todas ficamos embasbacadas diante desse caso incomum de compreensão. Mary tirou os dois meses de licença. Fez longas caminhadas, foi a museus, e leu livros, fez tudo que serviu para refrescar sua cabeça, melhorar sua pessoa e restaurar sua energia. Quando voltou ao trabalho, ela tinha uma nova atitude e uma nova perspectiva, e jamais olhou para trás. Tampouco esqueceu a empatia de seu chefe — que percebeu com clareza que ela estava precisando de uma folga substancial, não uma cosmética.

Gosto do termo "administração com empatia", porque é um lembrete para se ter sempre presentes os sentimentos e as necessidades da equipe, não apenas as necessidades dos projetos. É um lembrete ainda mais importante, se você, como eu, é bastante auto-suficiente no escritório. Como eu nunca solicitei nem precisei de muita atenção nem de muitos desvelos no trabalho, algumas vezes esqueço que os outros não são do mesmo jeito. Ruth Diem, a antiga diretora de recursos humanos da

Hearst, lembrou-me disso num momento engraçado, quando nosso novo prédio estava sendo terminado. Em quase todos os andares, exceto no corporativo, as salas tinham paredes de vidro, sem persianas, venezianas nem cortinas. Isso tornava o ambiente muito aberto, que era exatamente o que queríamos, mas não oferecia nenhum refúgio para a privacidade.

Num determinado momento Ruth me disse: "Cathie, precisamos de um lugar onde as pessoas possam ter um pouco de privacidade — onde as pessoas possam ir para chorar".

"Precisamos?", perguntei surpresa. "Quantas pessoas choram no trabalho?"

"Muitas", ela riu. Era uma observação válida, e não teria me ocorrido. Ela estava levando em consideração as necessidades dos nossos funcionários, mesmo que pudessem ser diferentes das suas. Empatia não é uma habilidade que existe naturalmente em todas as pessoas, mas, certamente, vale a pena ser cultivada. (A propósito, nós realmente criamos um espaço fechado, onde as pessoas podiam ir para descansar um pouco, ou para terem um momento privado para se refazerem.)

Como aprendi ao longo dos anos, existe uma maneira irrefutável de garantir que você fique sabendo e compreenda as necessidades e as preocupações dos seus funcionários. E embora soe simples, na verdade exige mais trabalho do que parece:

Seja uma boa ouvinte.

Se existe uma habilidade pela qual eu lutei muito para aprender, é esta. Indiscutivelmente, é a habilidade mais importante de um líder, porque afeta todos os elementos da produtividade da sua equipe.

É fácil ouvir o que se deseja ouvir, e muito mais difícil entender verdadeiramente significados e motivações. Porém, uma vez que comece a ouvir — *realmente* escutar — ficará surpresa com quanto conseguirá aprender. Além disso, o próprio fato de escutar, encorajará as pessoas a se expressarem. Lembre-se: escutar envolve muito mais do que apenas ouvir palavras. É preciso prestar atenção ao tom, à linguagem do corpo, que são pistas claras sobre sentimentos, mesmo que as pessoas tenham dificuldades de expressá-los. Como disse o grande Yogi Berra: "Pode-se observar um bocado, só de olhar".

No começo da minha carreira, eu escutei uma especialista em administração falar sobre reuniões. "As pessoas vão a reuniões por três motivos", ela disse. "Um, porque devem. Dois, tiram férias do que elas estavam fazendo naquele dia. Ou três, porque são prisioneiras." Esse resumo permaneceu na minha cabeça todos esses anos, porque realmente demonstra o fato de que, mesmo quando estamos todos numa mesma sala, para uma reunião ou um evento, as outras pessoas podem estar tendo experiências muito diferentes da minha. Existem tantas dinâmicas numa sala quanto o número de pessoas — e, freqüentemente, mais ainda.

Essa mesma consultora continuou a descrever as diferentes maneiras pelas quais as pessoas se comunicam em reuniões. "Algumas pessoas querem falar o tempo inteiro, e outras nunca querem dizer uma palavra. Isso não significa que não tenham nada para dizer — apenas significa que preferem conversas particulares." Sendo uma pessoa extrovertida, compreendi que muitas vezes tirara conclusões injustas sobre o conhecimento ou as qualificações das pessoas, baseada, em parte, em como se comportavam em grupos. Eu as julguei como julgaria a mim mesma, se estivesse agindo da mesma maneira, sem jamais considerar que nós temos maneiras diferentes de fazer as coisas.

Tão logo cheguei a essa compreensão, mudei a maneira de avaliar as pessoas. Isso também me levou a mudar meu estilo de liderança. Anteriormente, eu iria a uma reunião e a comandaria desde o começo, pedindo a pessoas para responderem a determinadas questões, e conduzindo a conversação. Eu entendia que liderar a conversa era a melhor maneira de ser uma líder. Agora, geralmente eu abro as reuniões com um pequeno resumo dos motivos pelos quais estamos juntos ali, e do que esperamos realizar. Então, recosto na cadeira, e escuto enquanto os outros assumem as conversas. É impressionante quanto tenho aprendido, e quanto certamente teria perdido se continuasse comandando as reuniões como antes.

Sim, algumas vezes a liderança significa saber quando não liderar. E isso porque

Grandes líderes delegam com grandeza e generosidade.

Aprender a delegar é uma das habilidades mais difíceis de desenvolver, quando se escala a hierarquia corporativa, e é também uma das mais importantes. Não é possível se tornar um líder efetivo se fizer todo o trabalho, parcialmente porque quanto mais alto estiver, mais tarefas cairão sob a sua esfera de ação. Se tentar fazer tudo por conta própria, não somente ficará maluca, mas certamente fracassará. Se enterrar em minúcias é dos erros mais comuns, e mais mortais que pode cometer enquanto escala a hierarquia corporativa. Quando você se atola nos detalhes, é fácil perder a visão do cenário inteiro.

Faça esta pergunta a si mesma: "Existe alguma razão legítima pela qual essa tarefa precisa da minha atenção pessoal?". Em geral, você descobrirá que a resposta é não.

Permitir que os outros assumam o leme — em reuniões, em projetos ou em qualquer aspecto do trabalho — resulta em algo mais profundo, também. Faz as pessoas se sentirem mais investidas de responsabilidade, mais envolvidas no resultado, e lhes dá uma sensação de realização, e de propriedade que de outro jeito não teriam; e permite que elas brilhem. Não existe maneira melhor de manter sua equipe concentrada, comprometida e realizada, do que lhes dar a habilidade de atingir, ela mesma, os importantes objetivos do trabalho.

Outra qualidade da boa liderança é ser capaz de ter uma perspectiva ampla, quando os demais talvez estejam excessivamente voltados para os detalhes. É saber como

Concentrar o foco nas soluções, não nos problemas.

No Prólogo, eu descrevi a reação de Joe Welty no dia que eu fui apresentada como a nova presidente do *USA Today*, que me disse: "Quero que saiba com antecedência que não vou me reportar a você". Logo de início, ficou claro que a atitude de Welty seria um problema.

Foi mesmo. Durante os primeiros dois meses no jornal, Welty tentou me levar a um jogo fútil de quebra de braço, de demarcação de território. Ele convocava reuniões e deliberadamente não me comunicava. E sempre que eu convocava uma reunião para a qual ele não fora convidado, ele aparecia, e ficava plantado na porta, com os braços cruzados, como se quisesse demonstrar para as pessoas ali reunidas que ainda estava no comando. A crescente tensão entre nós acabou sobrando para o escritório inteiro.

Eu poderia ter ido reclamar com Al Neuharth, ou pedir-lhe que encontrasse uma maneira de consertar a situação. Mas isso violaria sua regra importante: Não leve os problemas para o seu supervisor, encontre você mesma as soluções. Decidi que seria melhor eu mesma descobrir a solução, e apresentá-la a Neuharth.

Ray Gaulke, meu colega na Gannett, me ajudou a formular um plano. Em vez de manter Welty no *USA Today*, onde ele continuaria a colidir comigo, por que não colocá-lo em uma posição compatível na Gannett? Dessa maneira, Welty teria deveres equivalentes, mas nós não teríamos que lidar um com o outro diretamente, e a paz seria restaurada nos escritórios do *USA Today*. Era uma solução simples, direta que satisfaria todas as partes. Além disso, Welty e Neuharth não se desmoralizariam — sempre um bom objetivo que merece os melhores esforços.

Ray e eu convidamos Neuharth, e o diretor do jornal, Jack Heselden, para jantar, com a intenção de apresentar o nosso plano. Nós o explicamos com cuidado, ponto por ponto. "Será bom para todos os envolvidos", eu lhes disse. "E deveríamos implementá-lo de imediato."

Do outro lado da mesa, Neuharth não parecia impressionado. Levantou uma série de objeções, cutucando e espetando os detalhes do plano. Eu tinha certeza de que a saída de Welty não teria um impacto negativo no nosso progresso publicitário no *USA Today*? Afinal, a situação financeira do jornal era difícil, de modo que cada venda de anúncio era crítica. Eu já me certificara de quem seguraria a barra quando Welty saísse? Era realmente o melhor plano para o jornal — ou era apenas uma maneira de me livrar de alguém com quem eu vinha colidindo?

Ray e eu respondemos a todas as perguntas de Neuharth, uma a uma, esperando que estivéssemos progredindo. De repente, Neuharth se inclinou com um sorriso maroto, meteu a mão no bolso do paletó, e tirou um pedaço de papel dobrado. Com um floreio teatral, ele o desdobrou e começou a ler. Era o rascunho de um comunicado à imprensa, obviamente preparado antes do jantar, anunciando a mudança que nós estávamos sugerindo: Joe Welty seria nomeado vice-presidente executivo da Gannett Media Sales, a divisão criada recentemente, e que era presidida por Ray Gaulke.

Ray e eu ficamos estarrecidos. Eu tive que rir de toda a minha preocupação em relação à concordância de Neuharth com o plano. Obviamente ele estava um passo à nossa frente. Foi uma das muitas vezes que, a despeito das suas peculiaridades e das suas provocações, eu tive que ficar maravilhada com a excepcional habilidade de Neuharth de antecipar, e de enxergar depois da esquina. Era uma das suas melhores qualidades como líder.

Eu gostava de Neuharth, e nós tivemos uma boa relação profissional. Às vezes era descontraído e engraçado, e levava numa boa quando eu o provocava sobre alguma coisa. Isto posto, todo mundo sabia quem era o chefe no *USA Today*. Ele jamais permitiu que essa linha ficasse confusa ou turva, que é a próxima qualidade da liderança, na nossa lista.

Aprenda a diferença entre jogar e treinar.

Quando encontrei Michael Clinton pela primeira vez, ele acabara de sair da Condé Nast depois de treze anos, e tinha sido recomendado como alguém que eu deveria contratar se conseguisse. Michael é uma pessoa inacreditável de equilibrada — não somente um executivo editorial muito bom, mas um homem viajado, fotógrafo reconhecido, piloto, e excelente orador. Eu já tinha ouvido tudo isso sobre ele, e sabia que ele me impressionaria quando o conhecesse. Mas o que ainda não sabia era quanto eu gostaria dele pessoalmente. A perda da Condé Nast seria o ganho da Hearst.

Desde o nosso primeiro encontro, para drinques no restaurante de Mickey Mantle no Central Park South, em Manhattan, Michael e eu nos demos bem como se já nos conhecêssemos. Conversamos durante horas, surpresos de descobrir como nossa conversa fluía de modo natural, e quantas idéias nós tínhamos em sintonia. Michael e eu escrevemos os termos do contrato num guardanapo naquele primeiro encontro, e ele começou a trabalhar na Hearst logo depois.

Como ele se reporta a mim, nosso relacionamento é diferente do que seria se trabalhássemos em empresas diferentes; muito embora fôssemos muito amigáveis, sempre ficou claro que éramos colegas primeiro, e amigos depois. A realidade é que a maioria das pessoas não quer que os seus chefes se comportem como seus melhores amigos, e um chefe que queira ficar amigo dos seus funcionários está borrando a linha de uma maneira malsã. Afinal, você é a pessoa que tem que tomar decisões duras e difíceis sobre demissões, contratações, e outros espinhosos assuntos relacionados com o pessoal, e não vai querer complicar desnecessariamente essas decisões.

Talvez alguém ache que a dinâmica amigo-empregador não é uma questão importante no local de trabalho. Mas numa pesquisa recente, citada no *USA Today*, quando perguntaram a mais de novecentos trabalhadores, "Qual é o maior pecado do seu chefe?", a resposta número um foi, "Ser amigo de todo mundo". É um grande problema, não somente porque complica as relações profissionais, mas também porque pode criar ressentimentos entre os empregados, que podem enxergar favoritismo mesmo quando ele não existe. Assim, torne as coisas mais fáceis para você e para os outros, e mantenha essas linhas intactas.

No final de 1995, um pouco antes de eu vir para a Hearst, o CEO Frank Bennack decidiu fazer uma transição editorial na *Cosmopolitan*. Helen Gurley Brown tinha sido editora da revista durante três décadas — uma extraordinária gestão no negócio de revistas, e um testemunho da sua dedicação, talento e lealdade à empresa. Naquela época, Helen estava com setenta e poucos anos, e com um novo editor a caminho, o que a Hearst poderia lhe oferecer? Ela ainda vinha ao escritório todos os dias, chegando cedo, e ficando até tarde, e continuava devotada à *Cosmo*.

Depois de muita reflexão e de muitas discussões entre os mais graduados executivos da Hearst, foi criada uma nova posição para Helen: editora-chefe das edições internacionais da *Cosmopolitan*. Era perfeita. A revista tinha uma presença inédita no mundo inteiro, e oferecer a Helen um papel na expansão e no aperfeiçoamento das edições internacionais era o melhor resultado possível. Permitiria que ela continuasse envolvida com a revista, e significava que a Hearst continuaria a se beneficiar da sua presença e da sua colaboração.

A escolha para criar uma posição para Helen indica uma das qualidades que eu mais gosto sobre a Hearst Corporation: a prática disseminada na empresa de tratar funcionários e antigos funcionários com lealdade e respeito. É uma inclinação generosa, admirável, que nos leva à nossa próxima lição em como ser um bom líder:

Lealdade não é apenas para cachorros.

Quando comecei a trabalhar na Hearst, eu achei estranho que várias salas no andar corporativo estavam freqüentemente vazias, ainda que houvesse assistentes zelosos trabalhando fora delas. Acabei compreendendo que aquelas eram as salas de pessoas que se aposentaram depois de trabalhar décadas para a Hearst. Graças, em grande parte, a Frank Bennack, para quem a lealdade era um credo firme e seguro, a maioria dos executivos mais importantes aposentados tinha a opção de manter um escritório, para que pudessem fazer parte da vida da empresa, mesmo na aposentadoria.

A lealdade da Hearst aos seus empregados é muito conhecida no ramo. Então foi ainda mais surpreendente o fato de Bonnie Fuller tê-la desafiado, de maneira tão significativa. Existem muitas coisas que eu admiro em Bonnie, mas naquele momento a ambição fez com que ela se excedesse.

Em 1992, a Hearst contratou Liz Tilberis, uma editora inglesa, dinâmica e competente, para chefiar a *Harper's Bazaar*, um dos nossos mais antigos e prestigiosos títulos. Liz e sua família se mudaram para Nova York, e rapidamente ela se tornou a queridinha do mundo da moda, com seu charme, seu espírito, e seu bom senso em relação à sua vida e ao seu trabalho. Então, ainda no primeiro ano de trabalho, ela foi diagnosticada com câncer de ovário — um dos tipos de câncer mais difíceis de vencer. Seu prognóstico não era bom.

Liz lutou bravamente contra a doença, e continuou a trabalhar todos os dias, quando estava bem para fazê-lo. Durante seis anos, ela teve semanas boas e semanas ruins, mas jamais negligenciou seus deveres na *Harper's Bazaar*. Sua luta era bem conhecida na revista e no mundo da moda, e numa indústria que valoriza a aparência física, ela deixou qualquer pretensão de vaidade de lado. Manteve o cabelo cortado a joãozinho, e continuou a vir trabalhar durante e depois da quimioterapia. Ela estava decidida a não deixar o câncer vencê-la, e a editar a revista de qualquer maneira.

Enquanto isso, Bonnie, que tinha sido editora-chefe da *Cosmopolitan* por uns dois anos, manifestou abertamente que gostaria de ser a nova editora da *Harper's Bazaar*. Lamentavelmente, ela o fez enquanto Liz estava na batalha como editora, mas perdendo a batalha da doença. Frank Bennack tinha se comprometido com Liz, que ela seria a editora-chefe da *Harper's* enquanto vivesse — uma posição leal bem característica de Frank (e da Hearst). Não haveria maneira de substituir Liz, não quando ela estava lutando tanto para fazer o trabalho para o qual nós a contratamos.

Num determinado ponto de 1998, quando Liz estava especialmente mal, Bonnie disse a Frank que queria uma garantia, por escrito, de que ela seria a editora da *Harper's Bazaar*, depois da morte de Liz. Frank decididamente disse não. Seu senso de decência jamais permitiria que ele fizesse um tipo de trato como esse com Bonnie — não enquanto Liz estivesse viva.

Bonnie, entretanto, recebeu uma oferta da Condé Nast, e ficou claro que ela aceitaria se não lhe prometêssemos o cargo na *Harper's Bazaar*. Ela ficou impaciente e insistente, mas a Hearst simplesmente não queria garantir o que ela desejava. Então Bonnie saiu da Hearst, e aceitou o emprego na Condé Nast, para ser a editora da revista *Glamour*.

Nós perdemos uma editora talentosa. Mas, ao demonstrar lealdade à Liz Tilberis, que morreu na primavera de 1999, depois de trabalhar na *Harper's Bazaar* até o fim, nós fizemos a coisa certa. É uma decisão da qual ninguém da Hearst jamais se arrependeu. O que nos leva direto à nossa próxima qualidade, atrás dos bastidores, da grande liderança:

A decisão ética é sempre a decisão certa.

Nos últimos cinco anos, parece ter havido uma explosão no crime do colarinho branco. Escândalos corporativos, CEOs dando festas suntuosas com o dinheiro da empresa, compras pré-datadas de opções de ações — o mau comportamento corporativo tem aumentado, e imagens na televisão mostrando executivos algemados, sendo levados para a prisão vem se tornando comuns.

Obviamente, ninguém quer infringir a lei ao fazer o seu trabalho. Porém, agir de modo ético no trabalho vai muito além disso. Trata-se de tomar decisões com base em algo mais justo do que ganhar dinheiro, expandir um produto, e progredir na carreira. Ainda que seja tentador pegar atalhos e forçar os limites, realmente é possível se sair bem com 100% da sua ética intacta. Por exemplo, nos primeiros anos da revista *Ms.*, antes que o movimento contra o fumo realmente tivesse tomado corpo, nós tínhamos um grande programa publicitário com a Philip Morris, a fabricante de cigarros. A empresa era uma grande anunciante em revistas, e nós estávamos publicando seus anúncios do cigarro Marlboro havia algum tempo. A empresa então começou uma nova campanha para uma marca chamada Virginia Slims.

Virginia Slims era uma marca destinada especificamente a mulheres fumantes, então era natural que a Philip Morris quisesse anunciar em revistas femininas, inclusive na *Ms.* A campanha, que mostrava mulheres elegantemente vestidas em roupas de grife, tinha um slogan memorável — "*You've came a long way, baby*" [Você chegou longe, menina]— que rapidamente se tornou muito conhecido. Virginia Slims também patrocinava famosos torneios de tênis, e produzia um calendário com citações e histórias de mulheres famosas.

Eu tive uma reunião com a gerente da marca Virginia Slims, Ellen Merlo, e ela estava pronta para assumir um compromisso de comprar espaço publicitário na *Ms.* Nós conseguimos o protótipo do anúncio com ela, e levei-o para o escritório a fim de mostrá-lo à editora Gloria Steinem, que ficava de olho em qualquer coisa e em todas as coisas que saíam na revista. Como a nossa era uma publicação feminista, com uma missão específica de defender a causa das mulheres, Gloria sempre foi muito vigilante sobre quais anúncios, histórias, e fotografias apareciam na revista.

Levei o anúncio à sala de Gloria, e ela o avaliou. Depois de um momento ela disse: "Desculpe. Nós não podemos publicar isto".

"Por que não?", eu perguntei. "O que ele tem de errado?"

"Para começar", Gloria disse, "ele dá a impressão de que fumar é um sinal de progresso. Dizer: 'Você chegou longe, menina', com a imagem de uma mulher fumando, é passar uma mensagem inteiramente errada. E, além disso", ela continuou, "a palavra *baby* [bebê] infantiliza as mulheres". Ela estava convicta de que a campanha publicitária era condescendente.

Como gerente publicitária, eu detestava nos ver recusando anúncios e, francamente, a *Ms.* não estava numa posição financeira para recusar receita. Gloria concordou com um meio termo: nós veicularíamos um pequeno anúncio do calendário Virginia Slims, para ver a reação das leitoras.

O instinto de Gloria estava certo. Quando o pequeno anúncio do calendário foi publicado, a revista recebeu dúzias de cartas de protesto de leitoras, apesar do fato de termos anunciado o calendário, e não o cigarro. As leitoras de *Ms.* se sentiam proprietárias da "sua" revista, e isso as tinha provocado.

Gloria poderia ter decidido publicar os anúncios, a despeito da reação, mas ela ficou firme. A aura do Virginia Slims não tinha nada a ver com a revista, e embora precisássemos da receita que os anúncios trariam, ela soube que aceitá-los comprometeria nossa missão e nossa ética. Da perspectiva do negócio, eu não me importei muito com a sua decisão. Da perspectiva ética, e em termos de respeitar a missão e os objetivos da *Ms.*, eu compreendi perfeitamente porque ela decidiu daquela maneira.

Infelizmente, a decisão de não aceitar os anúncios da Virginia Slims resultou que a Philip Morris retirou todos os anúncios da *Ms.*, um movimento que nos custou 250 mil dólares apenas no primeiro ano do boicote. Foi um imenso golpe financeiro, e só ficou pior. Durante dezesseis anos a Philip Morris se recusou a anunciar na *Ms.*, e isso custou incontáveis milhões de dólares à revista.

Ninguém jamais disse que é fácil seguir a trilha da ética. Sei que Gloria Steinem jamais se arrependeu da sua decisão, nem deveria. A *Ms.* sobreviveu ao boicote com sua missão, sua consciência, e seus leitores intactos, e a longo prazo, é o que interessa. Geralmente, fazer escolhas éticas também é uma boa decisão de negócio, porque os consumidores tendem a se sentir mais leais a empresas sobre as quais se sentem pessoalmente bem.

Essa história indica outra lição-chave na liderança. Gloria Steinem jamais deixou de assumir a responsabilidade pela sua decisão, não importa quanto custou à revista. Ela tinha o talento, a habilidade de uma líder verdadeira para

Lembrar de quem é a responsabilidade.

Uma das partes mais difíceis do meu trabalho aparece quando temos que fechar uma revista. Não existe nada mais difícil do que encarar uma sala cheia de pessoas que deram o melhor de si para fazer uma revista, e lhes dizer que estamos desligando a tomada. Ao mesmo tempo, sempre fiz questão de eu mesma dar a notícia. Eu poderia mandar algum executivo importante da Hearst para fazê-lo, mas, como presidente da Hearst Magazines, sempre senti que a responsabilidade era minha. Se eu estou disposta a levar o crédito pelos nossos sucessos, tenho que estar igualmente preparada para levar a culpa pelas nossas perdas. Caso contrário seria esquivar-me.

Isso também é válido para quaisquer sucessos ou fracassos no escritório. Você já teve um chefe que

- jogava a culpa pelos fracassos na equipe, embora eles resultassem da sua frágil liderança?
- procurava bodes expiatórios num esforço permanente para se sair bem diante dos superiores?
- forçava subordinados a fazer tarefas desagradáveis que ele mesmo deveria fazer?

Todas essas tendências são muito comuns num ambiente de trabalho, e são devastadoras para a coesão e o desempenho da equipe. Como chefe, você pode achar que está demonstrando liderança ao se retratar como um exemplo livre de erros, mas não enganará sua equipe. E saber que um chefe está se desviando da própria responsabilidade, apenas traz amargura, insatisfação e desafeto.

Pode soar estranho, mas um elemento importante de uma liderança efetiva é simplesmente liderar e assumir a responsabilidade pelo que acontecer. Outra pesquisa citada no *USA Today* revelou que de mil pessoas, 71% disseram que não queriam ser chefe. Apenas 26% disseram o contrário, e o resto ficou indeciso, o que indica como as pessoas se sentem temerosas e relutantes, quando têm que assumir responsabilidades.

Existe uma outra verdade sobre a liderança: É fácil ser líder nos tempos bons, mas são os tempos difíceis que separam os líderes dos administradores. Então, não tenha medo de assumir a responsabilidade nos tempos ruins. Sua equipe, e seus chefes apreciarão mais do que pode imaginar.

Analogamente, quando algo dá errado, e sua mão está no meio — seja como líder ou como um funcionário bem abaixo no totem hierárquico — não tenha medo de assumir a responsabilidade. Negar responsabilidade não fará ninguém parecer melhor do que é, nem vai isentar ninguém; de fato, terá o efeito oposto. Confesse rapidamente, peça desculpas e proponha uma solução para seguir adiante. Todo mundo na sua equipe vai apreciá-la mais por causa disso.

No começo da minha carreira, numa época em que a diversidade nas empresas significava homens brancos de meia idade, que pertenciam a diferentes clubes ou associações, Al Neuharth tomou a decisão radical de indicar mulheres como diretoras de vários jornais da Gannett. Uma delas foi Sue Clark-Johnson, que ele promoveu a diretora do *Niagara Gazette*.

"Sue", Neuharth disse a ela, "O diretor está se aposentando. Está interessada na posição?"

"Você acha que estou pronta?", ela lhe perguntou.

"Claro que não, mas eu nunca estive pronto para nenhum dos cargos que ocupei. Se você fizer um trabalho ruim, eu a demitirei. Se fizer um bom trabalho, eu a promoverei." E a conversa parou ali. Sue acabou fazendo um trabalho notável, e continuou escalando a hierarquia corporativa da Gannett, onde atualmente é a presidente da divisão de jornais.

Eu adoro essa história porque resume perfeitamente a atitude de Neuharth em relação à diversidade no local de trabalho. Ele honestamente não se importa se as pessoas se formaram, sua cor de pele, ou se são homens ou mulheres. Tudo que o interessa são os resultados, coisa que deixa claro, sempre, não apenas verbalmente, mas pelas contratações que faz. A vida na Gannett é uma verdadeira meritocracia, muitos anos antes da idéia entrar na moda no mundo dos negócios. (Temos até uma piada: a Gannett foi uma das poucas empresas onde, nas reuniões de administração, havia fila na porta do banheiro feminino.) Isso é um excelente lembrete para a nossa próxima regra sobre liderança.

Jogue todo mundo na piscina.

No começo deste capítulo, eu escrevi que bons líderes dão oportunidades para suas equipes conquistarem seus objetivos. Neuharth simplificava esta questão mais ainda. Em suas palavras, ele "jogava as pessoas na piscina para ver se elas sabiam nadar". Ele dava oportunidades de sucesso às pessoas, e se elas tirassem vantagem disso, melhor para elas — e, é claro, para a Gannett.

Para Neuharth, a diversidade era um objetivo. Pode-se argumentar que ele a buscava porque era o melhor a fazer, mas não era por essa razão. Ele o fazia porque era inteligente do ponto de vista dos negócios. Para começar, não há como atingir diversas audiências se não for uma empresa diversificada. Qualquer empresa que tiver uma equipe monolítica, formada por empregados do mesmo gênero, da mesma etnia, saberá como vender produtos para aquele mesmo grupo, mas na sociedade mutável de hoje, trata-se de uma receita apenas para um sucesso marginal, se não de um fracasso completo. Nas últimas décadas, a cara dos Estados Unidos mudou, não apenas em termos de fisionomia, e de onde viemos, mas como nos identificamos.

Quando eu era pequena, em Chicago, ela era uma cidade muito dividida etnicamente. Quando se era apresentada a alguém, provavelmente ela perguntaria, "O que você é?". No meu caso, a resposta seria "irlandesa", porque as pessoas tinham a tendência de se identificar de acordo com sua herança étnica. Agora, naturalmente, a questão parece fora de moda, em parte porque um número crescente de americanos vem de casas de raças misturadas, e em parte porque não pensamos mais nesses termos. Enquanto a sociedade americana se torna progressivamente multicultural, as empresas precisam mudar seu raciocínio sobre como vender seus produtos para os consumidores — ou enfrentar as conseqüências.

É bom lembrar que contratar pessoas com formação, idade, educação, temperamento e experiências diferentes sempre produz um bom resultado, em termos do funcionamento da sua equipe. É sempre melhor misturar, porque contratar pessoas como você mesma, simplesmente trará as mesmas perspectivas e as mesmas habilidades, em vez da diversidade que leva com mais freqüência ao sucesso. Então, não tenha medo de jogar todo mundo na piscina. Talvez os melhores nadadores surpreendam você.

Reunir uma grande equipe é o primeiro passo na grande liderança. Uma vez que essa equipe esteja a bordo, o segundo passo é ajudá-la a trabalhar do modo mais eficiente possível.

Uma maneira de fazer isso:

Aprenda a compartimentalizar.

Você já

- se flagrou devaneando em reuniões, devido a todo o trabalho que precisaria fazer?
- ficou emperrada numa determinada tarefa, porque não consegue se concentrar numa nova, a menos que a primeira esteja completamente terminada?
- ficou perturbada tentando fazer muita coisa ao mesmo tempo, e terminou fazendo tudo pela metade, e nada direito?
- teve dificuldade em deixar o estresse do seu trabalho no escritório? Ou já permitiu que o estresse de casa lançasse uma nuvem sobre o seu trabalho?

Esses são problemas comuns. E resultam de uma inabilidade, ou de uma incapacidade para compartimentalizar. Talvez soe um pouco clínico, então deixe-me explicar.

Em termos bem básicos, *compartimentalizar* significa concentrar o seu foco em uma única coisa de cada vez. É uma habilidade importante para qualquer pessoa, especialmente uma que aspira a um cargo de liderança. O tom de qualquer departamento, organização, ou negócio é definido no topo, e os funcionários vão reagir na mesma medida à maneira como seus executivos lideram. Um executivo que é perturbado e disperso descobrirá que sua equipe reage da mesma forma, então vale a pena lidar com essa habilidade.

Como fazê-lo? Bem, se estiver numa reunião, não fique checando constantemente seus e-mails no BlackBerry. Juro, seja o que for, pode esperar — e se realmente não puder, você não deveria estar na reunião. Quando estiver falando com alguém ao telefone, se concentre no que a pessoa está dizendo, não em responder a e-mails ou em arrumar a escrivaninha. Talvez pareça que se concentrar em múltiplas tarefas economiza tempo, mas provavelmente acabará tendo que pedir à pessoa no outro lado da linha para repetir o que acabou de dizer, o que a faz perder ainda mais tempo.

Se concentre integralmente, escute totalmente, e quando sair do escritório no final do dia, deixe ali o seu estresse. Quase todo mundo precisa tirar uns dias longe do trabalho, porque serve para refrescar a cabeça e renovar as próprias perspectivas. Mesmo que você seja a chefe, isso não significa que tem que viver no escritório, ou jamais pensar em outra coisa. Na minha experiência, os melhores chefes — e as pessoas mais felizes — são aqueles que têm motivos para voltar para casa, depois que fecharam a porta do escritório.

É importante

Saber quando recuar.

Uma tarde eu recebi um telefonema de Ellen Levine que era, então, a editora-chefe da revista *Good Housekeeping*. Ela acabara de ter uma discussão acalorada com outra editora, e estava telefonando para me informar da situação. "Tivemos uma explosão", Ellen disse — uma declaração que me preocupou, porque ela era uma pessoa relativamente imperturbável.

O que eu deveria fazer? Eu pensei sobre o assunto durante o resto do dia, e decidi que, em vez de me imiscuir entre as duas, ficaria de fora para ver o que poderiam resolver por elas mesmas. Isso não foi fácil de fazer; eu queria que essa disputa fosse resolvida, antes que tivesse a chance de se transformar numa rixa. Foi uma tentativa arriscada, mas preferi confiar na habilidade de ambas para resolver o problema.

Três dias se passaram e, então, finalmente, no quarto dia, Ellen me telefonou para dizer que elas mesmas tinham resolvido a situação. Fiquei imensamente aliviada. Eu tinha ficado preocupada de não saber mais nada, mas, no final, o fato de que Ellen e a editora resolveram a questão por si mesmas, em vez de terem uma solução imposta de cima, indicou que sua relação profissional poderia seguir adiante de maneira saudável.

Nunca é fácil deixar as coisas seguirem o seu curso, mesmo quando a crise parece pequena ou temporária. Freqüentemente esses são os melhores momentos para recuar, porque permitem que sua equipe exercite a própria habilidade de resolver os problemas. E recuar é mais uma prova de que

Existe mais de uma maneira de obter sucesso.

Nas entrevistas, com freqüência me perguntam que lições eu aprendi de outros líderes empresariais. Faço parte de dois conselhos corporativos, da Coca-Cola e da IBM, e tive muita sorte de conhecer e observar vários CEOs muito conhecidos, e muito bem-sucedidos. Li os seus livros, escutei suas palestras, estivemos juntos à mesma mesa, em alguns jantares, e li as entrevistas que deram. Curiosamente, a lição mais importante que tirei do meu contato com esses homens e essas mulheres é: não existe um único conjunto de regras para ter sucesso e tentar copiar o que alguém fez não adianta.

Eu tive um bocado de sucessos na minha carreira, e as empresas e as organizações para as quais trabalhei também tiveram sucesso. Contudo, tudo que me favoreceu — minha liderança e meu estilo, ambos pessoais, as escolhas que fiz na carreira e o conjunto das minhas qualificações — resulta apenas numa única receita de sucesso. Em termos básicos, o sucesso nasce do auto-reconhecimento e da utilização dos seus talentos, das suas qualificações, e das suas habilidades excepcionais, de trabalhar duro e com seriedade e de seguir seus instintos. Nunca deixe que os assim chamados gurus a convençam de que existe um único modelo de prescrições para o sucesso. Não existe.

Se existe uma única qualidade compartilhada por todos os CEOs que eu conheço é que todos se sentem excepcionalmente à vontade com o que são, o que fazem, e como são. Assim confie em você, e atente aos seus instintos naturais. É a melhor maneira de descobrir qual é a sua trilha para o sucesso.

Enquanto eu trabalhava na revista *Ms.*, uma amiga de Pat Carbine, chamada Ronnie Eldridge, concorreu para a Câmara de Vereadores de Nova York. Pat nos encorajou a participar da sua campanha, de modo que organizamos umas duas ou três festas a base de queijos cortados em cubinhos e vinhos tintos baratos, para levantar algum dinheiro. Foram eventos modestos, e invariavelmente conseguiram angariar somas muito pequenas, talvez uns duzentos dólares, em duas horas de trabalho. E me ocorreu que as mulheres ainda tinham que compreender que, se quiserem eleger alguém, elas têm que preencher cheques.

Então, consegui o nome de uma especialista em angariar fundos para campanhas, e telefonei para lhe pedir a ajuda. Encontramo-nos para um café-da-manhã, e eu contei a ela sobre os nossos esforços para levantar dinheiro para a campanha de Ronnie. O que ela me deu como resposta ficou gravado durante todos esses anos.

"Meu bem", ela disse, "você não sabe nada sobre levantar fundos para campanha. A coisa mais importante é a seguinte: quando quiser levantar fundos para uma campanha, precisa fazê-lo na casa de alguém. Precisa fazer com que todos se levantem, na frente de todo mundo, e declarem 'Eu vou contribuir pessoalmente com 500 dólares', ou qualquer que seja a quantia. Porque todo muito que aceita um convite para um levantamento de fundos de campanha, quer saber o mínimo que vão ter que doar, já que estão na festa. Então, a anfitriã estabelece uma cifra — esta será a contribuição de todo mundo."

Foi como se uma lâmpada tivesse sido acesa. O conselho tinha muito sentido, e me deu vontade de levantar algum dinheiro mais substancial para Ronnie, ou para outros candidatos, ou para as causas nas quais acredito. O que nos leva ao próximo elemento-chave de ser um grande líder:

Pratique a sua generosidade.

A liderança em nível pessoal, em todos os seus componentes, é tão importante quanto a liderança empresarial. Existem numerosas maneiras de usar seus talentos e o seu tempo para boas causas. Você pode trabalhar como voluntária, participar de conselhos em organizações não lucrativas, doar dinheiro, organizar campanhas para levantar fundos. Todas essas são maneiras fundamentais de demonstrar liderança. E também trazem benefícios colaterais para você.

Trabalhar como voluntária, e/ou servir em conselhos de organizações benemerentes, por exemplo, é uma maneira excelente de retribuir à comunidade, enquanto amplia seu círculo de relações. Organizações benemerentes, museus, faculdades, universidades, estações públicas de rádio e de televisão, companhias de ópera e de balé, teatros comunitários — todas essas organizações precisam de tempo, dinheiro e energia para sobreviverem. Quando você doa, enriquece não somente o beneficiário, mas a você mesma.

Além disso, é uma maneira ótima de se manter antenada sobre assuntos que ordinariamente poderia não prestar a menor atenção. Eu estou no conselho da Universidade de Notre Dame, e no começo achei difícil me concentrar nas três reuniões anuais, por causa da preocupação com o trabalho que deveria estar fazendo na Hearst. Depois, quando comecei a me engajar nas discussões sobre essa grande universidade, eu me senti mentalmente estimulada e alerta, de uma maneira completamente diferente da minha vida no trabalho. Eu achei, e ainda acho, revigorante.

Oferecer seus serviços como voluntária, seu tempo, seu dinheiro é uma grande maneira de encontrar uma satisfação que o seu trabalho talvez não ofereça. E seu exemplo nessa área também poderá estimular os colegas e os funcionários do seu departamento, ou da sua organização. Certifique-se de que esse trabalho é permitido pelo seu empregador, ou pelo governo — como eu esqueci num momento memorável enquanto trabalhava no *USA Today*.

Eu decidi organizar um evento para levantar fundos para a campanha política do meu querido amigo e mentor George Hirsch, que estava concorrendo para o Congresso. Eu queria fazer a festa na suíte corporativa da Gannett nas Waldorf Towers, um dos endereços mais prestigiosos de Nova York. Com seu interior amplo e generoso, saguões com o chão de mármore e belos candelabros, as Waldorf Towers receberam numerosos residentes famosos, ao longo dos anos, incluindo Frank Sinatra, Cole Porter, Mamie Eisenhower, e o duque de Windsor. A suíte Gannett era um lugar impressionante — perfeito para abrigar um evento para angariar fundos — e eu fiz meus planos com a assistente de Al Neuharth, a quem pedi para reservá-la.

Depois que os convites foram enviados, recebi um telefonema do diretor do jornal *Daily News*, de Nova York, que eu tinha convidado. "Nossa!", ele disse, "Eu realmente estou surpreso que você possa fazer isso."

"Fazer o quê?", perguntei.

"Receber convidados para um evento político, como diretora do *USA Today*", ele respondeu. "Você representa o jornal — normalmente isso é considerado como conflito de interesse."

Meu Deus! E agora?

O *USA Today* foi o meu primeiro trabalho num jornal. No setor de revistas, convidar para um evento para levantamento de fundos para uma campanha política pode não ser considerado um conflito de interesse. Eu sabia que tinha cometido um erro crasso, e então fui imediatamente ver Al Neuharth, para informá-lo do acontecido.

Neuharth ficou lívido. "Você está fazendo *o quê*?", ele rosnou. "Cathie, como você não percebeu que isso é inapropriado? É uma eleição local, que talvez não seja coberta editorialmente pelo *USA Today*, mas ainda assim não manda a mensagem certa."

"Eu peço desculpas, Al", eu disse. "Posso cancelar o evento, mas os convites já foram enviados."

Neuharth pensou por um momento, e depois disse aborrecido. "Só não faça mais isso."

Felizmente eu escapei do incidente sem nenhum arranhão, mas fiquei muito mais cuidadosa sobre as minhas atividades políticas dali em diante. E não importa a quantidade de tempo e de energia que as minhas atividades filantrópicas e políticas tenham tomado ao longo dos anos — e, definitivamente, elas exigem um trabalho duro — elas sempre me deixaram satisfeita. Demonstrar generosidade e consciência cívica é uma grande maneira de retribuir ao legado daqueles que abriram portas para você, e de ajudar os outros. Então, retribua: é uma decisão ótima, é a coisa certa para fazer, no trabalho e na vida. E pode ser que você seja reconhecida no trabalho como não o seria de outra maneira, o que a torna, também, uma inteligente decisão política.

CONSELHOS VARIADOS

Muitos amigos e colegas me ajudaram neste livro, ao recordarem histórias e casos que ocorreram ao longo dos anos. Aqui estão alguns dos melhores — um compêndio de coisas que eu gostaria de ter sabido quando comecei a trabalhar.

Erros

Você pode cometer um grande erro, ou um erro ruim. Não cometa um erro grande e ruim.

Eu ouvi este ditado pela primeira vez de Frank Bennack, meu antigo chefe na Hearst. Frank é um dos executivos mais equilibrados que já conheci, com uma historinha comprida ou um dito espirituoso para cada situação, mesmo assim, eu me sinto muito privilegiada por nunca ter cometido um erro grande e ruim sob o seu comando. Não sei exatamente o que poderia ter acontecido, mas não gostaria de assistir ao rescaldo do incidente, e muito menos de ter sido a sua causa.

Não entre em pânico. Jamais.

Este é um excelente conselho — especialmente se você acabou de cometer um erro grande e ruim. Entrar em pânico é uma reação natural, mas também é a maneira mais rápida de piorar qualquer situação na qual se meteu. Se ficar calma, conseguirá restaurar a calma. E lembre-se, entrar em pânico não resolve nada. Só prolonga e intensifica a agonia.

Lembre também que sua postura — a linguagem do seu corpo — revela tanto quanto as suas palavras. As pessoas estão sempre observando a expressão do rosto do chefe, ou a maneira como ele se comporta. Na nossa nova Hearst Tower, temos uma grande escada rolante, que vai do saguão até o terceiro andar. Todos podem ver quem usa a escada, e é por isso que, não importa se meu dia foi longo, cansativo ou ruim, eu faço questão de subir e descer com ar calmo e agradável. Ninguém quer ver chefe com expressão azeda no rosto.

Pensar que já compreendeu e resolveu tudo é, geralmente, o primeiro sinal do contrário.

Em geral, qualquer problema tem mais facetas do que se imagina, e as situações podem mudar pelo menor dos motivos, em segundos. Assim, tome cuidado quando achar que já compreendeu tudo completamente.

Crises

Uma crise para você pode não ser uma crise para os seus superiores.

Um dia, uma das nossas editoras me telefonou para tratar de uma situação que estava fermentando. Sua mensagem dizia que era uma crise, mas como eu conhecia o problema, e sabia que não era crítico, não lhe telefonei de imediato. Contei ao meu marido, Tom, sobre a sua última mensagem na secretária eletrônica — "Cathie, tem uma crise aqui!" — e Tom disse, "Vejamos de outro ângulo. Pode ser uma crise para ela, mas não é uma crise para você". Com esta observação, Tom esclareceu a questão. Lembre-se de que o que parece uma crise para você, não é, necessariamente, uma crise para o seu chefe. E aja conforme a situação.

Nunca desempenhe um papel coadjuvante no drama de outra pessoa.

É sempre tentador ser arrebatado pelo turbilhão de um drama no escritório, mas raramente isso produz algo além de dores de cabeça. Quando perceber que existe algum melodrama se desenvolvendo no seu ambiente de trabalho, saiba que é a melhor hora para sair e almoçar.

Algumas vezes, mesmo um macaco cai de uma árvore.

Adoro este ditado. Trata de uma grande verdade que é fácil todo mundo esquecer. Macacos talvez sejam os melhores alpinistas do reino animal, mas, muito embora possuam um talento natural e sejam excepcionalmente formados para isso, *eles* também caem das árvores algumas vezes.

Esta é uma lição valiosa para lembrar sempre que fracassar em alguma coisa na qual você é boa, ou muito boa. Suba de novo na árvore.

Responsabilidade

Um bom membro de equipe assume mais do que a sua parte na culpa, e menos do que a sua parte no crédito.

Não exagere nesta questão; como foi analisado num capítulo anterior, você não deve simplesmente dar todo o crédito aos outros, se algum, ou se todo ele é seu por direito e por mérito. Mas, ser um bom membro de uma equipe significa ficar do lado dos seus colegas de equipe, e essa é uma excelente maneira de fazê-lo.

Não tem problema ignorar o primeiro grande erro, e perdoar o segundo. Mas, e o terceiro? Então, temos um problema.

Quando lidar com os outros, é bom dar um pouco de liberdade de movimento às pessoas. Mas, uma vez que demonstraram uma propensão para criar problemas, é seu dever chamá-las para conversar e resolver a situação.

Criatividade e visão

Dê o mapa da estrada às pessoas.

Numa palestra, apresentação, ou diretiva, tenha em mente uma regra simples do método baseado na experiência: diga às pessoas o que vai falar, fale, e depois lhes informe o que acabou de dizer.

Não existe maneira melhor para assegurar que sua mensagem foi expressa e que você espera que a compreendam.

Numa controvérsia entre estilo e substância, a substância sempre vence. A única variável é a cronometragem do tempo.

Estilo, charme e holofotes não são ruins. Mas só têm valor se houver consistência. Caso contrário, não passarão de um vapor que será levado pela primeira brisa.

Crie uma visão. As pessoas gostam de saber para onde se dirigem e subirão a bordo se souberem para onde você quer que elas caminhem.

Estabelecer uma visão clara é a maneira de inspirar uma equipe, criar um produto e dar o primeiro passo na trilha do sucesso. Tudo mais flui disso.

Comunicação

Para deixar alguma coisa clara para as outras pessoas, em primeiro lugar deve deixá-la clara para você mesma.

Eu adoro este conselho, porque é tão óbvio e, ainda assim, tão comumente ignorado. Metade da batalha da boa comunicação não tem nada a ver com o que está sendo comunicado aos outros — em primeiro lugar, tem a ver com destrinchar completamente as coisas na sua cabeça.

Não tem problema deixar que as pessoas vejam você com raiva, mas não é bom perder o controle.

É melhor ser breve ao expressar a sua raiva, e depois passar rapidamente para o próximo passo que é muito mais importante: consertar a situação.

Talento

Quando olhar para o talento, procure por um registro histórico de sucessos, mas não somente o dos mais recentes.

É fácil se deixar enredar pelas últimas e maiores realizações de alguém, mas os negócios, como também a vida, são uma maratona, não uma corrida veloz de pequeno percurso.

Alguém cuja habilidade foi conquistada no decorrer de um longo curso, invariavelmente será muito mais valioso do que o último grande êxito.

Como escreveu Mark Twain: "O barulho não prova nada. Uma galinha que acabou de pôr um simples ovo cacareja como se tivesse posto um asteróide".

Todo local de trabalho tem sua cota de cacarejadores, mas quando tudo é dito e feito, o que conta mesmo é a produção, muito mais do que a autopromoção.

Todo mundo precisa — e deve — remar com os remos que tiver.

Como este velho provérbio inglês afirma, sempre existirão coisas nas quais você é bom e competente naturalmente, e coisas nas quais você não é.

Quanto mais cedo se concentrar nas primeiras, em vez das segundas, melhor será seu desempenho — em todos os setores da sua vida.

Objetivos

Num novo trabalho, logo que tiver a configuração do negócio, estabeleça três grandes objetivos que gostaria de realizar no seu primeiro ano.

Se conseguir realizar dois, eles serão notados, e você será considerada como um profissional que chegou para contribuir.

É muito mais fácil realizar objetivos se gastar seu tempo para identificá-los. Distancie-se do cotidiano assoberbado de trabalho que ameaça nos engolir e tente analisar o quadro da forma mais ampla e abrangente possível. Conceba os seus objetivos, registre-os por escrito e comece a trabalhar para realizá-los. Esta é a essência da produtividade.

Não se deixe pegar por uma coceira, se não puder coçá-la.

Este pode soar simples, mas é um conselho inacreditavelmente difícil de seguir. Todos nós encontramos pessoas que sempre parecem querer o que não podem ter, e que estão sempre obcecadas para mudar coisas que não podem mudar.

Não há nada de errado em ter altas aspirações, mas se definir objetivos irrealizáveis para você mesma, ficará frustrada.

Um não jamais é um não — significa apenas que você não lhes deu toda a informação devida.

Este é um famoso ditado no setor de vendas; o que ele realmente significa é o seguinte: não desista na primeira vez que ouvir a palavra *não*. Com freqüência, as pessoas podem ser — e até mesmo querem ser — convencidas. Não perca a oportunidade de conseguir o sim que você quer, apenas porque não foi persistente o bastante.

Tempo

Não deixe que o urgente roube do importante.

Isso já aconteceu com você? Você tem que escrever um enorme relatório até o final do dia, mas o telefone não pára de tocar, as mensagens de e-mail continuam chegando, colegas aparecem na sua sala para pedir ajuda — e por volta das 6 horas da tarde, você fez tudo, menos a tarefa que realmente precisava ter terminado. Deixar que o urgente roube do importante significa ser distraída e perturbada por tarefas secundárias, empilhadas sobre a sua mesa a cada dia. Só porque algo tem um prazo imediato não significa que é a coisa mais importante sobre essa mesa. Faça uma lista de tudo que precisa fazer, coloque-as em ordem de importância e não se desvie dela.

Se quiser alguma coisa feita, peça a uma pessoa ocupada.

Eu adoro esta frase porque ela é muito contraditória e, ainda assim, muito verdadeira. As pessoas que têm poucas coisas para fazer, em geral acabam perdendo tempo, enquanto aquelas com os pratos cheios tendem a trabalhar rápido até que tudo esteja feito e pronto. Observe seus colegas de escritório, é possível que os que parecem mais ocupados sejam também os mais confiáveis.

Não abra seus e-mails logo que chegar à sua sala.

Eu admitirei que nem sempre consigo seguir este conselho, que veio da especialista em administração, Julie Morgenstern. Mas sempre que eu consigo, fico invariavelmente feliz por ter conseguido. Existe um buraco negro de e-mails no qual nós todos escorregamos no começo do dia, e é mais fácil ficar fora dele na primeira ou na segunda hora, e fazer as coisas importantes, do que afundar nele e tentar sair para recuperar o fundamento e o ritmo da sua operação diária.

Qualquer papel só deve passar pela sua escrivaninha uma vez.

Aqui está outro conselho que nem sempre consigo seguir, mas é muito bom e veio do lendário homem de publicidade, David Ogilvy, autor de *Confessions of an Advertisisng Man* [Confissões de um publicitário], que jamais deixava qualquer memorando, carta, ou relatório passar pela sua mesa mais de uma vez. Ele era implacável sobre passá-los adiante para alguém agir, ou tomar as providências cabíveis, ou simplesmente os jogava fora. Se você é o tipo de pessoa que tem pilhas de bilhetes, cartas e memorandos antigos amontoados na sua mesa, leve este conselho a sério.

Alianças e panelas no trabalho

Esmague as panelinhas e alianças, antes que elas se tornem contraprodutivas para a missão da sua empresa.

Líderes e administradores inteligentes tomam providências para controlar as panelas e alianças no trabalho, antes que elas saiam do controle. Deixe claro que no seu local de trabalho, essas coisas ficam do lado de fora.

Não comece uma briga a não ser que exista, pelo menos, 50% de chance de poder ganhá-la.

Quando você perde uma briga, não apenas deixa de realizar o objetivo pelo qual estava lutando, mas você também perde capital político. Assim, se souber que vai perder, é melhor ficar fora dela: economize o seu capital político para uma briga que tenha probabilidade de ganhar.

O panorama

Metade da sua vida é gasta em busca do sucesso; a outra metade é gasta em busca de significado.

Chegará uma hora na sua carreira, se é que ainda não chegou, quando começará a pensar no legado que deixará. E, repentinamente, os rangidos e as escaladas que vem fazendo, e a energia gasta tentando ascender na carreira parecerão menos importantes do que o significado maior do seu trabalho e da sua vida. Se começar a pensar nesses termos agora, realizará mais, com maior satisfação, do que jamais imaginou. Não espere até o final da sua carreira para pensar sobre o significado do seu trabalho.

CAPÍTULO 9

O FUTURO É AGORA

Não faz muito tempo, eu estava com meu filho de dezenove anos, Duffy, inscrevendo-o para um novo celular. O representante de vendas perguntou: "Você quer seguro, para o caso de perder o telefone?". Duffy imediatamente disse: "Não, não preciso disso. Meu telefone está sempre comigo".

Pensei no que ele disse, por um momento, e compreendi que Duffy tinha razão; seu telefone está sempre, literalmente, com ele, no seu bolso, esteja onde ele estiver. Eu já o vi atender ao telefone em lojas, no carro, no elevador, e até mesmo na mesa do jantar (e eu quase o arranquei da sua mão!). E percebi que, para Duffy e para a maioria da sua geração, a noção de estar conectado o tempo inteiro, não é uma idéia nova ou inovadora. É simplesmente a realidade deles, e tem sido assim durante toda a sua vida.

Isto pode soar como uma constatação bem insignificante, mas mostra como as expectativas podem mudar rapidamente. Há dez anos, um pingo de gente tinha celular, e os usava regularmente. Os celulares estavam apenas começando a entrar no circo da vida, e não faziam parte do universo de adolescentes e de crianças. Agora, praticamente todo mundo, que é velho o bastante para pronunciar frases completas, tem um celular. E esse é apenas um pequeno componente da revolução que aconteceu ao longo da última década.

Quando comecei a trabalhar na Hearst no final de 1995, eu fiquei surpresa quando descobri que a maior parte da empresa ainda não usava e-mail. Naquela época, o pessoal das revistas ficava espalhado entre dez ou doze diferentes prédios em Manhattan, mas em vez de usar as vantagens do e-mail, a maioria dos nossos executivos das revistas ainda se comunicava por telefone, fax, e cartas entregues por mensageiros. Era inacreditável. Logo depois que eu cheguei, nós introduzimos o e-mail na empresa inteira, para a consternação de alguns veteranos da velha escola, e para o alívio de muitos. Agora, naturalmente, ninguém sonharia em trabalhar sem ele — muito embora minha filha de quinze anos, Alison, que constantemente manda mensagens pelo telefone, diga "E-mail é coisa de gente velha".

A Internet causou uma revolução única e excepcional, provavelmente não veremos nada semelhante tão cedo. Mas certamente veremos outras mudanças significativas na maneira como trabalhamos, nos divertimos e vivemos. É comum eu dizer ao editores das nossas revistas: "Daqui a dezoito meses tudo estará diferente. Nós ainda não podemos predizer exatamente como, mas sabemos que estará diferente. Então, estejamos preparados".

Realmente é impossível prever o futuro, mas é importante concentrar o foco em uma coisa que você pode fazer — e, de fato, você deve — para ter sucesso: aprenda a se adaptar às mudanças, sejam lá quais forem. Caminhe para frente: essa é uma habilidade que poderá determinar quão bem-sucedido e contente você vai estar no seu trabalho, ou na sua vida pessoal. Eis aqui uma história recente da minha experiência de trabalho, para ilustrar o que quero dizer.

Nos meus primeiros dez anos de Hearst, tive uma assistente chamada Pamela Murphy. Pamela era tudo que se poderia querer numa assistente — inteligente, confiável e bem apessoada. Ela parecia gostar de trabalhar na Hearst, mas morava longe e demorava horas no trânsito. Ao voltar da licença maternidade, depois do nascimento do seu primeiro filho, ela perguntou se poderia negociar um horário mais flexível, vindo ao escritório quatro dias por semana, e trabalhando um dia em casa.

Eu não era fã dessa idéia e disse a ela. Mas concordamos em experimentar durante um período de seis meses, para ver como funcionaria. No final dos seis meses, Pamela decidiu que gostara do arranjo funcional, e perguntou se poderia mantê-lo. Eu tinha tido dificuldades em me adapatar a essa ausência naquele único dia, e disse a ela que não, que eu precisava dela no escritório nos cinco dias da semana.

Um ano depois dessa conversa, ela arranjou um trabalho numa empresa mais perto da sua casa, o que cortaria drasticamente seu tempo de locomoção para o trabalho, e lhe daria mais tempo para ficar com sua família. Eu fiquei surpresa, consternada e um pouco chateada. Nós duas trabalhamos juntas durante dez anos muito bons — como ela podia ir embora desse jeito? Eu contratei outra assistente, mas sentia falta das qualificações e do bom humor de Pamela. E pela primeira vez, eu realmente tive que considerar se minha postura contra esse esquema flexível de trabalho precisava ser mais, digamos, flexível. Eu decidi que sim, e um mês depois que Pamela saiu, perguntei se ela gostaria de voltar e trabalhar nas condições que ela sugerira antes. Para minha sorte, ela achou que seu novo trabalho não era o que ela esperara, e voltou. Agora ela trabalha quatro dias por semana na Hearst, e um dia em casa. Eu ainda não adoro o arranjo, mas valeu a pena tê-la de volta.

Esse episódio ilustra um bocado de coisas para mim. Primeiro, a natureza do local de trabalho mudou dramaticamente, mesmo na década passada. Até muito recentemente, qualquer solicitação para trabalhar um dia da semana em casa teria parecido estranho, mas hoje, em determinadas indústrias, se tornou lugar-comum. Recentemente perguntei à chefe de uma grande associação industrial por um dos seus advogados, e ela me disse, "Ele trabalha três dias por semana". Isso não aconteceria uns poucos anos atrás, mas ela nem mesmo piscou quando estava me contando. Trata-se apenas de um outro arranjo funcional.

Segundo, para mulheres trintonas, o equilíbrio do trabalho *versus* vida pessoal parece muito mais importante atualmente do que nas décadas passadas. Quanto eu tinha trinta e poucos anos, mulheres profissionais sentiam que tinham que se esforçar muito mais para avançar na carreira. Havia inclusive um adágio que nós aceitávamos como fato: "Como mulher, você tem que ser duas vezes tão boa quanto o homem, para receber a metade do reconhecimento". Na época, se quiséssemos nos sair bem, não tínhamos muita opção para equilibrar nossa vida profissional e pessoal. Mas hoje, esse equilíbrio é possível, e mulheres como Pamela querem dispor dessas vantagens. É uma das mudanças que me torna mais orgulhosa de ter sido uma mulher nas linhas de frente da era feminista.

Terceiro, a tecnologia progrediu a um ponto que é muito mais fácil as pessoas trabalharem eficientemente de casa. As diferenças entre o primeiro e o segundo esquema flexível de trabalho de Pamela são profundas, muito embora tenham ocorrido em apenas dois anos. Agora, quando alguém liga para o número da Pamela na Hearst, a chamada é redirecionada imediatamente para o seu computador em casa, e ela atende usando um fone de ouvido: o interlocutor não fica sabendo que ela não está na sua mesa na Hearst. O software do seu computador também permite que ela veja quem está chamando, e transfira a chamada, exatamente como se ela estivesse na Hearst. Nós também mudamos para um programador eletrônico, que tornou mais fácil manter o rastro dos compromissos, quando ela está fora do escritório. De fato, a única coisa que ela não pode fazer de casa é bisbilhotar a sala de conferência, para ver quando uma reunião está terminando.

Esquemas flexíveis de tempo — o esquema no qual o funcionário passa um ou mais dias fora do escritório durante a semana — é apenas uma das muitas opções que surgiram no rastro da onda da Internet. Algumas empresas instituíram o "escritório virtual", onde os funcionários não se reúnem numa locação central para trabalhar, mas trabalham em suas casas, e se comunicam eletronicamente, e só se encontram pessoalmente quando marcam com antecedência. Em muitos casos, os funcionários nem mesmo vivem na mesma cidade, ou no mesmo estado.

Daqui para frente, parece provável que essas tendências continuarão proliferando. Uma nova geração de trabalhadores já está entrando no mercado de trabalho com a noção de que o esquema flexível e os escritórios virtuais são normais, elementos do dia-a-dia da vida profissional. Roupas mais descontraídas e horas mais curtas durante o verão, agora também ficaram comuns no sistema de apostas. Como executiva, não sou muito fã de todos esses desenvolvimentos, porque sempre existe o medo da queda da produtividade. Mas como uma proponente da Vida de 360°, eu gosto de ver as pessoas tomando decisões e dando passos para equilibrar sua vida profissional e pessoal.

Então, que outras mudanças podem vir pela frente, e de roldão? Eu não pretendo me atrever a quaisquer percepções psíquicas, mas aqui estão algumas poucas tendências que espero ver evoluindo com o tempo.

O mundo digital

Na medida em que a conectividade se tornar mais rápida e mais generalizada, a Internet continuará a afetar os negócios — não apenas no escritório, mas também na maneira como as empresas e as organizações distribuem informações substanciais. Há três ou quatro anos, nunca lemos ou ouvimos as palavras *social networking, blogging*, ou *YouTube*, e agora dificilmente se escapa delas. Novas tecnologias continuaram a vir, rápida e furiosamente, e as empresas que sobreviverem e progredirem serão aquelas que puderem se adaptar com maior rapidez.

Sempre achei que uma boa divisa para a adaptação às mudanças tecnológicas é "Nem o primeiro, nem o último". Na Hearst, por exemplo, não corremos para sermos os primeiros a adotar uma nova tecnologia, em especial porque freqüentemente as primeiras versões chegam com defeitos, e são mais difíceis de usar do que as versões posteriores. Mas também não vale a pena ficar na rabeira, esperando até que o resto do mundo pule na frente.

Tecnologia sem fio

Depois da invenção da Internet, o aparecimento da tecnologia sem fio foi a segunda grande revolução técnica do final do século XX. Celulares, BlackBerries, Treos, e todas as outras engenhocas PDA mudaram o modo como nos comunicamos e trabalhamos. Esses inventos estão ficando menores, e mais poderosos o tempo inteiro, nos liberando do local do trabalho e, simultaneamente, nos conectando mais ao nosso trabalho. Eu adoro o meu BlackBerry, porque me permite fazer meu trabalho durante qualquer migalha de tempo disponível — num táxi, no aeroporto, seja onde for. Por outro lado, ficou muitíssimo mais difícil dar um tempo, tirar uma folga, quando ele está bem ali, ao toque de um botão, na bolsa, ou no bolso.

O jeito é aprender como usar essas tecnologias sem se tornar uma escrava delas. (Confesso que nem sempre consigo fazê-lo.) Se você não tem um BlackBerry, ou um Treo, provavelmente o terá, em breve. Lembre, nem todo mundo tinha um celular até recentemente — agora quase não se encontra quem não tenha um, pelo menos. Faça de tudo para garantir que vai deixar algum espaço de tempo, durante o dia, fora dessa roda-viva, para ficar completamente "desplugado" — desligado e desconectado — e sem pensar em trabalho.

Esquemas não tradicionais de trabalho

Como mencionei acima, os esquemas não tradicionais de trabalho — dos horários flexíveis, aos escritórios virtuais, aos horários não tradicionais — se tornarão cada vez mais comuns. A noção do horário de trabalho das oito horas da manhã às seis horas da tarde, com todos nós começando a trabalhar ao mesmo tempo, está se tornando rapidamente um anacronismo.

Ainda que possa ser muito benéfico para as pessoas trabalharem em casa, ou estabelecerem os próprios horários, seria um erro perder os muitos benefícios que advêm do tradicional ambiente de trabalho. Quando as pessoas se reúnem num espaço comum para trabalhar com um objetivo comum, elas tiram energia umas das outras, e a criatividade e a inovação são acentuadas. Existem também mais oportunidades para conversas descontraídas e felizes que levam a grandes idéias, enquanto que as pessoas que trabalham em casa não têm o benefício dessa contribuição e dessa troca, dessa comunicação direta, física, e pessoal que pode, sim, produzir idéias novas.

Mesmo a Google, o paradigma para o novo tipo de empresa do século XXI, tem um gigantesco campus na sua sede, onde os funcionários são encorajados a passar muitas horas juntos, além do tradicional oito às seis. Na verdade, todas as amenidades possíveis são oferecidas para que os funcionários da Google não precisem sair, de patinetes a Segways para circular internamente, a áreas recreativas onde os funcionários podem jogar sinuca ou pingue-pongue, a refeições leves, ou completas, sem nenhum custo, na lanchonete da empresa. Muito embora a Google esteja no limiar da superioridade do avanço da tecnologia, seus executivos compreenderam claramente que encorajar as pessoas a se encontrar e se misturar para jogar conversa fora ou trocar idéias, ainda é a melhor maneira de cortejar e inflamar a criatividade.

Assim, mesmo que a tecnologia continue a nos dar novas opções, é melhor não se enredar excessivamente na idéia de um bravo mundo novo das situações profissionais. Algumas vezes, a maneira antiga ainda é a melhor maneira.

A mudança na cultura social

Na medida em que as novas gerações entram na força e no mercado de trabalho, como suas experiências e suas expectativas afetam a vida no escritório? Na Hearst, eu sempre tento passar algum tempo conversando com os nossos estagiários, ou com o pessoal recém-contratado, e nos anos recentes reparei em novas tendências.

Em primeiro lugar, existe uma cultura de expectativa que não existia antes — entre mulheres jovens, certamente (o que é uma boa coisa), mas também em geral. Para uma geração que cresceu vendo *reality shows* na televisão, a noção de que se pode vencer o concurso nacional American Idol — estilo de sucesso do dia para a noite, virtualmente — parece profundamente enraizada. E hoje, os jovens nos seus vintes anos também cresceram exatamente quando a explosão da Internet demonstrou que qualquer um, de secretárias a fundadores de empresas, pode se tornar milionário. Parece haver expectativas maiores de bons empregos, altos salários, e de todo tipo de benefício no local de trabalho, sobre os quais já falamos, como horários mais flexíveis e férias mais longas. Gente mais jovem também parece querer se realizar totalmente no trabalho, em vez de ficar simplesmente satisfeita.

Isso pode ser um subproduto de uma segunda tendência: essa geração é a primeira em muitos anos a atingir a maioridade durante uma época de perigo real e de crise, em nosso próprio solo. Para os jovens que estavam no secundário, ou na faculdade durante os ataques de 11 de setembro, os seis anos seguintes de elevados alertas de segurança e de ameaças terroristas tiveram um impacto incalculável na sua concepção de mundo. Compreensivelmente, muitos estão concentrados não apenas em conseguir um bom emprego, ou em ganhar um dinheiro razoável, mas também em fazer um trabalho que eles achem verdadeiramente realizador. Daqui para frente, quando muitos desses jovens se formarem na universidade, ou começarem a trabalhar, essas tendências continuarão a influenciar o mercado de trabalho.

Finalmente, como escrevi em algumas páginas anteriores, essa nova mão-de-obra também é superconectada, através de sites como MySpace e Facebook, além de mensagens de texto e de celulares. A idéia do que constitui uma quantidade de conectividade "normal" mudou a sociedade como um todo e, como resultado, também mudará o local de trabalho. A geração de trabalhadores que confiavam em bilhetes e notas manuscritas, e "peça ao seu pessoal para chamar o meu" está desaparecendo, bem mais cedo do que se imaginava. E não importa como você se sinta pessoalmente em relação a essas mudanças, elas não são apenas inevitáveis, elas já chegaram, e chegaram para ficar

Como os exemplos acima mostraram, as novas tendências continuarão aparecendo no local de trabalho — tendências sobre as quais você tem pouco, ou nenhum controle. Se isso parece frustrante, apenas reforça o quão importante é concentrar seu foco nas coisas que você *pode* controlar. Você não precisa ter capacidade psíquica para prever as mudanças; precisa apenas ser capaz de compreender que elas estão chegando, e ser flexível o bastante para se adaptar a elas.

O último conselho, logo acima, resume perfeitamente as lições deste livro. Afinal se existe um traço, que me ajudou a ter sucesso na carreira, é a capacidade e a habilidade para aprender e mudar com o tempo, enquanto continuei a trabalhar muito, e a confiar nos meus instintos. Não importa o tipo de trabalho que você faça, ou o tipo de personalidade que você tenha, esse é um talento, uma habilidade que é fundamental para o seu sucesso final e definitivo.

Isto posto, jamais esqueça que embora seu "sucesso definitivo" seja um objetivo valioso, certamente não é o único que você pode, ou que deve buscar e realizar — e talvez pode ser que também não seja o mais importante. Afinal, quando sair do seu local de trabalho no final do dia, se não tiver, então, nenhum lugar significativo para ir, o que terá realmente ganhado com todo o seu trabalho duro? É muito melhor se realizar em todas as áreas da sua vida, do que sacrificar a sua felicidade pessoal em troca do seu sucesso profissional. É bom saber que você não tem que sacrificar essa felicidade. Sou privilegiada o bastante para ser um testemunho vivo disso.

Enquanto você caminhar para o futuro da sua carreira e da sua vida, descobrirá que as lições básicas deste livro — confiar nos seus instintos, se adaptar às mudanças, seguir, ou ir ao encalço da sua paixão — poderão ser usadas tanto na sua vida pessoal quanto na sua carreira. Realmente é possível criar uma Vida de 360° saudável, e feliz para você mesma. Espero que as lições deste livro a ajudem a fazê-lo.

Epílogo

PRETO NO BRANCO

Durante o tempo que estive escrevendo este livro, aconteceram dois eventos importantes na minha vida. O primeiro foi a inauguração oficial do prédio Hearst Tower, a nova sede da empresa. Para a Hearst, ele representou um grande salto: a construção do mais ambientalmente "verde" arranha-céu em Nova York, um marco divisório que, finalmente, reuniu todas as nossas equipes editoriais, que ficavam em dez diferentes escritórios espalhados na área, além de ser o primeiro prédio comercial importante inaugurado depois dos ataques de 11 de setembro.

Eu adoro os sublimes espaços abertos e a tecnologia de ponta da Hearst Tower. É um belo espaço de trabalho, e perfeito para eventos; de fato, já tivemos noites extraordinárias, inclusive a grande inauguração, quando Steve Wonder se apresentou, e o prefeito Bloomberg, Oprah Winfrey, Katie Couric e Martha Stewart se misturaram a centenas de outros convidados. Naquela noite eu me senti muito orgulhosa de fazer parte dessa empresa. E de trabalhar nesse prédio. Fiquei tão animada, na verdade, que subi ao palco, com Stevie Wonder na metade da sua apresentação (para surpresa da sua banda), para dançar uns passos com nosso CEO, Vic Ganzi.

Ainda assim, os momentos realmente significativos para mim têm sido os mais tranqüilos, quando estou só na minha sala no quadragésimo terceiro andar com a vista para Manhattan. Algumas vezes é a primeira coisa que faço de manhã, quando chego ao trabalho e olho pelas enormes janelas panorâmicas a névoa matinal branqueando o Central Park, enquanto as luzes da cidade começam a se acender. Os momentos de que mais gosto, entretanto, são os do anoitecer, quando olho e vejo navios cruzando o rio Hudson, enquanto o sol se põe lentamente ao longe. Às vezes, chego a me beliscar, quando penso: "Esta realmente sou eu, Cathie Black, do South Side de Chicago, aqui neste belo escritório?".

Quando comecei minha carreira, tudo isso teria parecido como um sonho impossível. Naquela época realmente não havia nenhuma mulher presidente de grandes empresas, e havia muito poucas mulheres poderosas na política. Durante a maior parte dos anos 1970, não havia mulheres no Senado, enquanto hoje temos dezesseis senadoras. Também temos a primeira mulher como presidente do Congresso, Nancy Pelosi, e uma candidata mulher à indicação presidencial do Partido Democrata, Hillary Clinton.

Trata-se de fato de um mundo diferente, e sinto orgulho de ter sido parte do primeiro grupo de executivas que ajudou a abrir essa trilha. Como sucessivas gerações encontram cada vez menos resistência na suíte executiva, um dia as mulheres entrarão em campo com os homens, em pé de igualdade. Tenho esperança e acredito que isso poderá acontecer durante a sua carreira.

O outro evento em 2006 que realmente me afetou foi a morte da minha sogra, Peg Harvey. Ela morreu logo depois do

Natal, aos 96 anos, depois de viver uma vida longa e realizada que foi caracterizada pela família, pelos amigos, e por uma extraordinária generosidade.

Peg foi criada em Clinton, Iowa, e cresceu num lar modesto durante tempos de incerteza financeira e de convulsões sociais e políticas. Ela atravessou a Depressão e duas grandes guerras mundiais, e lembrava de ter ido com sua mãe à zona eleitoral, logo depois que as mulheres receberam o direito de votar. Como uma menina de uma pequena cidade e de uma família de classe média, ela poderia facilmente ter enxergado o mundo através das lentes da sua vizinhança imediata. Em vez disso, com uma curiosidade natural, inteligência e bom humor, ela cultivou uma visão de mundo muito maior e mais extensa do que as suas raízes.

Há 25 anos, quando galgava a hierarquia corporativa, eu me casei com seu filho mais velho. E quando Tom e eu adotamos nosso filho e nossa filha, Duffy e Alison, Peg sempre esteve perto para ajudar. Ela sempre nos ofereceu apoio e amor incondicionais, e embora jamais tivesse trabalhado fora — ela o teria feito se tivesse nascido numa época diferente — jamais expressou nenhum desejo de que eu passasse mais tempo com meus filhos e menos no escritório.

Para mim, Peg foi a personificação da Vida de 360°. Ela soube encontrar o equilíbrio entre os diferentes aspectos da sua vida, e nunca deixou de encontrar alegria e realização. Sua vida sempre extrapolou os limites que poderiam ter restringido uma mulher com a metade da sua idade. Adorava receber os amigos e a família, e adorava lhes contar sobre as proezas dos seus netos e bisnetos. Era uma verdadeira otimista, uma mulher que abraçava a vida. De fato, antes de morrer, Peg nos disse que não queria um funeral. Não queria nenhum estardalhaço com a sua morte, porque acreditava que isso era coisa para os vivos.

Meus pais morreram quando eu era relativamente jovem — meu pai quando eu tinha 22 anos, minha mãe, quando eu tinha 35. Tive muita sorte de fazer parte de uma família como a de Tom, que me aceitou como um deles, desde o começo. Peg sempre me disse: "Que pena que seu pai e sua mãe não estavam aqui para ver o seu sucesso". Sou uma pessoa privilegiada e feliz por ter tido uma sogra como Peg para compartilhá-lo comigo.

Não sou o tipo de pessoa que fica remoendo coisas que já aconteceram. Se os eventos acabaram bem, ou não, já aconteceram, são águas passadas, e geralmente me vejo perscrutando o horizonte para o que vem de novo pela frente.

Por causa disso, escrever este livro foi uma experiência fascinante para mim, porque nunca tinha passado tanto tempo revendo o passado, minha carreira e minha vida. O que impressionou bastante, enquanto relembrava histórias e pensava sobre as experiências que me formaram, é como tive sempre sorte. É claro, dizem que a gente faz a própria sorte, ao se posicionar no lugar certo e ao aproveitar as oportunidades quando elas aparecem, e eu sempre tentei fazer os dois.

Este é, portanto, o último conselho que gostaria de lhes deixar. As oportunidades virão — elas sempre aparecem. Confie em você o bastante para agarrá-las. Nunca tenha medo de tentar. E jamais esqueça, lembre sempre, você merece ter a melhor vida e a melhor carreira que puder.

AGRADECIMENTOS

Já mencionei neste livro a frase "Basta uma aldeia", e ela é tão adequada para descrever o trabalho de escrever um livro, como nenhuma outra que eu possa imaginar. O livro *Rumo ao topo* foi escrito porque muitas pessoas queriam que ele o fosse, e ajudaram a fazer disso uma realidade.

Primeiramente, quero agradecer a meu marido, Tom, que tem sido meu companheiro e conselheiro há mais de 25 anos. Ele é o parceiro mais solidário e estimulante que eu poderia ter desejado, e sempre permitiu que eu abrisse as minhas asas de uma maneira que jamais poderia ter imaginado.

A maior bênção que tivemos foi poder adotar nossos filhos, Duffy e Alison. Agora eles já são dois jovens adultos, as companhias mais divertidas e interessantes que poderíamos ter. Ao longo dos anos, eles sempre nos mantiveram jovens e atentos ao mundo no qual estão ingressando e vivendo. Espero que as idéias e as mensagens deste livro lhes sejam úteis.

Três mulheres me fizeram começar este livro: Pam Janis, autora dos meus discursos há muito tempo, e minha amiga, com quem partilhei bons tempos no *USA Today*; a agente literária de Nova York, Frederica Friedman, que me convenceu de que estava na hora de botar a tinta no papel; e a nossa guru de RP na Hearst, minha colega há mais de doze anos, Deb Shriver, que passou anos insistindo para que eu, finalmente, o escrevesse.

Agradecimentos também ao meu extraordinário advogado, Bob Barnett, pelo seu sábio aconselhamento, e por compreender imediatamente que este livro era destinado à geração de MBAs saídos do forno, como a sua filha. Foi Bob quem me levou à editora sênior da Crown, Rachel Klayman — que era, como Bob me disse desde o começo, a editora mais sensível do ramo. Nós nos demos bem de imediato. Também ao resto da equipe da Crown Publishing Group, especialmente Jenny Frost, Steve Ross e Tina Constable, os meus agradecimentos pelo seu entusiasmo e compromisso com o projeto.

Lisa Dickey, minha colaboradora, foi uma ótima escolha. Ela reuniu-se comigo durante inúmeras horas, freqüentou minhas palestras e reuniões, e conversou com colegas e amigos, enquanto desencavava histórias dos recantos da minha memória, algumas das quais estavam cobertas de teias de aranha. Ela sempre esteve ao meu lado, com o sorriso pronto ou um meneio de cabeça, e sempre me disse quando alguma coisa não tinha sentido, ou quando a história, em si mesma, não valia grande coisa como aprendizado. Ela manteve o rumo estável o tempo inteiro, a despeito de uma mudança para Los Angeles durante a fase final da edição.

Se eu começar a agradecer a todos na Hearst, a lista não acabará nunca. Eu devo uma gratidão especial a Frank Bennack, naturalmente, que me trouxe para a empresa, em primeiro lugar; a Gil Maurer, pela sabedoria constante dos seus conselhos; e a Vic Ganzi, nosso CEO, que é um chefe solidário, compreensivo e visionário.

Obrigada também a Paul Luthringer, Alexandra Carlin, e Nate Christopher, que ajudaram imensuravelmente na estratégia de comunicação. A Judith Bookbinder, cujo olho para o design ajudou a iluminar o espírito deste livro. A Michael Clinton, eu certamente fico feliz que nós dois tenhamos assinado o guardanapo naquele dia. Somos almas irmãs, e ajudamos um grande negócio a crescer — e ainda não terminamos. A Valerie Salembier, que tem sido parte da minha vida desde os tempos da *Ms.* — eu estou entusiasmada com o seu sucesso na *Harper's Bazaar*. A Mark Miller, um homem de tanta integridade, e tanto poder intelectual que algumas vezes chega a assustar, e que apenas teve em mente os melhores interesses da Hearst.

Sou muito grata a Kate White, Ellen Levine, e Amy Gross — essas grandes mulheres de letras. Imensos agradecimentos a vocês por terem segurado a minha mão, e pela edição inteligente enquanto o manuscrito foi tomando forma. Vocês diziam que estava bom, e eu ficava pensando, *Será que elas estão dizendo isso porque trabalham para mim*? Agradecimentos especiais a Ruth Diem, que reuniu um grupo de jovens mulheres na Hearst, para que pudéssemos escarafunchar suas cabeças para saber o que pensavam do equilíbrio entre a vida e o trabalho.

A Oprah Winfrey, obrigada por comparecer àquela reunião com Ellen e eu, em janeiro de 1999, e pelo presente de ter nos permitido criar sua revista, celebrar seu sucesso, e por nos inspirar. Obrigada por ter me encorajado a viver a minha melhor vida. Obrigada também a Gayle King, sem a qual a revista jamais teria sido o que se tornou.

E Helen Gurley Brown. Ela ainda é a primeira pessoa a dançar nas nossas festas de fim de ano, com a mais curta das saias, e os mais altos dos saltos. Tem sido um ícone e uma inspiração para mulheres, jovens e velhas, terem uma vida completa, estimulante e responsável.

Todo executivo de sucesso deve grande parte dele às pessoas que administram o escritório. Imensa gratidão a Pamela Murphy, que trabalha comigo há onze anos, a Tomasina Delaney, que veio para a Hearst há cinco anos. Ambas são especialistas em darem aos que nos telefonam, e aos visitantes, a impressão de que são as pessoas mais importantes do mundo, e de fazê-los se sentirem como se fossem as únicas pessoas que interessam a todos nós. Para ambas, Pamela e Tomasina, nenhum trabalho é muito grande, nenhum trabalho é pequeno demais. Vocês sempre fizeram de tudo para eu parecer bem e, por isso, eu sou profundamente grata.

Obrigada também às babás que nossa família teve ao longo dos anos, especialmente Chris Batterton, Michelle McManus e Colleen Eckert, que grudaram, grampearam, e colaram as nossas vidas, enquanto a minha carreira se desenvolvia. Vocês foram dádivas de Deus, e nos ajudaram a moldar a vida dos nossos filhos da melhor maneira possível.

A Gloria Steinem e Pat Carbine, por terem aberto as portas para a minha geração de mulheres — por terem nos encorajado a sonhar um sonho maior, e realizar as nossas aspirações. Pat, obrigada por ter convencido todos aqueles relutantes, algumas vezes ameaçados, publicitários de que o mundo ficaria muito bem com as mulheres fora dos seus papéis tradicionais.

A Rupert Murdoch, nossos anos na *New York* foram cheios de muito sucesso e muito divertidos. A Joe Armstrong, obrigada por ter sido um companheiro durante as nossas carreiras no mundo editorial das revistas, e mais ainda por ter me levado para a *New York*, e me nomeado diretora, num gesto inovador para a época. Sei que deve ter lutado duro para isso. A George Hirsh, que até hoje é um mentor e um amigo, e que foi não apenas um grande chefe, mas um chefe rico de conselhos sadios e bem fundamentados. Foi ele quem, muito antes que tal atitude fosse encorajada ou esperada, deu oportunidades a mulheres jovens, oportunidades que elas não teriam tido em outras empresas.

Muito obrigada a Al Neuharth, o chefe mais desafiador com quem já trabalhei, mas também o mais inspirador. Se não fosse por ele, o *USA Today* jamais teria saído das fases de planejamento. E ele também foi o sujeito que abriu oportunidades para as mulheres em toda a Gannett Company, porque acreditava na sua capacidade de serem grandes editoras e diretoras.

A Charles Overby, pois rimos muito e fizemos grandes negócios juntos. A Ray Gaulke, graças a Deus você foi trabalhar na Gannett quando eu fui — acho que nenhum dos dois teria conseguido sem o outro. A George Lois, porque jogaram fora o molde quando você apareceu no mundo publicitário. Você é um talento real e excepcional.

Espero que as idéias e as mensagens deste livro possam ajudar meu filho quando ele eventualmente iniciar sua carreira. Minha grande esperança é que ele sonhe grandes sonhos, e que busque uma vida cheia de realizações. Para minha filha, que pode até pensar que a idéia de portas sendo fechadas para mulheres é história antiga, quero que ela saiba que nós lutamos muito para que as que nos seguissem pudessem galgar a hierarquia profissional de maneira mais rápida e mais justa. Sua geração nasceu para liderar. Finalmente, como eu comecei agradecendo a Tom, quero concluir agradecendo à família na qual eu nasci. Meu irmão Jim, minha irmã Sue, sempre estiveram ao meu lado. Sempre me senti amparada por seu orgulho, em todos os passos que dei.

SOBRE A AUTORA

Cathleen Black preside a Hearst Magazines, uma divisão da Hearst Corporation, e uma das maiores editoras de revistas mensais do mundo. Ela administra o desempenho financeiro e o desenvolvimento de alguns dos títulos mais conhecidos do ramo: *Cosmopolitan; Esquire; Good Housekeeping; Harper's Bazaar; Marie Claire; O, the Oprah Magazine; Popular Mechanics; Redbook*; e *Town & Country* – ao todo, vinte revistas. Também supervisiona quase duzentas edições internacionais dessas revistas, em mais de cem países.

Tendo começado sua carreira em vendas publicitárias em várias revistas, incluindo a *Holiday* e a *Ms.*, ela fez história em 1979, quando se tornou a primeira diretora mulher de uma revista semanal: a *New York*.

Cathie Black é amplamente reconhecida pelo sucesso do *USA Today*, onde durante oito anos, começando em 1983, ela foi a primeira diretora, depois presidente, e também membro do conselho e vice-presidente executiva de marketing da Gannett, sua empresa mãe. Em 1991, ela se tornou presidente e CEO da Newspaper Association of America-NAA, a maior entidade de classe do setor, onde serviu durante cinco anos, antes de ingressar na Hearst.

Ela faz parte dos conselhos da IBM e da Coca-Cola Company, e por um período de dois anos foi presidente da Magazine Publishers of America. Também é membro do conselho da Advertising Council, da University of Notre Dame, e membro do Council on Foreign Relations.

Em 2006, Cathie Black foi incluída na lista das "100 Mulheres Mais Influentes" da revista *Forbes* pela segunda vez, e foi incluída na lista das "50 Mulheres Mais Poderosas da América Corporativa", também da *Forbes*, pelo sétimo ano consecutivo. Em 2006, ela foi eleita a "*Publisher* Corporativa do Ano", pelo Delaney Report.

Formou-se no Trinity College, em Washington, D.C., e possui oito diplomas honorários.

Este livro foi impresso em papel Pólen Soft 80g na Gráfica Cromosete.
São Paulo, Brasil, verão de 2008.